Klaus Kenneth

Zwei Millionen Kilometer auf der Suche

KLAUS KENNETH

Zwei Millionen Kilometer auf der Suche

Mein langer Weg zum Glauben

Paulusverlag Freiburg Schweiz

Die Deutsche Bibliothek – CIP-Einheitsaufnahme
Kenneth, Klaus:
Zwei Millionen Kilometer auf der Suche :
mein langer Weg zum Glauben / Klaus Kenneth. –
Freiburg, Schweiz : Paulus-Verl., 2001
ISBN 3-7228-0518-X

2., unveränderte Auflage, 2001
Alle Rechte vorbehalten
© 2001 Paulusverlag Freiburg Schweiz
Umschlaggestaltung: Art & Deco, Zumholz FR
ISBN 3-7228-0518-X

Inhalt

Vorwort		7

Erster Teil
Zum Hass geboren ...

1.	Kindheit und Jugend	11
2.	Rache	19
3.	Angst, Hass und Tod	26
4.	Okkultismus: USA, Mexiko	40
5.	Arabien und der Islam	43
6.	Transzendentale Meditation	47
7.	Indien, Yoga und Hinduismus	53
8.	Bei Mutter Teresa in Kalkutta	60
9.	Der Tod des Gurus	70
10.	Buddhismus	73
11.	In Israel	92
12.	Buddha ist tot	98
13.	In Südamerika	104
14.	Raubüberfall in Kolumbien	111
15.	Rückkehr nach Europa	118
16.	Kämpfe und Exorzismus	123
17.	Meine Festung zerbricht	131
18.	Der Gnaden-Stoß	139
19.	Freiheit	148

Zweiter Teil
... Zur Liebe wiedergeboren

20.	Das Ende ... ist erst der Anfang	159
21.	Schulzeit: Glauben, lernen ... Gnade	164
22.	Frohe Pfingsten	178
23.	Oh Wunder!	189

24.	Geld	203
25.	Fasten	209
26.	Wüste	216
27.	Gott wird sichtbar	231
28.	Die umgekehrte Pyramide	236
29.	Vom Kopf ins Herz	244

Lebenslauf 251

Vorwort

Mein halbes Leben war ich auf der Suche nach Liebe und Wahrheit – in Kilometern ausgedrückt: es war eine Strecke von mehr als fünfzig Mal um die Erde. Von Indien, Tibet, Thailand und vielen arabischen Ländern (Marokko, Persien Afghanistan ...) bis Mexiko, Alaska und Brasilien. Von Philosophie bis zum überzeugten Kommunisten, vom Atheisten zum Hippie, habe ich jahrelang die großen Weltreligionen Asiens (Hinduismus, Buddhismus, Islam) und Lehren der Indianer Amerikas ausprobiert; sechs Jahre in der tödlichen Welt der Drogen und ein erschütternder Aufenthalt im Okkultismus, in der Esoterik ... Doch nichts konnte die Leere meiner Seele füllen, bis zu dem Tag, wo ich – vor sieben Gewehrläufen stehend – eine dramatische und persönliche Begegnung mit diesem „unbekannten" Gott machte – und auf wunderbare Weise gerettet wurde.

Ich war auf der Flucht vor Gott, den Menschen und mir selbst. Es war eine Hölle von Weg, voller Hass und Tod, eine Flucht aber auch, auf der Suche nach mir selbst.

Wie oft hatte man mir von Jesus erzählt, und wie oft hatte ich ihn abgelehnt und verleugnet. Ich hatte ihn doch nicht nötig, oder? Von eben diesem Gott geliebt und seiner Gnade begleitet, bin ich nun immer noch unterwegs, um von der wunderbaren und unfasslichen Liebe Jesu zu berichten und zu singen.

Mancher wird dieses Buch wieder aus der Hand legen, wenn er den Namen Jesus hört, und alles als „Hirngespinste" abtun wollen. Jeder aber, der sich echt um die Wahrheit bemüht, wird mit Spannung und Freude verfolgen, wie lebendig und liebend Gott jeden von uns durch unser ganzes Leben begleitet und schützt.

Ich widme dieses Buch
meiner lieben Frau
Nikica

Erster Teil

Zum Hass geboren ...

Kapitel 1
Kindheit und Jugend

„Gib zu, dass du den Apfel gestohlen hast!"
„Nein!"
Sssssht... krachte mir ein Schlag mit voller Wucht ins Gesicht: „Willst du jetzt endlich zugeben, dass du den Apfel genommen hast?"
„Nein", schrie ich verzweifelt; und zum x-ten Male donnerten Schläge auf mich hinab.
„Ich habe dich gesehen, und du gibst es jetzt zu!"
„Nein! Nein! Nein!"
Ich war bereits grün und blau geschlagen, und alles drehte sich mir im Kopf, bis ich fast das Bewusstsein verlor ... Und wieder prasselten harte Schläge auf mich nieder.
Je mehr Prügel ich bezog, desto mehr verhärtete ich mich und hasste den 18-jährigen Großen, der mich fünfjährigen Kleinen zusammenschlug.
„Nein! Niemals! Nein!", schrie ich aufheulend. „Ich habe den Apfel nicht gestohlen!"
Wären nicht Erwachsene dazwischengekommen, ich glaube, ich hätte diese Tortur nicht überlebt. Wir wurden von den entsetzten Eltern gewaltsam auseinandergerissen.
Ich hatte in meiner Hilflosigkeit ihr Mitleid erkaufen können, und keiner kümmerte sich mehr um die Schuldfrage.
Aber ich hatte den Apfel tatsächlich vom Baum des Besitzers gestohlen. Mein Stolz und Hass auf die Menschen hätten es mir jedoch niemals erlaubt, dies zuzugeben. Lieber hätte ich mich totschlagen lassen.
Ich war böse und hasste die Welt; und die Welt hasste mich.
In den folgenden dreißig Jahren entkam ich noch weitere 25 Mal dem Tod durch Feuer, Gas, Gewehre, Wasser, Messer, Schlangen, Drogen, Krieg, Selbstmord, Unfall, Dämonen, Lynchjustiz usw. – weiß Gott wie. Inzwischen ist mir klar, dass

Gott es tatsächlich wusste. Seine Gnade war es, die jeden von uns kennt und sucht, die mich immer wieder den Horror und die Hölle überleben ließen. Ich bin immer ein Träumer gewesen, und mein Traum war schön. Leider bin ich regelmäßig auf das Spiel der Menschen hereingefallen, weil ich ihnen vertraut habe. Die Welt – so entdeckte ich bald – war derart böse, dass es „einfach nicht wahr sein durfte". Es blieb mir nur die Hoffnung, weiter zu vertrauen.

Die ganze leidvolle Geschichte fing schon vor meiner Empfängnis an, weil meine Mutter mich, d. h. das neue Leben, nicht annehmen konnte. Wie ist das zu verstehen? Heute, wo ich dank der Gnade des Heiligen Geistes Dämonen und die Mächte und Kräfte der Finsternis erkennen und unterscheiden kann, weiß ich, dass okkulte (unsichtbare) Kräfte häufig das Leben eines Menschen lenken, ohne dass dieser sich dieser Fremdbestimmung je bewusst wird – zumindest solange er außerhalb der Kraft des Geistes Gottes steht. Diese Mächte sind lebensfeindlich. In der Heiligen Schrift steht, dass okkulte Einflüsse sogar *vererblich* sind und bis in die vierte Generation wirken (Ex 20,5). Dies erklärt mir zumindest teilweise die Situation meiner Mutter, die entweder auf Grund ihrer Kontakte zu Geistwesen oder durch Vererbung seitens ihrer eigenen Mutter unfähig zur Liebe war, obgleich sie sich Kinder wünschte. Oder hatte sie von ihren eigenen Eltern nie Liebe erfahren? Ich vermute weiter, dass ihr – der in zwei Weltkriegen buchstäblich alles genommen wurde – der Wunsch, etwas Unvergängliches zu besitzen, ein weiterer Grund war für ihre fatale besitzergreifende „Liebe". Sie muss ihrerseits von Geburt an unter dem Einfluss dieser zerstörerischen Kräfte gestanden haben. Sie erzählte mir vor ihrem Tod oft von ihren spiritistischen Erlebnissen und auch von denjenigen ihrer eigenen Mutter. Aus diesen Gründen musste meine Mutter dieses neue Leben – eben mich – quasi verstoßen. Dabei handelte es sich nicht um einen bewussten Akt in ihrem Bewusstsein, sondern um einen Zustand in ihrer Seele.

Diese Ablehnung erlebte ich eines Tages mit großer Deutlichkeit in meiner Psyche. Dabei erlebte ich eine gewaltige innere Explosion: Unmittelbar bei meiner Empfängnis zerplatzte ich wie eine Seifenblase. Mein eben entstandenes „Wesen" krümmte sich vor Schmerzen während dieser Todeserfahrung, und meine unsterbliche Seele wusste: Ich *bin nicht* mehr. Ich erlebte dies vollkommen bewusst. Biologisch jedoch nahm die Entwicklung ihren normalen Verlauf; und als ich nach neun Monaten auf die Welt kam, erblickte ich nicht das Licht, sondern die „Finsternis" der Welt; dies in zweifacher Hinsicht. Es war in der damaligen Tschechoslowakei, im Mai 1945. Rache und Hass auf Nazi-Deutschland bestimmten das Denken der Alliierten und hinterließen entsprechende Spuren. Städte und Dörfer waren verbrannt und zerbombt, und die Leichen der massakrierten deutschen Soldaten hingen von den Straßenlaternen. Auf der Flucht vor der Roten Armee, die von Nordosten her ins Deutsche Reich einmarschierten, fanden meine Eltern Unterschlupf in einem Stall, damit meine Mutter, deren Wehen eingesetzt hatten, irgendwo liegen konnte. Die Hebamme, die mein Vater ausfindig machen konnte, war stockbetrunken, als sie bei meiner Geburt eintraf; so half er, so gut es ging, selber mit – und wenig später lag ich in der Futterkrippe dieses windigen Stalles. Nicht lange jedoch, denn die Soldaten rückten näher. Auf ging's und los ... weiter, in einem Güterzug Richtung Süden.

„Rrrraus hier!", schrie eine harte Stimme in den Güterwagen. Die Flüchtlinge zuckten zusammen und kuschten sich angstvoll in eine Ecke. Noch ehe sie Zeit hatten, ihre Sachen zusammenzuklauben, peitschten die Schüsse aus dem Maschinengewehr und mähten deutsche Familien nieder, die in diesem Viehwaggon ihrer Not entkommen wollten. Unsere Familie wurde auf wunderbare Weise vor der blinden Wut der Geschosse gerettet, die der amerikanische Soldat abfeuerte. So erzählte es mir 40 Jahre später mein Vater. Dies war mein erstes Überleben.

Nur wenig später überlebte ich schon zum zweiten Mal. Es gab nichts mehr zu essen in der Gegend, wo wir auf der Flucht waren, und ich war am Verhungern. Meine Mutter ging verzweifelt in die Krankenhäuser der Umgebung, um nach etwas Essbarem zu fragen. Sie präsentierte mich mitleidsvoll den Ärzten und Krankenschwestern. Aber deren Antwort war hart und eindeutig: „Freuen Sie sich noch ein paar Tage an Ihrem Kind. Es wird bald tot sein!" Erneut ein Zeichen göttlicher Liebe, die scheinbar nicht wollte, dass der neugeborene Klaus stirbt: Ein netter amerikanischer Soldat schenkte meiner Mutter zwei Dosen Kondensmilch und andere zum Überleben notwendige Lebensmittel.

In Süddeutschland angekommen, wurde meine Mutter, eine junge, sehr gut aussehende Frau, auf einer Bahnstation von amerikanischen Soldaten aus dem Viehwaggon des Zuges, in dem wir alle versteckt waren, herausgezerrt und in das kleine Bahnwärterhäuschen mitgeschleift. Schockbleich, mit verzerrtem Gesicht und zerrissenen Kleidern wurde sie nach einiger Zeit wieder in den Waggon zurückgestoßen. Tränenüberströmt erzählte sie mir kurz vor ihrem Tod, was sie damals hatte erdulden müssen, um nicht von den Soldaten getötet zu werden.

Trotz Mangel an körperlicher Nahrung wuchs ich weiter. Mangel an Nahrung war jedoch weniger schrecklich als der Mangel an Liebe. Mein Vater hatte meine Mutter schon bald verlassen. Bis heute weiß ich nicht, was es bedeutet, einen Vater zu haben. Die Flucht hatte ihm nicht behagt, und außerdem war er der Ansicht, er hätte etwas Besseres verdient, als Kartoffelschalen zu essen. Die Brotsuppe, die meine Mutter uns aus trockenem Brot bereitet hatte, kippte er in hohem Bogen aus dem Fenster mit der zynischen Bemerkung, so etwas lasse er sich nicht vorsetzen. Vielleicht war es für mich ja besser, keinen Vater zu haben, als so einen.

Meine Mutter ihrerseits war von irgendwelchen „Kräften" so gefangen, dass sie keine Liebe geben *konnte*; sie wollte ihre Kinder besitzen. Sie benutzte mich und meine beiden je ein Jahr älteren Brüder als Liebesersatz. In einer solchen Situation hatte ich keinen Boden mehr unter den Füßen und wurde schnell zu einem Fremden in „meinem" Haus. Schon in frühester Kindheit zog es mich fort von „zu Hause". Soweit ich heute zurückdenken kann, verbrachte ich unselige Tage draußen auf der Straße und wartete am Wegrand, bis amerikanische Panzer vorbeifuhren – die Soldaten warfen manchmal Trockenbrot oder Biskuits auf die Straße herunter; wenn ich Glück hatte, erwischte ich etwas Eßbares. Gab es nichts, trank ich das Wasser aus den Regenpfützen, und manchmal aß ich die toten Regenwürmer, die darin schwammen. Nachts floh ich häufig aus dem Haus. Wurde ich erwischt, endete es mit Schlägen und psychischer Repression. Folglich kletterte ich unbemerkt aus dem Haus; wenn meine Mutter mich im Bett glaubte, schlich ich statt dessen auf dem Friedhof umher, legte mich zum Schlafen auf die Gräber oder strich durch die Wälder. Damit wollte ich mir selbst Mut beweisen, aber mich auch vor der kalten Welt verstecken. Bei Morgengrauen kehrte ich durch das Dachfenster ins Haus zurück. Mit mir wuchsen meine Komplexe, weil niemand mich haben wollte.

In dieser einsamen Zeit suchte ich oft nach starken Emotionen, irgendwie als Ersatz für die Eltern. Wenn ich mich nachts auf die Gräber zu den Toten legte, wünschte ich mir aus dem Reich der Tiefe dort unten Wesen, die mir Kraft und Mut und irgendeinen Sinn geben könnten, um weiterzuleben. Manch einen Nachmittag schlich ich ins geöffnete Leichenhaus neben dem Friedhof und fasste die toten kalten Körper an. Sie übten eine magische Anziehungskraft auf mich aus. Eine starke „Kraft" machte sich langsam, aber deutlich bemerkbar: Verzweiflung und Hass. Der Hass auf die Mutter, der Hass auf die Erwachsenen, Hass auf meine Umwelt, Hass auf die Schule, Hass auf die Lehrer – und Hand in Hand mit dem Hass wuchs meine Verzweiflung.

In Vollmondnächten trieb es mich nachtwandelnd hinauf auf das Hausdach oder ich wälzte mich gequält und schreiend im Bett hin und her. Ich gehörte nirgends hin, weil ich keine Liebe spürte. Der Mangel an Liebe hing wie ein drohender Schatten über mir und verwandelte das Licht des Lebens in Dunkelheit – alles woran ich mich heute erinnere, ist geprägt von Kälte, Leere, Traurigkeit, Angst und Einsamkeit. Ich hatte nie ein „zu Hause" und wusste nicht, wozu ich auf dieser sinnlosen Welt sein sollte. Wie konnte ich ahnen, dass Gott für jeden Menschen einen Plan hat, ein Ziel, eine Aufgabe? Niemand schien etwas davon zu wissen.

Die sogenannten Erwachsenen fingen an, mich zu benutzen und zu demütigen. Die ganze Nachbarschaft spielte mit mir, mit meinen Komplexen und meiner Zerbrechlichkeit. Nicht nur mit meinem Körper, sondern auch mit meiner Seele und Psyche – und das tat viel mehr weh; ich war hilflos ihrem wüsten Spiel ausgeliefert; wie hätte ich mich als Kind auch verteidigen können? Man schlug mich, quälte mich und amüsierte sich mit mir. Wenn sie mich wenigstens gewollt hätten – aber *niemand wollte mich*! Ich wusste nicht, was es bedeutet, einen Freund zu haben, und zu Hause erdrückte mich die erstickende Liebe meiner Mutter. Es machte mir Angst, unser Haus zu betreten und dieser „schwarzen Frau" zu begegnen, die sich „Mutter" nannte und die immerzu vom „sterben wollen" sprach. Und tatsächlich ging sie eines Tages mit ihren Kindern in die Küche und – dem Befehl ihrer inneren Stimme gehorchend – drehte sie den Gashahn auf ... Zum dritten Mal holte Gott mich lebendig heraus. Diesmal bewahrte Er mich vor dem Gastod.

In dieser Einsamkeit fing ich an, mir innerlich eine Welt von großen strahlenden Helden aufzubauen, die für Recht und Gerechtigkeit – also für mich – kämpften; so ein „Prinz Eisenherz" wäre ich gerne gewesen; groß und stark, um „es ihnen zu zeigen", um Rache zu nehmen an den gemeinen Erwachsenen, um ihnen das heimzuzahlen, was sie mir antaten. So schuf ich mir innerlich eigene Gesetze und wurde für die Gesetze der anderen „unbelehrbar". Ich gehorchte niemandem mehr: nicht der Mutter, nicht den Lehrern in der Schule; geschweige denn irgendwelchen Erwachsenen, die ich je mehr hasste, desto tiefer sie mich verletzten; und der Polizei schon gar nicht, mit der ich schon bald in Konflikt kam.

Meine Anti-Haltung zog zu meinem Erstaunen schnell andere Jugendliche an. Schon in jungen Jahren wurde mir klar, dass ich offenbar so etwas wie eine „Führernatur" besaß, denn es sammelten sich schnell andere „Gassenbuben" um mich, und ich wurde zum Führer einer Bande. Mit dieser Gruppe zogen wir regelmäßig durch die Geschäfte der Stadt, um Beute zu machen. Dann und wann gab es handfeste Bandenkriege, bei denen Blut floss und wo sich die schockierten Erwachsenen einschalten mussten, um die Gewalt zu stoppen. Um mich zu verteidigen und wollte ich straffrei „überleben", musste ich lügen. Wenn es mir zu „heiß" wurde, zog ich mich wieder in die Wälder der Umgebung zurück, wo ich mir eine Höhle eingerichtet hatte. Dort fand mich niemand, und ich konnte mich meinen Phantasien und Plänen hingeben. Das Wort „Gehorsam" verblasste in dieser Zeit ganz aus meinem Wortschatz. Wenn ich gar zu „unartig" war, schlug mich meine arme Mutter, mit Hilfe meiner beiden Brüder, blutig und halbtot. Das geschah so, dass die beiden mich ausgestreckt am Boden fest-

halten mussten – einer hielt die Arme, der andere die Beine –, und mit dem eisernen Feuerhaken drosch sie so lange haltlos auf mich ein, bis der vor ihr liegende Körper blutüberstömt war und sich nicht mehr regte. Meine Brüder weinten unter dem Schock. Die Mutter wusste keinen anderen Ausweg. Wer von uns beiden war hilfloser?

Offenbar verhält sich die Natur des Menschen wie Wasser: dieses sucht immer das niedrigste Niveau. Gibt es einen Staudamm, so wird die gleiche Kraft in positive Energie umgewandelt. Liebe ist so eine Barriere. Weil ich sie aber nie erfuhr, ging meine Entwicklung nach unten und mein Hass wuchs ins Unendliche. Unter oben beschriebenen Schlägen und Schmerzen tat ich nun einen Schwur: Ich wollte nie wieder weinen oder irgendwelche Gefühle zeigen. Hätte ich es getan, wäre es ein Zeichen meiner „Schwäche" gewesen und die anderen wären die Gewinner – diesen Sieg wollte ich den Erwachsenen nicht länger gönnen. Statt dessen verbarrikadierte ich mich in meinem Hass, und es sollte 28 Jahre dauern, bis ich, bei Mutter Teresa in Kalkutta, zum erstenmal wieder Tränen vergoss.

Es war nur natürlich, dass der Gedanke der Rache von nun an immer öfter in mir auftauchte. Ich wusste, eines Tages wollte und würde ich stärker sein als die ganze Welt. Um mir einen Lebenssinn zu geben und an dieses Ziel zu gelangen, musste ich vorerst lernen, den Menschen zu gefallen, um dadurch – so stellte ich langsam fest – die Möglichkeit zu haben, sie zu beeinflussen. Ich wurde zu einem Chamäleon, das jede Farbe, jede Maske tragen konnte. Ich spürte in mir die Fähigkeit, mich in alle Menschen hineinversetzen zu können, in ihre Haut zu schlüpfen, den Clown zu spielen und damit offensichtlich Zugang zu ihrer Psyche zu haben. Der Same des Verlangens nach Rache war in mir aufgegangen, und ich verstand es, mich geschickt durch Lüge und Raffinesse durchzusetzen, bis ich zu dem starken Führer wurde, der von Lehrern und Erwachsenen immer mehr bekämpft, ja sogar gefürchtet wurde.

Kapitel 2

Rache

Ich hatte genug Willenskraft und offenbar auch Intelligenz, um den Schritt ins Gymnasium zu schaffen – wo ich allerdings binnen kurzem den Schulrekord von 76 Eintragungen (!) ins Klassenbuch und neun Ultimaten (Androhung von Schulverweis) innehielt. War die Anerkennung nicht positiv, so erzwang ich sie mir eben durch negatives Verhalten – ich balancierte immer an der Grenze des Falles und der Provokation. Die Schule war für mich ein weiteres geeignetes Mittel zur Selbstdarstellung und zum Schärfen meiner Krallen. Oberflächlich gesehen verbuchte ich zwar manche Erfolge; aber dennoch es gab tief in mir etwas, was mir fehlte und weh tat: die mangelnde Liebe ließ mich niemals zu innerem Frieden finden. Klaus war halt immer das schwarze Schaf, wenn irgend etwas fehlte, verdächtig oder sonstwie zerstört war. Keiner zögerte, zu mir zu kommen und mich zu beschuldigen. Waren es nicht die sozialen Umstände, die mich meiner Freiheit beraubt hatten? Wer oder was hatte mein Gewissen getötet? Wen also galt es anzuklagen? Mich? Vielleicht war ich tatsächlich schuldig. In dieser Stadt schien auf jeden Fall jeder zu wissen, dass allein Klaus für jeden Schaden verantwortlich war! Es kam soweit, dass die Polizei mich während des Unterrichts im Gymnasium aus dem Klassenzimmer holte, um mich auf die Wache zum Verhör zu bringen. Drei Tage saß ich einmal im Gefängnis, das ich als eine Art „Schule des Verbrechens" kennen lernte und von wo aus ich Kontakt aufnahm zu den Maoisten in China. Ich schrieb sogar kommunistische Artikel für ihre Zeitung „China im Bild". Anklage folgte auf Anklage, Beschuldigung auf Beschuldigung; selbst wenn sie der Wahrheit entsprachen, waren sie doch schmerzhafte Pfeile in meine Seele. Wie sehr sehnte ich mich nach einer anderen Welt, einer anderen Gerechtigkeit, die mich in die Arme nehmen und mich in meiner Einsamkeit trösten könnte.

Doch nichts und niemand war da und sprach *für* mich; alles war *gegen* mich. Ich spürte, wie das, was an Wärme und Menschlichkeit noch in mir vorhanden war, langsam wie verblutete. Dieses Blut verhärtete sich zu einem Stein, und das Furchtbare geschah wirklich: Dieser Stein nahm die Stelle meines Herzens ein. Meine streng katholische Mutter ging in die Kirche und heulte, statt mir zur Seite zu stehen; und das leider auch in Fällen, wo ich ungerecht angeklagt war. Ich solle doch endlich gestehen, wofür mich die Polizei angeklagt hatte, so lautete ihr Rat an mich. Das war das verdammte Ende. Der fatale Punkt war endlich erreicht, wo sie zu viel für mich war – ich aber auch für sie; wir konnten uns nicht länger ertragen.

Eines Tages schließlich schleppte sie mich mit in die Kirche. Ich erinnere mich noch genau, wie sie sich neben mir auf die Bank kniete, schluchzte und anfing, mit lauter Stimme zu beten. „Mein Gott, ich kann nicht mehr. Ich will nicht mehr mit diesem elenden Kind leben. Bitte nimm ihn von mir."

Dann sprach sie zu mir: „Klaus, du sollst wissen, dass du von jetzt an nicht mehr mein Kind bist. Und ich bin nicht mehr deine Mutter. Ich halte dich nicht mehr aus."

Danach betete sie weiter, diesmal zu Maria. Ich hörte: „Maria, Mutter Gottes, bitte nimm du Klaus als seine neue Mutter an. Ich übergebe ihn dir hiermit in deine Fürsorge."

Somit war sie ihre Verantwortung los. Und ich war sie los. Wer will beurteilen, ob dieser Schritt richtig gewesen war? Mutter Teresa empfahl mich -zig Jahre später ebenfalls dem Schutz Mariens.

Für den Moment jedoch ließ die Antwort Mariens auf sich warten. Statt dessen kam überraschend die Antwort eines katholischen Mannes, der mich sehr wohl kannte, weil er für die Jugendarbeit „Neudeutschland" der Stadt zuständig war; so wurde ich in diese katholische Jugend-Gruppe integriert. Und schon bald darauf bot dieser Mensch meiner Mutter an, „den Ungezogenen", den „Unerziehbaren" ganz in seinem Haus bei sich wohnen zu lassen. Er versicherte ihr, er würde es sicherlich schaffen, mich zu erziehen. Das musste für eine katholische Frau, die täglich zur Kommunion ging, eine Antwort vom

Himmel sein. Erleichtert dürfte sie sich gefühlt haben, mich endlich in so „guten" Händen zu wissen – und mich los zu sein.

„Liebe Frau", sagte er eines Tages zu ihr, „ich verstehe, dass Sie jetzt, da Ihr Sohn so groß und kräftig geworden ist, befürchten, dass er sich nichts mehr gefallen lässt. Wissen Sie, ich bin verantwortlich für die hiesige Jugendarbeit und ich habe Erfahrung, Mittel und Wege, ihn zu bessern – Sie können sich auf mich verlassen." Rettung für eine Hoffnungslose. Nach diesem Gespräch dauerte es nicht mehr lange, bis ich die Wohnung wechselte; ein Umzug vom Regen in die Traufe.

„Klaus, bitte komm doch mit einem Passfoto um acht Uhr zu mir ins Büro herunter." Gespannt wartete ich auf den Abend. Da saßen wir beide, als er das Bild vor sich auf den Tisch legte, plötzlich ein Pendel mit einem kleinen silbernen Senkblei aus seiner Tasche zog und es still über meinem Foto schweben ließ. Es folgte ein für mich unverständliches Gemurmel. Der Art und dem Ton nach hörte es sich wie seltsame „Gebete" an. Er schien irgendwelche Kräfte zu Hilfe zu rufen, bevor an anfing, mir Fragen zu stellen.

„Hast du heute schon deine Hausaufgaben gemacht?"
„Ja." Das Pendel begann seitlich auszuschlagen! Ich beobachtete scharf seine Finger.
„Du lügst", erwiderte er. Er trickst, dachte ich.
„Warst du zum Mittagessen bei deiner Mutter?"
„Nein!" Wieder setzte sich das Pendel leicht in Bewegung. Ich log extra, ich wollte herausfinden, ob er tatsächlich fähig wäre, meine Lügen zu entdecken. Es schien fast so.
„Jetzt sagst du schon wieder nicht die Wahrheit!"
Verdammt, wie konnte es das wissen? Was für eine seltsame Kraft war hier mit im Spiel? Welche Mächte oder Geister rief er an? Da ich nicht in der Lage war, sein seltsames Gehabe zu interpretieren, passte ich umso mehr auf. Das nützte mir leider auch nicht viel. Tatsache ist, dass es ihm binnen weniger solcher Séancen gelang, meinen Willen zu binden.

Ich realisierte das Fatale an einem der folgenden Abende. Seine Verordnung lautete: „Wenn du heute nach 22 Uhr heimkommst, melde dich bitte bei mir im Zimmer, damit ich in Ruhe schlafen kann und weiß, dass dir nichts passiert ist."

Gegen 23 Uhr kam ich nach Hause. Bei meiner Ankunft sah ich von weitem, dass oben in seinem Wohnzimmer noch Licht brannte. Als ich die Haustür unten aufschloss, ging plötzlich das Licht aus. Was bedeutete denn das? Leise betrat ich sein Schlafzimmer, um mich „abzumelden". Er tat so, als ob er schliefe. Mir war klar, dass er sich verstellte; eben hatte ja noch das Licht gebrannt.

„Guten Abend", sagte ich recht laut. Völlige Stille. Warum antwortete er mir nicht?

Ich versuchte es erneut: „Ich bin zurück – ich gehe jetzt ins Bett." Langes Schweigen. Unendlich und peinlich. Durch den Türspalt fiel ein wenig Licht vom Korridor ins Zimmer. Mir wurde mulmig, und dann hörte ich wieder dieses seltsame Grunzen, welches ich schon früher bei seinen „Gebeten" gehört hatte. Kälte kroch mir den Rücken hinauf, während ich bewegungslos dastand. Es war, als ob eine eiserne Hand begann mich zu würgen. Etwas war schrecklich faul hier – etwas, was mich unter normalen Umständen aus diesem seltsamen „Spiel" hinausgetrieben hätte – ja, hätte –, wenn ich nur die Kraft dazu gehabt hätte. Aber wo war meine Kraft, wo mein Wille? Jäh erkannte ich, dass ich gelähmt war. Ich wollte schreien, aber kein Wort kam aus der trockenen Kehle. Statt dessen packte mich nun Angst. Von der einsetzenden Panik wurde mir schwarz vor den Augen.

Vom Bett her befahl mir eine schleimige, verführerisch-schmeichlerische Stimme: „Komm näher!"

Mit Entsetzen begriff ich, was mich erwartete, und mit aller Kraft bäumte sich mein Inneres dagegen auf. Bilder von ekelerregenden Fratzen stiegen in mir auf. Mein Kopf begann sich zu drehen, und ich drohte ohnmächtig zu werden vor Angst.

„Du sollst herkommen!" Die um einiges scheußlichere Stimme nahm einen drohenden Ton an.

Ich weigerte mich. Da überfiel mich eine Art Trance. Ich kämpfte verzweifelt – mit oder gegen was auch immer. Alles in mir sträubte sich, die vier Schritte bis zu seinem Bett – zum Abgrund – zu gehen, denn mir war klar: Dort wartete die Hölle auf mich. Aber dieser verhasste Mensch wartete auch. Bedrohlich schweigend, dann und wann grunzend und brummend. Sturm peitschte mich und quälte meine Seele. Und doch konnte ich mich nicht von der Stelle bewegen.

Wie tief hasste ich jetzt wieder meine Mutter, die für mich verantwortlich war für das, was hier passierte. Ich hasste die Polizei noch mehr, die solche Menschen gewähren ließ. Ich hasste erneut die Schule, die voller kalter Pädagogen war. Ich hasste und hasste und hasste die Erwachsenen, die nur ausbeuten und verletzen konnten, wie dieses Schwein jetzt hier. Ich hasste alles, die ganze Welt und sogar mich selber, weil ich hier stand und nach Strich und Faden fertig gemacht wurde, ohne mich wehren zu können. Aber ich wollte nicht aufgeben. Mein Hass machte mich stark, gab mir mächtigen Widerstand gegen dieses Ekel, das dort auf meinen Körper wartete. Stunde um Stunde verging. Der Wecker leuchtete im Dunkeln. Mitternacht – ich war zum Umfallen müde. Zwei Uhr morgens: ich konnte kaum noch stehen, die Beine schmerzten, die Muskeln verkrampften sich. Vier Uhr morgens: wie soll ich aufstehen und in den Unterricht gehen? Um fünf Uhr sackte ich zusammen wie ein Schlauch ohne Luft – und kippte halb ohnmächtig – in sein Bett. Dann vergewaltigte er mich!

Ich war tot. Verschmiert und besudelt entließ er mich. Ich schleppte mich in mein Zimmer hinauf und quälte mich die eineinhalb Stunden mit schrecklichen Mordgedanken, bis ich aufstehen und zur Schule gehen musste.

So ging das sieben Jahre lang. Täglich. Am Ende hatte ich vom langen Stehen in diesen grausamen, nie endenden Nächten Probleme mit meiner Wirbelsäule, mit meinen Beinen und Füßen – und die habe ich bis zum heutigen Tag ... Die Hölle in der Wüste meiner Einsamkeit, die Heuchelei der sogenannten Christen hatte ein neues Opfer gefunden.

Weil es unter solchen Umständen auch in der Schule rasant bergab ging, bezahlte mir der Mann großzügigerweise Nachhilfe-Unterricht bei einem seiner Bekannten, und die Hölle bekam jetzt einen Namen. Derweil ich die Latein-Übungen machte, spürte ich unter dem Tisch des Nachhilfe-Lehrers Günther U. eine kalte Hand, die mir langsam die Schenkel hinaufkroch. Mir gerann das Blut in den Adern. Oh Hölle!, warum hast du dich gegen mich verschworen?

Nach diesen sieben Jahren erzählte ich die Horrorgeschichte meiner Mutter. Lakonisch antwortete sie mir: „Du lügst. P. R. ist ein guter Katholik, und deshalb kann er nicht lügen."

Ich glaube, ich fiel ins Bodenlose ob ihrer Antwort. Ich hätte sie erwürgen können. Das war die Liebe meiner Mutter. Die Menge an Abscheu, Ekel und Hass, die sich während dieser Zeit in mir angestaut hatten, wurden für meine Zukunft richtungsweisend. Die Weichen waren somit endgültig gestellt.

Auf so scheußliche Art hatte ich also Bekanntschaft gemacht mit dem Christentum des Katholizismus. Doch als ob diese Erfahrung noch nicht genügte, schickte mich dieser „Herr" in ein katholisches Priesterseminar nach Rom mit der Hoffnung, ich möge eines Tages Priester werden, und mit der Empfehlung, mir den „Betrieb" doch einmal anschauen. Das tat ich, denn Reisen war immer gut. Eines Nachts stieg ich unbemerkt die Treppe eines Turmes hinauf, weil ich von dort oben seltsame wimmernde Geräusche gehört hatte. Durch eine Eisentür, die einen Spalt weit offen stand, sah ich etwas, was mir das Blut in den Adern gerinnen ließ. Was sich vor meinen Augen zwischen Priestern und höheren Würdenträgern, die ich vom Seminar her kannte, abspielte, machte mir klar, in welcher neuen Hölle ich steckte. Ein stummer Schrei gellte durch mein Herz.

Es bedarf wohl keiner Erklärung mehr, um zu verstehen, dass ich unter das Kapitel „Christentum" einen Schlussstrich zog. Diese sogenannten Christen galt es von nun an nicht nur zu meiden, sondern mit Hass zu verfolgen und zu vernichten. Den Weg dazu würde ich noch finden, auch wenn mir im Moment der Boden unter den Füßen weggezogen wurde. Ich fiel buchstäblich in ein tiefes schwarzes Loch. Gab es überhaupt noch Werte? Gab es Gesetze? Alles war nur Schein und Maske!

*Einsamkeit und Verzweiflung überlebte ich nur durch
Beziehungen zu Mädchen und zu meiner Gitarre*

Kapitel 3

Angst, Hass und Tod

Von nun an fühlte ich mich ohne Verantwortung und vogelfrei; wem gegenüber sollte ich Rechenschaft schuldig sein, wenn doch die Welt aus derartigen Heuchlern bestand? Wenn es je einen Gott in meinem Leben gegeben hatte – jetzt gab es keinen mehr. Meine hasserfüllte Kraft trieb mich mehr denn je ruhelos auf die Suche nach Macht, weil ich Angst hatte vor dieser elenden Welt – aber auch ein Verlangen, das mich nach Liebe suchen ließ, nach einem Vater und nach einer Mutter.

Ich machte den „unfassbaren Wind" zu meinem Vater, ließ mich von ihm adoptieren, wenn ich mich im Sturm an den Fluss oder in die Felder setzte, um zu spüren, wie er mir durch die Haare fuhr und über mein Gesicht streichelte. Meine leibliche Mutter nannte ich fortan „Königin der Nacht"; als solche fühlte ich mich von ihr seit meiner frühen Kindheit gebrandmarkt. Eine Vision meiner Mutter hatte ich einst in einem schrecklichen Traum: Sie saß in einer feuchten, dunklen Felsengruft. Ihre faszinierende körperliche Schönheit hielt mich gefesselt; ich konnte mich nicht bewegen – ich war gebannt, und erst auf ihr Handzeichen, mich ihr zu nähern, löste sich dieser Bann. Je näher ich ihr kam, desto bestialischer verunstaltete sich ihr eben noch leuchtend schönes Gesicht, bis sie sich in die tödliche Horror-Fratze eines Dämonen verwandelte – und in dem Augenblick schossen ihre langen Krallen nach vorne, um mich an sie zu reißen, um mit ihren scharfen Zähnen mein Blut auszusaugen. Mit einem jähen Angstschrei fuhr ich aus dem Schlaf hoch. Vor dieser Frau, die sich meine Mutter nannte, war ich 36 Jahre lang auf der Flucht. Und suchte sie doch insgeheim – geleitet von einem unbewussten Instinkt – in allen Frauen und Freundinnen, bei denen ich verzweifelt die Liebe suchte und die ich meinerseits besitzen wollte.

Ohne Anerkennung aber war mein Leben leer und wertlos. Ich musste mir selber einen Wert geben, um überleben zu können. Ich tat dies, indem ich 1962, zur Zeit der Beatles, eine regional im süddeutschen Raum ziemlich erfolgreiche Beat-Band gründete: „The Shouters" – die Schreier! Hinauszuschreien hatte ich wahrlich genug. Logischerweise war mir jedes Mittel recht, um aufzufallen, „berühmt" zu werden, Einfluss zu haben. Hierin sah ich Wert und Sinn meines Lebens. Schon lange wünschte ich mir zumindest ein wenig positiven Erfolg, um mir die lang verwehrte Anerkennung zu verdienen. Ich darf glaube ich sagen, dass mir das mit den „Shouters" recht gut gelang. Sogar in Schulaufsätzen wurde über meine Person geschrieben, und die Zeitungen berichteten von meinen Taten. Trotz oder wegen der schulterlangen Haare – ein Affront gegen das Establishment – gehörte ich zu den bekannten Personen der Stadt. Aber wenn mich dies mit Stolz erfüllte, half es mir genauso wenig über meine Einsamkeit hinweg wie der Sex mit den „Groupies", der mich offenbar immer mehr in den Griff bekam. Mein Verhalten reizte die Leute manchmal bis zu dem Punkt, dass sie mit Steinen nach mir warfen. Das bestätigte zynischerweise meinen Hass und die Rachegefühle. Niemand konnte wissen, was sich hinter meinem wahren Gesicht verbarg; dass ich die Menschen im Grunde verachtete und nur auf den Moment der Rache hinlebte. Mein Herz aber sehnte sich so sehr nach Liebe.

Wer krank ist, braucht einen Arzt. Die Kranken aber, davon war ich überzeugt, waren die anderen; der Erfolg mit meiner Gruppe half mir jetzt, mein inneres Ungleichgewicht zu überspielen und die nagende Unruhe zum Schweigen zu bringen. Aber trotz allem war ich immer noch auf der Flucht vor meiner Mutter, vor allen Menschen und vor mir selber. War es nicht schon ein Zeichen für diese miserable Welt, dass ich auf der Flucht geboren wurde? Die Flucht von über zwei Millionen Kilometern lag noch vor mir: von Land zu Land, von Erdteil zu Erdteil; eine Flucht auf der Suche nach einem möglichen Schlüssel zu meinem Herzen, wenn es denn so etwas gab. Jedes kleine Glück, das ich erfuhr, kam mir schon vor wie das Paradies. Aber ernüchternd musste ich immer wieder feststellen, dass der Mensch früher oder später jedes Paradies zerstört.

Woher ich unter solchen Umständen den Willen hatte, bis zum Abitur (Matura) durchzuhalten und dieses sogar zu bestehen, ist mir bis heute ein Rätsel. Eines allerdings war mir immer klar: Ich konnte und wollte keine „normale Arbeit" oder „Karriere" machen wie meine beiden Brüder oder meine früheren Schulkameraden. Ich erinnere mich nicht, mir jemals Gedanken über meine berufliche Zukunft gemacht zu haben, denn in mir spürte ich mit Sicherheit, dass ich zuerst herausfinden musste, wer ich bin und warum ich auf dieser Welt sei. Trotz aller Widerwärtigkeiten schien ich tief in mir eine Kraft oder ein Vertrauen zu besitzen, welches keine der bösen Erfahrungen bislang hatte zerstören können. Doch eben dieses Vertrauen kannte auch der „Fürst der Finsternis", und er nahm nun das Nötige in „Angriff", um mir auch dieses Letzte noch zu nehmen.

Es war ein rein äußerlicher Umstand, der mir Gelegenheit bot, mich nach diesen sieben leidvollen Jahren buchstäblich aus den Krallen meines pädophilen Peinigers zu lösen; nämlich mein Studienbeginn im Jahre 1967. Und dieser Umstand ließ mir dazu noch Zeit, Geld zu verdienen und auf Reisen zu gehen. Glück suchte ich und Sinn des Lebens. In dieser Zeit der Hippie-Revolten, wo es darum ging, alle „alten Zöpfe abzuschneiden", kam es mir gelegen, mittwochs in einem Studentenheim zu den Versammlungen einer Gruppe zu gehen, deren erklärtes Ziel offenbar die Zerstörung des Staates war. Die Baader-Meinhof-Gruppe rekrutierte hier und schien auch vor Gewalt nicht zurückzuschrecken, um ihre Ziele zu verwirklichen. Das war Wasser auf meine Mühle, denn der Staat bestand aus den Erwachsenen, die mich als Kind gedemütigt hatten. Hurra! In meinem Kopf hörte sich das alles ganz einfach an, selbst wenn ich die wahren Motive von Andreas Baader nicht ganz verstanden hatte. Für meine Zwecke war das immer noch genug. Das war die eine Seite der Zerstörung, die andere folgte unmittelbar. Ich nehme an, sie war undurchsichtiger und gefährlicher als alles bisher Dagewesene: das Aufkommen von Drogen. Ich brauchte nicht viel Erziehung über Bord werfen, um mich „frei" zu machen für Drogen. Doch davon später noch.

Zunächst lernte ich in einer Diskothek in Tübingen, wo ich von 18 Uhr bis 2 Uhr morgens als Diskjockey arbeitete, ein Mädchen kennen, welches eine andere geistige Haltung hatte als meine früheren Freundinnen. Diese hier erzählte mir von „inneren Welten", wahren Werten und Liebe. Sie gab mir psychologische Bücher, motivierte mich, eine Psychotherapie zu beginnen, und führte lange Gespräche über Philosophie mit mir. Sie sagte mir oft – und das auf liebevolle Weise –, dass ich ein „verdorbener Hund" sei; dies sei aber nur oberflächlich; in mir verborgen erkenne sie eine verletzliche und wertvolle Seele. Seele? Der Sinn solcher Worte blieb mir verborgen, lebte ich doch tagsüber als erfolgreicher Sportstudent und des Nachts als gefeierter Diskjockey mit reichlich Geld, machte stolz meine Show mit meinem riesigen türkisen amerikanischen Straßenkreuzer. Mit Chevrolet und Silberschuhen, weißem Pelzmantel und vielen Nebenfreundinnen war ich gefeit gegen ihre vermeintlichen Theorien zu meinem – wie sie es ausdrückte – verheerenden Seelenleben. Wie hätte so ein Geck verstehen können, was diese neue Freundin meinte? Der alte Hass wirkte doch! Und der Wunsch, andere zu benutzen oder zu beherrschen. Somit war es nicht ratsam, ja nicht einmal möglich, mit mir eine echte Beziehung einzugehen. Diese Freundin versuchte es trotzdem. Sie musste ihre Liebe mit einem hohen Preis bezahlen, weil ich nicht in der Lage war, ihre „Sprache" zu verstehen. Ich war verbarrikadiert hinter den dicken schützenden Mauern meines Gefängnisses und nicht bereit, das Risiko einzugehen, wieder leiden zu müssen unter dem Deckmantel der sogenannten Liebe – die „Liebe" meiner Mutter war Erfahrung genug. Wie bei einer Tablette, bei der erst die bitteren Wirkstoffe der tiefer gelegenen Schichten heilen, genoss ich immer nur die obere Zuckerschicht und spuckte den Rest aus. Nach wenigen Monaten unerträglichen Leids war sie, die mir wirkliche Liebe anzubieten gehabt hätte, zu oft und leidvoll gegen meine stumpfsinnige Wand gerannt, ohne dass es ihr gelungen wäre, eine Bresche in das Eis meines Herzens zu schlagen. All ihrer Hoffnung beraubt, versuchte sie sich das Leben zu nehmen. Sie hatte keine Kraft mehr. Ich sah sie etwa sechs Stunden lang mit dem Tod kämpfen: sie hatte eine mehrfache Überdosis Schlaftabletten geschluckt, und ich ließ sie bis zum Ende in ihrem Erbrochenen röcheln; ich wollte, ja musste sie loswerden. Sie störte meine Welt mit ihrer Liebe zu mir. In ihrer Nähe fühlte ich mich „schuldig", und dafür hasste ich sie; ich konnte ja nur hassen.

Gottes Fürsorge war aber stärker: Wenige Minuten bevor ihr Tod eingetreten wäre, regte sich irgend ein Gefühl in mir, das ich nicht beschreiben kann. Mein „Schuld-Konto" war vielleicht zu hoch bei dem mir unbekannten Gott, und Er ließ nicht zu, dass es mich einst ganz in die Hölle ziehen sollte. Ich ging zum Telefon und rief den Krankenwagen. Dumpf und hart verdrängte ich all das Geschehene und floh schleunigst aus Tübingen. Für längere Zeit verschwand ich nach Nizza zu einer anderen Freundin. Ich hatte genug von Philosophie, Psychologie und anderen Schereien. Was hatte es mir genutzt, all die Bücher zu verschlingen? Vielleicht hatten sie statt dessen mich verschlungen. Sie waren kein Ausweg aus meiner Lage. Wie ein blinder König saß ich auf dem Thron meines Stolzes. Dumm und schuldig war in meinen Augen die ganze Welt – nur ich nicht. Diese verdammte Misere war einfach nicht mehr zum Aushalten! Wo konnte man Glück finden in dieser Welt? Wie ein Reisender in einem Roman von Franz Kafka hoffte ich bei jedem Bahnhof mein Ziel zu erreichen, nur um zu merken, dass es wieder mal nichts war und dass die Reise auf der Suche nach dem Garten Eden offenbar weitergehen musste.

Ich kehrte nie mehr in die Universität nach Tübingen zurück, sondern ging, als ich von Nizza zurückkam, direkt nach Hamburg. Ich hatte Nachricht erhalten, dass „sie" überlebt hatte. Irgendwie war ich doch berührt. Wie? Was war passiert? In einem frischen Anflug von Hoffnung machte ich mich auf den Weg nach Norden. Sollte da mehr „geplant" sein als unsere Tübinger Beziehung? Wäre möglicherweise doch ein normales Leben denkbar? Wir versuchten es noch einmal und heirateten. Wobei ich einerseits den Wunsch nach Stabilität verspürte, andererseits als Hippie voller Hohn auf die „bürgerliche Institution" der Ehe herabsah. Außerdem hatte ich den Wunsch, meinem zukünftigen Schwiegervater eins auszuwischen, der mich nicht leiden konnte und immer gegen „die wilde Ehe" wetterte, in der seine Tochter lebte. So erschienen wir beide eines Tages auf dem Standesamt.

„Guten Morgen, wir möchten heute heiraten."
„Oh, das geht nicht so schnell. Dazu bedarf es einiger Formalitäten und eines Aufgebots mit einer Woche Wartezeit."
„Wann also frühestens?" Es drängte mich, die Sache zu erledigen.
„Nächste Woche – Samstag morgen."
„Am Morgen ist es uns zu früh – wir sind Langschläfer. Könnten Sie es so spät wie möglich tun?", war meine Bitte.
„Nun gut, das ist zwar nicht normal, aber wir wollen für Sie eine Ausnahme machen und für einmal später aufs Amt kommen. Haben Sie Zeugen? Haben Sie einen Fotografen?"
„Bloß das nicht!", entfuhr es mir. „Ich will doch keine Erinnerung an so etwas haben!"
„Sie brauchen aber Zeugen für die Eheschließung", meinte der Beamte.
„Dann nehmen wir Ihre Sekretärin."
Die Woche verging, und am folgenden Samstag erschienen wir ohne Beisein von irgend jemandem, um den Akt der Trauung zu vollziehen. Der Standesbeamte war sehr freundlich und meinte, dass wir gut zusammen passten. Als er mit der kleinen Zeremonie und einigen Worten und Wünschen zu Ende gekommen war, machte ich im Laufe der folgenden Gespräche eine Bemerkung, mit der ich ihm meine Einstellung zur Ehe mitteilen wollte: „Wissen Sie, wir werden uns sowieso bald wieder scheiden lassen."
Ich wollte ihm zeigen, dass ich doch nicht im Ernst an die Institution der Ehe glaubte. Mir schien, dass plötzlich über seinem bislang freundlichen Gesichtsausdruck ein großes Fragezeichen schwebte. Das war ja meine Absicht gewesen. Stören, zerstören, wo immer sich eine Möglichkeit bot ...

Der nächste Schritt folgte unmittelbar auf die Hochzeit. Wir hatten einige Bücher über die Geschichte der katholischen Kirche, die Kreuzzüge, Inquisition, Papst Pius XII. und Hitler gelesen und hatten mit so einer Institution definitiv nichts mehr am Hut. Der Austritt aus der Kirche war reine Formsache. Statt ihres Segens suchte ich von nun an mein Heil und Glück in der Kosmopole Hamburg. Die Aussichten waren hier vielversprechend. Satan aber ist ein raffinierter Meister, der uns die Selbstzerstörung so schmackhaft macht, dass man nichts merkt vom Preis, den er für sein Angebot fordert. Ich sagte es schon, er hatte es nun auf mein bislang noch solides „Vertrauen" abgesehen.

Was hatte der Zerstörer anzubieten im Namen des Glücks? Wie ging er taktisch vor? Der leidenschaftliche Gedanke an glücksbringende Zustände durch Drogen hatte sich meiner bereits in Tübingen bemächtigt; hier in Hamburg aber nahm der Geist der Sucht mich nun voll in Besitz. Sechs Jahre lang (1967–1973) standen Willen und Gedanken unter ihrem Einfluss. Die Neigung zum Genuss von Sex, Rausch, Zügellosigkeit, Macht oder Drogen in Form von Pulvern, Pilzen, Hasch, Marihuana, Essenzen und anderen Chemikalien (kein Heroin und kein Kokain) erfasste meinen rationalen Verstand mehr und mehr und lähmte ihn. Dafür sah ich tief hinein in erstaunliche und illusorische Welten des Glücks. Offenbar entkam ich dadurch endlich der kalten Logik des analysierenden Westens. Andererseits erfuhr ich unter dem Einfluss von diesen Drogen eisige Gefühlskälte, Verantwortungslosigkeit, dauernde Selbstrechtfertigung und – vor allem gegen Ende dieser brüchigen Jahre – tödlichen Horror. Und zwar in Form von wahrhaft bestialischen Zerrbildern, wie man sie auf den Schallplatten-Hüllen der „Heavy Metal"-Musik sieht („AC/DC", „Judas-Priest" usw.). Selbst wenn ich „nur" Hasch geraucht hatte, verwandelten sich alle Menschen um mich herum in derlei Monster; jedes Mal mutierten – ausnahmslos – sämtliche Gesichter meiner Umgebung zu Totenköpfen. Bei diesen Erfahrungen oder eher „Begegnungen" stockte mir der Atem und brach Angstschweiß aus. Ich bekam Panik. Ein Zustand zwischen Hoffen, Versprechungen und nachfolgender Enttäuschung. Es war, wie wenn ein Schiffbrüchiger auf dem Ozean am Verdursten ist und Salzwasser trinkt. Je mehr ich mich diesen „Genüssen" hingab, desto fester schnürten sie mich ein. Ein Teufelskreis, der mich immer tiefer in willenlose Abhängigkeit trieb. Statt das versprochene Glück zu finden, war ich dabei, nicht nur den Körper zu zerstören, sondern – viel schlimmer – auch Geist und Seele. Lust und blinde Gier waren daran, meine Ewigkeit zu verspielen. Doch damit noch immer nicht genug!

Zu diesem Leben am Rande der Gesellschaft gesellte sich zwangsläufig irgendwann die Kriminalität: Betrügereien, Festnahmen durch die Polizei auf der Reeperbahn in St. Pauli, Gerichtsverfahren, einige Vorstrafen, die Erfahrung des Gefängnisses, auch wenn es nur ein paar Tage waren, hatte ich längst hinter mir. Ich war wie festgekettet in der Sklaverei der Pornographie, war Nacktmodell in der Regenbogenpresse und verkaufte gestohlene Pornoartikel illegal in den Bordellen von St. Pauli. Nachts machte ich Musik in diversen Hamburger Kneipen und trank kräftig Alkohol, um meine Einsamkeit, die Fatalität eines wertlosen Lebens, den Mangel an Liebe nicht so sehr zu spüren; denn die Beziehung zu meiner Freundin oder Frau war längst zerbrochen. Ich war – wie immer – auf der Flucht vor mir, vor der Polizei, vor meiner Mutter, der Welt und vor Gott. Keinen Schritt war ich dem versprochenen Glück nähergekommen.

Ich konnte mich noch nicht einmal als „Verlorenen Sohn" bezeichnen, denn ich hatte nie einen Vater gehabt, von dem ich weggehen wollte, um aus Stolz selber die Welt zu meistern – dieser Klaus war eher ein totes Blatt, das der Wind in den Gossen herumfegt, bis es sich auflöst.

Noch war ich an der Universität in Hamburg als Student eingeschrieben, und erneut gefiel es mir – wie schon in Tübingen 1968 –, an Demonstrationen gegen Staat und Kapitalismus teilzunehmen; die waren ja schließlich schuld an meiner Situation. Anarchie hieß die Losung und war meine Lösung des Problems. Anarchie erlaubte mir, meinen ganzen Hass auf ein korruptes und verfaultes Gesellschafts- und Kirchensystem zu übertragen. Ich bemerkte dabei allerdings nicht, dass der „Schuss nach hinten" losging: Mein Hass verwandelte sich in Selbstzerstörung und machte mich zu einem kalten und einsamen Einzelgänger. Uneingestandenes Leid war in mein Gesicht geschrieben; eine verkrampfte Fratze, die mich jeden Morgen hässlich aus dem Spiegel anstarrte.

Meine Unternehmungen und gesetzeswidrigen Handlungen wurden immer gewagter, weil ich haltloser denn je zuvor war; was hatte ich noch zu verlieren? In meiner inneren Leere und Bitterkeit fand ich kaum noch Befriedigung im Alkohol, Sex oder den anderen Drogen. Ich konnte meine innere Not nicht länger überspielen und zermarterte mein Hirn nach einem Ausweg. Gab es denn keinen Weg, glücklich zu werden? So wie bisher konnte ich jedenfalls nicht weiterleben. Da stand er

*Die zerstörte Ikone – ein Werk der Begierde und der fehlenden Liebe.
Das war ich!*

plötzlich wieder vor mir, der Tod, und wartete auf mich. Ich versuchte mich umzubringen! Aber nach soviel Drogenkonsum versagte mir die Dosis Schlaftabletten diesen Gefallen: mein Körper überstand das Gift und ich überlebte. Bald darauf, beim zweiten Versuch, nahm ich eine überhöhte Menge Drogen plus Alkohol dazu; vollgepumpt torkelte ich halbnackt, bei minus 22 Grad, in die Nacht hinaus. In einem dunklen Park verlor ich die Orientierung, hielt den Schnee und Raureif für den Sand der Karibik und wälzte mich abgestumpft im Dorngestrüpp der kahlen Rosenbeete hin und her. Trotz dunkler Nacht fand man mich zerkratzt und blutverschmiert in den Sträuchern, und noch einmal überlebte ich. War ich denn verdammt noch mal nicht totzukriegen? Da ich es selbst nicht schaffte, sollten es doch die anderen für mich besorgen! Ich provozierte den Tod, und er antwortete. Ich schuf Situationen, wo ich derart gemein war, dass die anderen mich dafür fertig machen *mussten*!

Ich erinnere mich an eine Situation, wo ich beim Benzinstehlen plötzlich von einer Gruppe bärenstarker Garagisten umringt wurde. Ich hatte sie bereits auf mich zukommen sehen, es kam mir aber nicht in den Sinn, wegzulaufen; Sekunden später war ich mit Eisenstangen buchstäblich zu Brei geschlagen. Da muss mich wohl Gott persönlich herausgeholt haben, wie hätte ich das sonst überlebt? Eine andere Situation, diesmal in einer Hamburger Kneipe mit ca. zehn schlitzäugigen Seemännern: Ich reizte sie bis aufs Blut, und ehe ich nachdenken konnte, lag ich blutüberströmt unter dem Tisch und musste noch in der gleichen Nacht mit einer Gehirnerschütterung aus dem Hafenkrankenhaus, in welches ich eben erst eingeliefert worden war, fliehen, aus Angst vor Verfolgern; mit dieser Gehirnerschütterung und stechendem Hirn fuhr ich 1500 Kilometer weit am Steuer meines Autos!

Ein weiteres Mal schien mich Gott zu schützen, als mir ein Mann die Spitze eines Messers an den Hals setzte, um mir die Kehle durchzuschneiden. Seine Gründe waren mir klar, und ich wusste genau, dass ich im Unrecht war. Wie war es möglich, dass ich ihm entkam? Es blieb mir unerklärlich.

Das nächste Mal war es ein Revolverlauf, den ich auf die Brust gedrückt bekam; ich wurde schon seit Tagen von einem gefährlichen Kriminellen verfolgt, dem ich ein Schnippchen geschlagen hatte. Er hatte mir gedroht, mich umzubringen, und da stand er plötzlich im Halbdunkel des Hausganges vor mir und ... Nervenkitzel! Wieder überlebt. Oder ... wie an jenem Tag in New York, wo ich mich provokativ in weißen Shorts und nacktem Oberkörper – trotz Warnungen – ins Schwarzenviertel Harlem hineinwagte und gleich zweimal von mehreren Schwarzen umringt wurde, die mich ausrauben wollten. Immer wieder kam ich ungeschoren davon! Warum? Schützte hier Satan seinen Mitarbeiter, oder war es Gottes unverständlicher Beistand, die Gnade eines liebenden Gottes, der nicht wollte, dass seine Kreatur zugrunde ging. Aber was wusste ich schon vom Leben? Ich kannte nur das Lied des Todes. Ich bestand aus Stein. Härte und Mitleidlosigkeit prägten mein Verhalten. Ich verbrachte mein Leben auf der Straße, und mein Durst nach Abenteuern führte mich von einer Sackgasse in die nächste – an ihrem Ende stand jedes Mal der Tod.

Eines Tages klingelte es an der Haustür. Ich spähte durch die geschlossenen Gardinen und sah meine Mutter an der Tür stehen – sie war tausend Kilometer weit gereist, um ihren Sohn zu besuchen, von dem sie so lange nichts mehr gehört hatte. Sie klingelte und klingelte, klopfte an Tür und Fenster. Ich stand dahinter und beobachtete sie – aber ich machte ihr nicht auf. Ich hasste sie und ihren Besitzanspruch auf mich. Ich konnte sie nicht ertragen. Sollte sie doch die tausend Kilometer zurückfahren, wo sie hergekommen war! Ich blieb hart und meine Tür blieb verschlossen. Bis ich eines Tages an den Punkt kam, an dem ich endlich wusste, dass es sich nicht mehr lohnt, aufzustehen und weiterzuleben. Meine Partnerin hatte mich längst verlassen und ich lebte wieder allein. Und diesmal wollte ich sicher gehen, dass man – wenn man mich fand – tot finden würde.

Es war nachmittags gegen 15 Uhr, als ich völlig einsam in meinem Wohnzimmer stand und in ein riesiges schwarzes Loch fiel, tiefer und tiefer. Ich konnte und wollte so nicht mehr weiterleben. Ich entschloss mich, vom Balkon meiner Wohnung im oberen Stock, auf den Beton des Hinterhofes zu springen und so meiner Qual ein Ende zu bereiten. Alles war tot in mir. Ich machte mich zum Sprung in den Abgrund bereit. Mein ganzer Körper zitterte vor Kälte; ich war sicher: Diesmal würden sie mich nur tot finden.

Und dann kam die Überraschung. Genau in dem Moment, wo ich mich der Balkontüre zuwandte, um den fatalen Schritt zu tun, stand plötzlich „Jemand" hinter mir ... Ja, direkt hinter meiner rechten Schulter war ein Wesen, das spürte ich ganz genau. „Jemand", der unaussprechliche Wärme ausstrahlte – das ging ganz, ganz tief hinein. Dann hörte ich zu meinem größten Erstaunen eine Stimme, die *laut* zu mir sprach: *„Du bist nicht allein."*

Ich habe mir dieses Ereignis – diese Begegnung muss ich wohl sagen – damals und auch lange Jahre später nicht erklären können. Aber diese „Stimme" war so voller Trost und Hoffnung, voller Wärme, dass meine traurige Kälte und Einsamkeit mit einem Mal wie weggeschmolzen war. Ich war zu tief berührt, um noch springen zu können.

Nachdenklich setzte ich mich an meinen Tisch und verarbeitete diese Begegnung zu einem Lied, welches ich später in meinem ersten Musikalbum vertonte und veröffentlichte. Die Übersetzung des englischen Textes ist folgende:

Du kannst deine Liebe nie verlieren

Du meinst, du hättest deine Liebe verloren
und du würdest niemals irgendwo ankommen.
Du hast versucht, ein Buch zu lesen, aber
es war zu schwer für dich.

Du denkst, da kommst du nie mehr heraus,
und du fängst an, bei den anderen nach Hilfe zu suchen.
Aber da ist keine Hand, die dir hilft ...
Jetzt schreit es aus dir heraus: „Das ist das Ende!"

Du hast alle möglichen Wege ausprobiert,
aber keiner hat dich je zu etwas geführt.
Du hast die Welt in ihr Gegenteil verkehrt,
nur um eine Perfektion zu finden, die es gar nicht gibt.

Jetzt balancierst du auf der Mitte deines Weges
und wünschst, du wärest nie so weit gegangen,
denn du merkst, dass es deine eigenen Hände sind,
die dich mit jedem neuen Schritt vorwärts erwürgen.

Doch dann spürst du plötzlich diese magische Berührung:
„Hey, hey, mein Kind – wohin gehst du?"
Und plötzlich fallen deine Krücken von dir:
„Hier, mein Kind, hier bläst der Wind."
Mit einem Mal begreifst du, dass du zu viel „gedacht" hast.
Doch nun weißt du, dass dein Herz wächst
und dass du deine Liebe niemals verlieren kannst, niemals ...

Es war, als ob eine neue Tür sich geöffnet hätte, die Licht in meine Dunkelheit herein ließ. Dieses unerkannte Wesen erlaubte mir, einen neuen Raum zu betreten, der Hoffnung hieß, eine Spiritualität kennen zu lernen und Mut zu schöpfen, um weitergehen zu können. Es gab mir Wasser zu trinken in der Wüste von Hamburg, in der ich am Verdursten gewesen war.

Gott schuf den Menschen nach Seinem Ebenbild – eine Ikone. Der gefallene Mensch hat die Aufgabe, sich durch Demut zu reinigen, um sein Bild der Christusikone ähnlich werden zu lassen. Das ergibt die Antwort auf die Frage: „Wer bin ich?"
Was ich bislang getan hatte, war das reine Gegenteil. Ich entfernte mich mit jedem Schritt noch weiter von dem bereits durch die Erbsünde verbogenen und verfälschten Bild Gottes in mir – bis hin zu unkenntlicher Hässlichkeit (siehe Foto). Jetzt aber war ich buchstäblich in letzter Sekunde aus der Umarmung des Todes herausgerissen worden von Jemandem, einem Wesen, einer Person, deren spiritueller Einfluss mich mächtig beeindruckte.

*Eintritt in die Welt der Meditation –
hier ein Versuch über das Dritte Auge*

Kapitel 4

Okkultismus: USA, Mexiko

Es ist schon fast unglaublich, aber die Irrfahrt begann schon wieder nach rückwärts – in eine falsche Spiritualität – erneut dem Tod entgegen. Denn wenn einer Meister im Verstellen ist, dann der „Engel des Lichts", Luzifer genannt. Er hatte diesmal etwas Besonderes auf Lager für mich, nämlich eine Jesus-Kopie. Wie hätte er es auch zulassen können, dass ich seinem Erzfeind Jesus in die Hände fallen sollte! Meine Seele gehörte schließlich ihm, Satan: *„Es gab auch falsche Propheten im Volk ... Sie werden verderbliche Irrlehren verbreiten und den Herrscher, der sie freigekauft hat, verleugnen"* (2 Petr 2,1). Eine ganze Reihe solcher Propheten sollte ich nun bald kennen lernen.

Zunächst ging ich also wieder auf Reisen. Ich verdiente mir auf verschiedene Arten Geld und machte mich auf den Weg. Ich musste weg aus diesem Land, weg auch aus der Rationalität des Westens; es war eine Flucht, auch weg von mir selbst. Ich wollte „Neuland" entdecken und zog etwa 40 000 Kilometer im Zick-Zack durch die USA, Mexiko, Kanada, bis hinauf in den kalten Norden. Nichts passierte, außer einigen Abenteuern und Begegnungen mit den Indianern (Navajo), von deren „Weisheit" ich als Kind geträumt hatte; diese aber waren enttäuschend. Weder Macht noch Liebe noch Weisheit fand ich in ihren Lehren – im Gegenteil: Ich traf dort gegenüber den Weißen sogar auf den gleichen Rassismus, nur mit umgekehrten Vorzeichen. Auch sie waren nur Menschen mit menschlichen Weisheiten. Aus der Traum – schade. Weitersuchen. Wo war der Geist, der mich in Hamburg vor dem Tod gerettet hatte? Wo konnte ich sie nur finden, meine „Geister"?

Die Bekanntschaft mit ihnen ließ jedoch nicht mehr lange auf sich warten. Auf meiner Reise durch Amerika wurde mir eines Tages die Einreise nach Mexiko verwehrt, weil Hippies mit langen Haaren aufgrund von „Acapulco gold" (Drogen) unerwünscht waren. Der Moment war gekommen, wo ich endlich erfahren wollte, ob diese Geister real existierten oder nicht. Wenn ja, sollten sie mir nun beim Überqueren der Grenze behilflich sein. Ich konzentrierte mich mit aller Kraft und bat die Geister um aktive Hilfe. Und siehe, das Wunder geschah: Derselbe Zöllner, der mir eben noch den Eintritt nach Mexiko verwehrt hatte, besorgte mir sogar eine Mitfahrgelegenheit! Und was für eine erst! Ich staunte nicht schlecht. Während ich gewartet hatte, sah ich bereits diese große „schwarze" Limousine am Zoll stehen. Sie strahlte etwas Bedrohliches aus, und ein seltsames Gefühl warnte mich, diesem „schwarzen Ungetüm" auch bloß näher zu kommen. Dachte es – Genau in dem Moment kam der Zöllner und wies mir „meinen" Platz in diesem Vehikel zu. Das konnte unmöglich ein Zufall sein.

In dem Moment, wo ich meinen Fuß ins Innere dieses monströsen Vehikels setzte, betrat ich das Tor zum Okkultismus.

Lange Stunden fuhren wir unter der sengenden Sonne Mexikos, bis wir, irgendwo in den entlegenen Bergen versteckt, ein Camp von Revolutionären erreichten, welche – wie ich zu meinem größten Erstaunen vom Fahrer der Limousine erfuhr – einen Regierungsumsturz in den USA planten. Ihnen war gerade ein Mordanschlag auf den „Papst" der Mormonen im Bundesstaat Utah geglückt. Unser Fahrer – so erfuhr ich mit Schaudern – war der Täter und Führer dieser Revoluzzergruppe, bei der ich mich jetzt befand. Wieso erzählten sie mir das alles? Wer war ich schon für sie? Der zweite Mann im Wagen war der leibliche Bruder des getöteten Mormonenpapstes. Hier kam ich mit einem „brujo" (= Zauberer) in Kontakt, der mich durch sein „Wissen" und seine Zauberkunststücke ungemein faszinierte. Erstmals traf ich auf die Lehren des „Don Juan" und Carlos Castañedas und war sicher, dass mich die Lehre und Anwendung dieser Zauberlehren endgültig meinem Ziel, Macht über Menschen zu gewinnen, sie beherrschen und manipulieren zu können, näher bringen würde. Mein Herz schlug vor Erregung über diese neue Führung.

Dass ich mit dem Eintritt in die Welt des Okkultismus gleichzeitig die Tür zu wirklicher Geistigkeit hinter mir zuschlug, wurde mir erst Jahre später klar – aber da war es längst zu spät. Diese Tatsache wurde in der Folge immer deutlicher. Legionen von Geistern, die dem Leben feindlich gesinnt sind, warteten jetzt auf einen Neuankömmling. Die Vermischung und Verwischung zwischen Göttlichem, der Wahrheit und der Welt der Engel auf der einen Seite und Dämonen, Illusionen, dem „Engel des Lichts", Luzifer genannt, und spiritueller Phantasie anderseits nahm hier in den Bergen Mexikos seinen unumkehrbaren Anfang.

Allerdings erschien mir dieser Weg – besonders nach meiner Hamburger Erfahrung – ein glücklicher und sicherer Weg zu sein, mich von der westlichen materialistischen Mentalität zu befreien. Ich hoffte, kraft dieser spirituellen Mächte bald ein angstfreies Leben führen zu können. Die Offenbarung der Geister am mexikanischen Zoll interpretierte ich als ein deutliches Zeichen für ihre Unterstützung. Dass „gefallene Geister" nicht gratis helfen, lag außerhalb meiner Vermutung. Ihr Angebot an mich ging später über das Tibetanische Totenbuch, ägyptisch-pharaonische Mystik, Esoterik, Magie, Verlassen meines Körpers, Astralreisen, Auflösung meiner Persönlichkeit geradewegs bis hin zur wohl schrecklichsten, ja tödlichsten aller Erfahrungen: die Begegnung mit Satan, dem Fürsten der Finsternis, der mich am Ende meines Weges höchstpersönlich in sein Reich der ewigen Finsternis mitreißen wollte. Wie fürchterlich ich im Okkultismus hintergangen wurde, sollte mir von Gott auf meinem weiteren Weg immer wieder deutlich gezeigt werden. Aber die leidvollen Erfahrungen mit den Christen hielten mich weiter beharrlich auf den Pfaden des Todes fest.

Kapitel 5

Arabien und der Islam

Schon Mitte und Ende der sechziger Jahre hatte ich Marokko und die Türkei besucht, reiste fünf Jahre später gleich viermal durch die Türkei bis nach Persien, Afghanistan und Pakistan. Noch später besuchte ich Kaschmir, den Irak, Syrien, Israel, Bangladesh, Tunesien, Malaysia und Indonesien: Länder des Islam. Die Möglichkeit, in dieser Religion eine „Heimat" zu finden, wurde in dem Maße zunichte gemacht, wie ich den Islam als starr, kalt und lieblos kennen lernte. Ich erlebte ihn als eine Religion, die den Menschen – wie die vatikanische Kirche des Mittelalters – eine Gehirnwäsche verpasst, statt ihnen zur Freiheit zu verhelfen. Ich traf zahlreiche Menschen, die durch so eine islamische „Moral"-Religion – ähnlich dem ultra-orthodoxen Judentum – einerseits Opfer einer kalten Gesetzlichkeit wurden und doch gleichzeitig von ihren Leidenschaften beherrscht waren, weil Moral und Gesetz nicht wirksam genug sind, eine Seele zu befreien. Wenn die Muslime beispielsweise nur Gutes tun, um sich den (Männer-)Himmel voller schöner Frauen zu erkaufen, wie ihr Religionsgründer angeblich verspricht, so dient das Gute höchstens ihnen selbst und nicht dem anderen; das heißt, wenn Almosengeben zur Vorschrift wird und nicht freiwillig aus dem Herzen kommt, hat man nicht mehr die Wahl zwischen Tun und Lassen, zwischen Gut und Böse und gibt somit die Eigenverantwortung ab. Fremdbestimmung aber war mir seit meiner unglücklichen Kindheit das größte Greuel. Was war das für eine Religion, die folgende wahre Begebenheit zulässt, die mir ein enger Vertrauter hinter vorgehaltener Hand mitteilte: Ein Muslim hatte eine Frau vergewaltigt und ging seine „Verfehlung" dem Mullah „beichten". Dieser fragte ihn: „Hat dich jemand dabei gesehen?" „Nein." „Dann hat Allah auch nichts gesehen! Geh in Frieden nach Hause." Natürlich ist das nicht die Essenz des Islam; ebenso wenig wie der sogenannte Christ, der mich als Kind sexuell missbraucht hatte, repräsentativ für das Christentum ist. Doch die Erklärung des Mullah war dennoch wie eine Keule auf mein Islam-Bewusstsein. Eine derartige „Beichte" ist im Christentum zumindest unvorstellbar.

Was immer ich sah oder hörte, trug letztlich nur dazu bei, mein Urteil zu bekräftigen, dass es sich hier um mittelalterliche, demokratiefeindliche und frauenverachtende Praktiken handelte. Sah so ein Gottesstaat aus? Stand da Gott tatsächlich dahinter? War das die barmherzige Liebe Allahs? Waren Politik und Gewalt jemals in der Geschichte der Menschheit ein Weg zu innerem Frieden? Dieses starre Einhalten von Regeln und Geboten statt vergebender Liebe und Wärme, die ich mir so sehr erhofft hatte, waren enttäuschend und unakzeptabel für mich. Wo der Mensch nach dem Sichtbaren und Äußeren beurteilt wird statt nach seinen Beweggründen und seiner inneren Einstellung, kann mir keiner mit lapidaren Äußerlichkeiten oder Gesetzen kommen, um den Menschen zu verändern. Liebenswürdige und gute Alte, die eine gewisse Weisheit besaßen, sah ich nur im Kino oder in den Märchen von „Tausend und einer Nacht". Im Lande traf ich solche Menschen nie.

Mohammed schien mir eher der Prophet eines gnadenlosen Gottes zu sein, der mit Gewalt und Folter die Menschen verängstigt und ausrottet. Es war empörend, was ich da in den Zeitungen an Bildern sah: Hände wurden abgehackt bei Stehlen; die Zunge abgeschnitten wegen Lügens. Frauen, so las ich, wurden bei lebendigem Leib eingemauert, wenn sie unbequem wurden oder die Gier ihrer eigenen Ehemänner nach anderen Frauen durchschauten. Eine derartige Menschenverachtung war ja noch schlimmer als das, was ich am eigenen Leib erfahren hatte. Ich verabscheute dieses religiöse System und Zorn stieg in mir auf. Mit einer Holzlatte in der Hand ging ich durch die Straßen Teherans und bedrohte die Busengrabscher, die an fast jeder Straßenecke mit geilen Fingern meine Freundin belästigen wollten – pfui Teufel! Wütend war ich, weil selbst die viel gerühmte arabische Gastfreundschaft ständig mit Hintergedanken – meist sexuellen – verbunden war. Nein, in diesem Land, in dieser Religion hatte ich nichts zu suchen. Wie sehr hätte ich mir ein positiveres Bild von dieser Religion gewünscht, aber meine Erfahrung lehrte mich leider nichts als Verachtung. Bloß weg aus dieser Heuchelei! Aber sogar das Verlassen dieses Landes wurde noch einmal zu einem Alptraum.

Wir waren den ganzen Tag von Teheran bis an die Grenze des Irak unterwegs gewesen. Dort herrschte Kriegszustand, und offenbar wurde niemandem die Erlaubnis erteilt, die Grenze zu passieren. Als ich dennoch an der stehenden Wartekolonne vorbeifuhr, um zu sehen, warum sich seit so langer Zeit nichts mehr bewegte, fiel der Blick des Zöllners auf meine Hamburger Autonummer, und mit einem äußerst freundlichen „Heil Hitler" wurden wir ins Landesinnere gebeten. Das Gleiche war uns schon an der afghanisch-pakistanischen Grenze passiert und wunderte uns kaum noch: Hitler hatte schließlich die Feinde der Araber fast ausgerottet, und so etwas vergessen ihm viele Muslime bis heute nicht. Gegen Mitternacht hatten wir die tausend Kilometer bis Bagdad geschafft. Aufgrund der Spannungen mit dem Iran war alles dunkel, verrammelt und vernagelt. Ein paar ärmere Einwohner lagen auf den Trottoirs herum und schliefen. Die Hotels waren mit Eisengittern und Vorhängeschlössern verbarrikadiert. Keine Unterkunft also. Es blieb uns nichts anderes übrig, als weiterzufahren.

Nun war ich aber derart übermüdet, dass ich den Weg aus der Stadt nicht mehr fand und zu allem Übel noch die Karte falsch interpretierte. Bei Sonnenaufgang stellte ich fest, dass ich mich verfahren hatte. Wir befanden uns irgendwo auf einer Sandpiste zwischen Sanddünen in der Syrischen Wüste. Ich traf zum Glück ein paar Beduinen und fragte sie nach der Straße nach Aleppo (Haleb). Unverständliches Arabisch war, was ich zu hören bekam. Alles klar! Mist! Ich fuhr mehr oder weniger aufs Geratewohl weiter, und – was für ein Glück – wir stießen nach Stunden auf eines von Saddam Husseins Wüstenforts, wo der Kommandant wenigstens Englisch sprach. Er erklärte mir den Weg und ließ mich mit Wasser und Diesel versorgen. Die erdrückende Hitze und meine Übermüdung forderten jetzt ihren Preis: Ich war kaum noch imstande, genau zuzuhören, und verfuhr mich schon an der ersten Abzweigung gleich hinter der Ausfahrt. Jetzt begann eine tödliche Fahrt durch die Wüste. Die Piste löste sich zusehends auf, und wir fuhren in beklemmendem Schweigen über harte Sandplatten,

Treibsand und Waschbrettrillen. Eine Reifenpanne würde genügen, um uns in dieser Einsamkeit verdursten zu lassen. Es gab Tage, da hatten wir bis zu fünf Reifenpannen. Dieses Wissen schnürte uns nun die Kehle zu, und keiner sprach mehr ein Wort. Gegen den aufwirbelnden Mehlstaub musste ich die Scheibenwischer einschalten, was die Sache noch um einiges erschwerte. Kein Wegweiser, keine Straße, kein Kompass, die Sorge, bald kein Diesel mehr zu haben, kein Wasser und flimmernde Hitze. Welcher Gott auch immer – aber Er sei mit uns …! Und Er war es wohl, der uns warnte, noch weiterzufahren. Lieber wollten wir versuchen, den Rückweg zu finden. Uff, erleichtertes Aufatmen, als wir nach diesem erdrückenden Umweg auf unerklärliche Weise zum gleichen Wüstenfort zurückgelangten. Gerettet! Nochmals Wasser, nochmals Diesel. Ein Wunder war geschehen. Dieses zweite Mal passte ich scharf auf, als der Kommandant mir noch einmal den Weg beschrieb – heißer als die Hitze aber wurde mir, als ich hörte, dass wir durch ein vermintes Gebiet gefahren waren. Nach nahezu 2000 Kilometer ohne Schlaf und unter großen Strapazen erreichten wir unser geographisches Ziel. Das Ziel aber auch, aus der Beklemmung dieser heuchlerischen Welt hinauszufahren. Ich fühlte mich erst wieder etwas freier, als ich der islamischen Welt den Rücken gekehrt hatte.

Kapitel 6

Transzendentale Meditation

Zurück in Hamburg, traf ich bald darauf an der Universität einen Mann, der aussah wie Jesus: mit langem dunklem Haar, langem Bart, sanftem Lächeln und langem weißem Gewand: den Gründer der „Transzendentalen Meditation" (TM), Maharishi Mahesh. Ich spürte eine intensive „Leitung" zu ihm. Er sprach mir direkt in die Seele mit seinen Ideen von Weltherrschaft und Wertvorstellungen: Banken, Erfolge, Schlösser usw. Ich war davon überzeugt, dass er diese Dinge nur symbolisch meinte, aber in Wirklichkeit „innere Werte" vermitteln wollte. Im Geiste sah ich mich in diesem Imperium Karriere machen. Immer noch auf der Suche nach dem Sinn meines Lebens, glaubte ich seinen Versprechungen, durch „TM" zu innerer Freiheit zu gelangen. Dies obgleich „Seine Heiligkeit" – wie ihn seine Jünger ansprachen – bei dem Versuch, wie Jesus übers Wasser zu gehen, ins Wasser plumpste. Ich ging davon aus, dass so etwas nicht die „Freiheit" beweisen sollte, sondern lediglich ein Werbegag war für die zahlreich anwesende Presse. Nach anfänglichem Zögern folgte ich meinem neuen Führer schließlich. Ich setzte mein Vertrauen in den „Meister" und glaubte an seine Mission. Er selbst glaubte ja auch an sich selbst.

Gleich zu Anfang hatte ich ein „geistliches" Erlebnis, das mir quasi „bewies", dass für mich in der TM-Spiritualität ein Platz bereit war. Das kam so: Als Maharishi seinen ersten Vortrag beendet hatte, wurde die Aula Magna der Uni (Audi-Max) geleert, weil der folgende Vortrag 20,– DM Eintritt kostete. Ich saß mitten im Saal und wusste: Wenn TM etwas für mich ist, muss es heute Abend gratis sein. Meine innere Bedingung war: „Freiheit" darf nicht für Geld zu erkaufen sein. Ich konnte und wollte aus diesem Grund den Saal nicht verlassen. Die Situation war die gleiche wie am Zoll nach Mexiko. Mit einem Mal spürte ich, dass mein Körper wie von einem undurchdringlichen Schild umgeben wurde, der mich „unsichtbar" machte für die Blicke der Menschen. Die Saalordner und Kontrolleure gingen durch die Reihen und schickten auch die letzten Besucher hinaus, ohne meiner – normal sitzend (!) – gewahr zu werden. Der Saal wurde geschlossen, das Licht gelöscht. Zwei Stunden verbrachte ich wie in Trance und war erst wieder „anwesend", als das Licht anging und die Besucher zu den Türen hereinströmten. Was war geschehen? Ich konnte es nicht erklären; dieses „Unsichtbarwerden" sollte sich jedoch von nun ab öfters wiederholen. Für kurze Zeit hatte ich den westlichen Materialismus quasi verlassen können – was ja mein Wunsch gewesen war –, offensichtlich mit Hilfe von Wesen, die mir dienten.

Die Zeit war gekommen für meine „Einweihung" in die TM. Was passiert? In einem halbdunklen Raum nimmt der Lehrer zum „großen Meister" namens Guru Dev, der Maharishis Meister gewesen war, Kontakt auf. Sein Bild steht von Blumen umrandet auf einer Art Altar. Diesem „großen Meister" muss man frische Blumen darbieten, Früchte opfern und noch ein weißes Tuch – Symbol der Reinheit – dazulegen. Räucherstäbchen und Kerzen geben der Einweihung einen mystisch-sakralen Anstrich. Gegen den Preis eines Monatslohnes (für Studenten gab es Rabatt) und meinem Versprechen zu absoluter Verschwiegenheit flüsterte mein Lehrer mir ein „Mantra" – eine Klangsilbe aus dem Sanskrit (= altindische Sprache) – ins Ohr. Jeder hat sein persönliches Mantra, wurde mir versichert. Das entspricht aber nicht der Wahrheit, wie ich später herausfand. Maharishi bedient sich nur einer sehr begrenzten Anzahl von Mantren, die je nach Alter und Geschlecht vergeben werden. Seine Mantren kommen aus der vedantischen Tradition des Hinduismus und wurden von Maharishi der westlichen Tradition angepasst. Um dieser eher werbewirksamen Geheimniskrämerei ein Ende zu machen, veröffentliche ich an dieser Stelle einige Mantren, die ich von enttäuschten Aussteigern zu hören bekommen habe: „ema", „aoum", „aïm", „ijenga", „shamma", „shiring", „shiromm", „keng". Der Eintritt ins Paradies – eben doch nicht gratis, sondern gekauft zum Studentenpreis von 400,- Mark! Bewiesen durch eine wohldurchdachte Philosophie und verkauft als Buch über kreative Intelligenz und „Die Wissenschaft vom Sein".

Immerhin meditierte ich einige Jahre mit meinem „Shiring" und wartete geduldig auf meine Erleuchtung, Freiheit und kreative Intelligenz. Falls es mit der normalen Einweihung nicht so gut klappen sollte, bot „Seine Heiligkeit" weitere Kurse an. So gab es „Siddhi"-Kurse zum „fliegen lernen" (für Familien 9000,– DM, Berufstätige 6000,– DM und Studenten 4000,– DM), Ministerien für „Gesundheit und Unsterblichkeit", eine neue „Weltregierung", eine „Bausparkasse der Erleuchtung", Hellsehen, „durch die Wand gehen" (bis zu 40 000.– DM).

Tatsächlich erlebte ich eines Morgens eine Überraschung. Während meiner Meditation erschien mir das Gesicht einer faszinierenden Frau. Ich war gebannt von ihrer Ausstrahlung. Am Abend dieses Tages wollte ich die Stadt verlassen, wurde aber von Freunden zu einem Fest eingeladen. Ich sagte zu und blieb. Als ich am Abend als erster bei der Gastgeberin an der Tür klingelte, machte mir die Frau auf, die ich in der Vision der TM gesehen hatte. Ich war begeistert von dieser „Erscheinung" und brauchte keine weiteren Beweise mehr für die Wirksamkeit der TM. Was sich allerdings in den folgenden Jahren bezüglich dieser Person abspielte, entpuppte sich als schrecklich diabolisch. Aber das konnte ich fatalerweise nicht ahnen. War es ein Vorzeichen dessen, was bald „meine Welt" werden sollte?

In der Folge fing ich an zu beobachten, dass westliche Verkaufsstrategien offenbar mehr im Mittelpunkt standen als der Mensch. Ich hörte die Kassen des Meisters klingeln. Hatte ich ihn nicht von Banken, Schlössern und Erfolgen sprechen hören? Vorerst aber saß ich noch pflichtbewusst zweimal täglich meine zwanzig Minuten ab. Doch nach einiger Übung und Praxis spürte ich, wie in meinem Hirn – oder war es die Seele? – seltsame Dinge vor sich gingen, die irgendwie tiefer in mich hinabsanken. Manchmal erlebte ich etwas wie einen langen Tunnel und sah an dessen Ende ein Licht. Ich fühlte mich gelähmt, passiv und widerstandslos.

Doch statt des Friedens, der mich umfangen sollte, nebelte mich etwas ein, und ich spürte, wie ich immer unruhiger und nervöser wurde. Die TM-Lehrer erklärten so etwas als „Stress-Lösung". Aha! Leider aber fühlte ich mich mit der Zeit schwerer und schwerer nach unten gezogen – zuerst im Kopf, dann in der Psyche und auch irgendwo noch tiefer in mir drinnen. Mir war absolut nicht klar, was da eigentlich passierte; immer noch war ich jedoch überzeugt, dass dies ein Weg aus dem „logischen Westen" und somit auch aus meinem Problem heraus sei – also der Weg zu mir selbst. Es galt, sämtliche aufkommenden Gedanken mit Hilfe des Mantra sanft beiseite zu schieben, um so die verschlossenen Kammern meiner Seele zu öffnen. Somit auch Gedanken an des Meisters Taktiken. Verschmelzung mit dem „All-Einen", dem „Kosmischen" wartete auf einen fleißig übenden Klaus.

Der Meister hatte ja immer von der „Dämmerung des Zeitalters der Erleuchtung" gesprochen. Mit ausbleibendem Erfolg allerdings dämmerte mir langsam etwas ganz anderes. Als ich nämlich durch zwei nahe Familienangehörige, von denen eine in Maharishis Welt-Center in Seelisberg (Schweiz) lebte, genaueren Einblick hinter die Kulissen des Zentrums bekam, erfuhr ich Dinge, die mich nun wirklich stutzig machten: die totale Abhängigkeit der Lehrer vom Meister, Mitarbeiter, die sogar einen Treueschwur leisten und ihm religiöse Verehrung zollen mussten, eine ziemlich krasse Hierarchie und schon wieder Moralgebote und Formzwänge. Vor seiner „Heiligkeit" musste man die Schuhe ausziehen, es gab streng überwachte Kleidungsvorschriften, abrasierte Bärte waren Bedingung, ebenso Sari-Pflicht für Mädchen, herrschende menschliche Kälte, eine Mauer des Schweigens nach außen, massenhaft Grundstückskäufe in aller Welt. Dies und anderes mehr ließen mich eher an ein Finanz- als an ein Meditationszentrum denken.

Immer mehr hatte ich das Gefühl, schon wieder auf das falsche Angebot hereingefallen zu sein, zumal innerlich keine positive Veränderung festzustellen war. Dann behaupteten plötzlich ältere TM-ler, die TM-Technik könne sich möglicherweise in eine Waffe der Selbstzerstörung verwandeln. Ich hörte von Untersuchungen eines Prof. Gery E. Schwartz von der renommierten Haward Universität, der TM-ler untersucht hatte und zum Ergebnis kam, dass „verminderter Sauerstoffverbrauch, reduzierte Atmung, ausbalancierter Körper, gesenkter Puls und erhöhter elektrischer Hautwiderstand Phänomene sind, die man auch an Personen beobachten kann, die vom Strand zurückkommen". Meine Erfahrung bestätigte mir andererseits, dass diese sogenannte Stresslösung tatsächlich immer „würgender" und angsteinflößender wurde; als ob ich durch die TM-Technik Angriffen vom Jenseits ausgeliefert wäre. Etwas war stinkfaul an der Sache, das war unbestreitbar. Mit zunehmender Praxis gingen meine Nerven immer leichter mit mir durch. Als weitere sichtbare Veränderung stellte ich meinen wachsenden Stolz fest. Ich konnte offenbar mein eigener Gott werden und dadurch Zugang zu Geistern und Dämonen haben; deren Schüler und Mitarbeiter wurde ich. Ich fürchte, in Maharishi war ich einem „falschen Jesus" begegnet. Dabei wollte ich doch einfach weg von der Erde, dem Jammer hier entkommen – aber nach „oben", nicht nach „unten" ...

Was konnte ich zur Verbesserung meiner Lage tun? Manipulierte ich jetzt wirklich die Kräfte, die mir zu meinem nie vergessenen Ziel namens „Macht" verhalfen? Könnte es nicht sein, dass in Wirklichkeit *ich* es war, der manipuliert wurde? Es gab keine Kontrollinstanz, vergleichbar dem Heiligen Geist, der es mir verboten hätte, mein Wissen und die okkulte Erfahrung negativ auszunutzen. Während ich mich auf dem Weg der Heiligung und Reinigung glaubte, war es nichts anderes als ein „Scheinheiligenschein", der mir da von jemandem aufgesetzt wurde, um mir damit zu schmeicheln. Die Übernahme eines neuen Wortschatzes, die Einnebelung meines Bewusstseins, überstrapazierte Nerven und innere Spannungen, vermehrte Ängste und Lähmung, Passivität in vielen Bereichen, vermehrte körperliche Krankheiten und ein schließlich abgebrochenes Studium an der Uni in Hamburg sprachen nicht gerade von Freiheit und Erlösung. Einzig die Ekstase- und Trancezustände blieben als Hoffnung, meiner Misere zu entfliehen. Da nichts an TM wirklich göttlich war, fand ich mich konsequenterweise immer wieder im Griff meiner Leidenschaften: Sex, Lüge, Betrug und nachfolgender Frustration. Es war erbärmlich.

Um der Sache mit der TM, die auf dem Hinduismus beruhte, auf den Grund zu gehen, machte ich mich schließlich auf nach Indien, an die Quellen dieser Lehre. Dort lernte ich später den Hinduismus in zahlreichen anderen Formen kennen. Aber vor allem erfuhr ich auch, dass Maharishi seine Lehre wirklich auf eine Art verwestlicht hat, die dem Hinduismus sogar zum Teil widerspricht. Seine Siddhi-Kurse, bei denen man Levitation (sich in die Luft erheben) lernen könne, waren Dinge, vor denen der Hinduismus sogar warnt, weil man keinen geistigen Fortschritt machen könne, wenn man an diese Kräfte gebunden sei.

Ich hatte die Hoffnung, wenigstens in Indien auf Menschen zu treffen, die mir diese Transzendenz durch ihr Leben vorführen könnten. Doch die Enttäuschung war hier noch größer. In den dortigen Zentren war weder Frieden noch Liebe noch inneres Gleichgewicht anzutreffen: weder in mir noch bei den offiziellen Leitern und Vertretern. Es war zum Verrücktwerden. Die neuerliche Frustration zwang mich schließlich, die TM als „nicht befreiend" über Bord zu werfen. TM und ähnliche Inhalte wirkten wie ein billiges Heftpflaster auf einem Krebsgeschwür: Es deckt zu statt auf.

Gottes Führung, sichtbar geworden in der Begegnung mit Ursula

Kapitel 7

Indien, Yoga und Hinduismus

Mit großen Erwartungen an den Hinduismus ließ ich mich in Indien nieder. Nichts Sektenhaftes wollte ich mehr, sondern eine Religion, wie sie von den Gläubigen in Indien allgemein praktiziert wird. Ich hoffte hier auf die Lösung meiner Probleme. Konnte ich in dieser Religion die Antwort auf das Rätsel meines Lebens finden? Mit Hilfe von Yoga, astrologisch berechneten Festen, Tempelritualen vor Götterbildern von Hindugottheiten, Dämonen und Halbgottheiten – deren es 33 Millionen gibt, wie jemand einst ausgerechnet hat – und anderen Formen der Meditation meditierte oder betete ich zu Brahman, dem ewigen Wesen. Ich reiste zwischen 1971 und 1978 mehr als 30 000 Kilometer kreuz und quer durch Indien, vom Himalaja bis an die Südspitze, besuchte Brahma-, Shiva-, und Vishnutempel und bekannte Gurus wie beispielsweise Sai Baba. Dank meiner sich immer weiter entwickelnden medialen Fähigkeiten „sprachen" später die schon verstorbenen Gurus Swami Vivekananda, Sri Aurobindo, Ma, Paramahansa Yogananda oder Ramakrishna zu mir. Diese teilten mir Botschaften aus dem Jenseits mit. Solche Erfahrungen waren äußerst packend und ich glaubte natürlich, dass ich etwas Besonderes wäre, eben selber ein Guru. Obgleich ich mich mit großem Einsatz bemühte, änderte sich nichts in positivem Sinn. Ich traf in den hinduistischen Lehren nur auf eine Reihe gewisser philosophischer Wahrheiten wie etwa die Karma-Lehre: „Was der Mensch sät, wird er ernten" oder die Idee der Reinkarnation, welche mir zunächst logisch schien. Die Befreiung meiner zerstörerischen inneren Kräfte aber ließ immer noch auf sich warten. Noch kannte ich den Hinduismus nicht gut genug. Das wollte ich ändern.

Zunächst fand ich hier eine für Europäer seltsam scheinende Religion, wo offenbar alles, was gefällt, zu einem Gott gemacht werden kann: Kühe, Affen, Elefanten, Geld, Menschen, Ratten, ja ich selbst – wie konnte ich da einen persönlichen Kontakt zu den Göttern herstellen? Die Massen von Dämonen, die noch zu den Göttern dazukamen und die den Hindus offenbar schreckliche Angst einjagten, machten es mir unmöglich, hierin eine Ordnung, ein System oder Klarheit zu finden. Andererseits hat sich vielleicht gerade die Tatsache, dass es keine Ordnung gibt, als hilfreich erwiesen: ein Freiwerden vom Rationalismus und Materialismus, vom westlich-analytischen Denken, welches immer Erklärungen sucht und einordnen möchte, denn eines schien klar: Der Zugang zu den Geheimnissen meines Seins blieb mir mit Sicherheit auf dem Weg über die Logik verschlossen.

Andererseits empfand ich die Idee des Kastenwesens, welches die Hindugläubigen in fünf Gruppen hierarchisch einteilt, äußerst entmutigend. Bald darauf auch die zunächst einleuchtende Karma-Lehre, welche den Menschen vorherbestimmt durch die Bindung an seine Vergangenheit, an seine gesamten vorausgegangenen Leben. Wie hart konnte dieses Karma einen Menschen treffen, der in die Kaste der Unberührbaren wiedergeboren wurde: ausgeschlossen von Bildung und fast allen Berufen, verachtet von den vier oberen Kasten, von Geburt an geächtet! Diesen armen Menschen ist es sogar verwehrt, den Tempel zu betreten, weil ihnen gesagt wird, sie würden ihn verunreinigen. Aus dem gleichen Grund würde nie ein Brahmane aus der Priesterkaste einem Dalit (Unberührbaren) die Hand geben. War es möglich, dass der Hinduismus solch religiöse Apartheid in sich barg? Wenn seit über fünftausend Jahren die Hindus sich um ein „positives Karma" bemühen, sagte ich mir, müsste man eigentlich nach so langer Zeit positive Resultate sehen. Indien müsste ein blühendes Land sein, voller glücklicher Menschen, dachte ich. Ein knappes Jahr in Kalkutta belehrte mich eines anderen und führte mir – im Gegenteil – einen hinduistischen Fatalismus vor Augen, in dem sich das Rad der Geschichte eher rückwärts statt vorwärts dreht. Wenn ihre Einwohner heute das sind, was sie ihrem Verhalten im vorherigen Leben verdanken, hat der Hinduismus – so sah es aus – wenig Aussicht auf Befreiung vom „Ich". Zerfall statt Erneuerung: entsprechend der Misere, die ich im äußeren Stadtbild Kalkuttas sehen konnte.

Dies alles aber hielt mich nicht ab, den Weg des Hinduismus zu gehen, um mich hier und jetzt von meinem leidvollen Karma, an welches ich nun fest glaubte, zu befreien. Ich gehörte ja nicht zu den Dalit; ich war in der Kaste der Kshatrija (Krieger), der Soldaten um des Heils willen. Nicht mehr wiedergeboren werden zu müssen, das heißt ausbrechen aus dem Samsara, der Wiederverkörperung. Moksha (Befreiung) zu erreichen, indem ich selbst „Gott" geworden bin, war mein Ziel. Ich musste mich freikaufen, mich loslösen von der materiellen Welt, die ich als Illusion (Maya) anzusehen akzeptierte. Die Praktiken, die ich übte und bei anderen Hindus erlebte, waren von Tempel zu Tempel, von Guru zu Guru verschieden und sehr reichhaltig: Das konnte von Selbstkasteiung oder quälenden Zeremonien, wie etwa Pilgerreisen auf Knien, bis zu Tempelopfern, Räucherstäbchen, Waschungen im heiligen Wasser des verseuchten Ganges oder anderer Flüsse, dem Lesen der Upanishaden und der Baghavad Gita, der heiligen Schriften der Hindus, gehen. Wie unzählige andere Hindus hoffte nun auch ich auf Befreiung von der Schmach einer Wiedergeburt.

Auf meinem Weg in den Hinduismus kam außer der Meditation noch etwas Neues hinzu. Vielleicht auch eine Art Meditation, bot Yoga offenbar eine weitere wirksame Hilfe auf dem Weg zur endgültigen Befreiung von meinen Leidenschaften, Ängsten und Schuldgefühlen. Ich erwartete durch meinen Einsatz, mich durch die diversen Rituale ent-„schuld"-igen zu können. Was allerdings „Schuld" genau ist, vermochte mir kein Guru zu beantworten.

Am Anfang sah die Praxis noch wirksam aus; und es ist wahr: Im Alltag, im Stress und der Last der Pflichten der uns umgebenden Welt ist eine Unterbrechung durch Yoga oder eine andere Form von Meditation zunächst einmal nervenberuhigend und lässt einen durch Kontrolle von Geist und Körper auf eine positive Änderung des Bewusstseinszustandes hoffen. Yoga als Antwort auf psychische Probleme, verbunden mit seinem Versprechen für inneren Frieden, ist leichter und akzeptabler als das Vorbild von manchen christlichen Priestern, die sich mehr ihres Dreifachkinns und Kugelbauchs annehmen als ihrer Gemeinde. Echte christliche Werte werden durch solche „Vertreter" – auf ein Niveau herabgesenkt, das sich selbst widerspricht. Dass aber die versprochene „tiefe Ruhe" im un-

Die Sitar war mir in Indien eine Hilfe, um in die Religiosität einzusteigen (bei Meister Balram Pathak)

kritisch praktizierten Yoga oder in der Hindumeditation auch nur bloße „Narkose" ist, welche unerwartete Folgen hat, indem sie den Geist lahmlegt, wer soll das noch erkennen? Diese Anästhesie entfernte mich eher von mir, als dass sie mich erleuchtete, indem ich – wie schon in der TM – trainierte, alle Gedanken, die auftauchten, sanft beiseite zu schieben. Leere und Personlosigkeit wird angestrebt. Es spielt keine Rolle, wie schlau philosophisch alles verpackt und angepriesen wird: In jeder hinduistischen Meditation war ich letztendlich wie mit einer Nabelschnur mit der Götter-, Götzen- und Dämonenwelt des Hinduismus verbunden.

Für mein Teil spürte ich nach etwa sieben Jahren, dass alle Höhenflüge, Zustände von Leichtigkeit oder vermeintliche Gottesnähe, die ich mit größter Anstrengung und Asketentum erreicht hatte, immer wieder durch meine Leidenschaften zunichte gemacht wurden; Vergebung oder Verzeihen gab es nicht. Lust nach Macht, Geld und Sex hielten mich wie eh und je in meiner Welt gefangen. Ich war um nichts freier geworden.

Es wurde sogar schlimmer: Je tiefer ich in den Hinduismus eindrang, desto mehr wurde ich von Angst und Tod beherrscht; ich wurde geradezu auf ihn fixiert, anstatt ihn zu überwinden. Das war nun wirklich nicht das, was ich gesucht hatte. Anders ausgedrückt: Statt meine Probleme zu lösen, haben Yoga, Meditation oder Seelenreisen nur alles verdrängt und zeitlich verschoben. Sobald ich aus meiner „Narkose" aufwachte, war alles beim Alten. Solch geistige Selbstkontrolle war nichts anderes als eine Technik, unliebsame Gedanken für eine gewisse Zeit fernzuhalten, keinesfalls aber eine Möglichkeit, meine hartnäckigen Leidenschaften und meinen Hass zu meistern, geschweige denn aufzulösen. Von Freiheit oder innerem Frieden konnte schon gar keine Rede sein. Die unbekannten mystischen Kräfte im Yoga absorbierten und zentrierten mich höchstens auf mich selbst. Sie waren nicht kommunizierbar oder meiner Umgebung mitteilbar.

Was in Wirklichkeit weiterwuchs, war meine Angst, die ich aber immer raffinierter mit dem „Gewand" eines Guru zudecken konnte, zu welchem ich mittlerweile selber wurde. Die „esoterische" Erfahrung mit Philosophie, Psychologie, Religionen, Mystizismus, Zauberei und Okkultismus sowie eine gewisse Kenntnis von Astrologie, das Lesen aus der Hand, Symbolsprachen, der Kontakt mit Stimmen aus dem Jenseits, die ich als Medium weitergab, all dies schlug sich als große Fülle von geistigen Erfahrungen in mir nieder. Diese Fülle zog tatsächlich immer mehr suchende Menschen zum „Guru" Klaus. So gesehen war ich jetzt quasi am Ziel, nämlich versteckte Rache zu nehmen für das, was die Menschen mir dereinst angetan hatten. Endlich hatte ich Macht und Einfluss.

Nicht zuletzt bekam ich viele Menschen durch ein sehr verlockendes Versprechen an den Haken: Es war die Idee der Wiedergeburt, die den Leuten gefiel. Wer hängt nicht an seinem Leben? Folglich erlaubt einem diese Idee, noch einmal leben zu können, diesmal die „Sache" mit der Anstrengung nicht so ganz ernst zu nehmen, gar eigentlich faul sein zu dürfen. Man durfte weiter an seinem Besitz, an Materie und Sex hängen. Die Reinkarnationslehre erlaubt es, den Kopf in den Sand zu stecken. Bei unserer nächsten Wiedergeburt fangen wir dann „richtig" an. Wenn du dich heute noch nicht entscheiden kannst – nun, morgen ist auch noch ein Tag ... Bei dem in Europa wachsenden Esoterik-Boom hatte ich leichtes Spiel. Mit meiner Erfahrung war es recht einfach, die schwachen Punkte meiner „Klienten" aufzuspüren, ihre Abhängigkeiten aufzudecken, sogar die Richtung ihrer Gedanken zu lesen und dann – von ihnen unbemerkt – in ihre Haut zu schlüpfen. Ich wurde von ihnen als Meister respektiert und war doch ihr seelischer Unterjocher – im Namen der Freiheit! Ich spielte nun das gleiche teuflische Spiel mit ihnen, welches ich als Kind am eigenen Leib erfahren hatte. Und es war ein tödliches Spiel.

Perfektester Ausdruck dieser Geisteshaltung war mir die Hindugöttin „Kali", die Schwarze. Diese lockt in ihrer meist erotischen Darstellung alle Menschen und Hindugötter unwiderstehlich an, hackt ihnen mit einem großen Schwert die Köpfe ab und saugt anschließend ihr Blut aus. Mit den abgeschlagenen Totenschädeln schmückt sie sich ihren Hals. Niemand aus der hinduistischen Götterwelt kann Kali aufhalten; nicht einmal sie selbst. Für den gläubigen Hindu mag Kali eine andere Wirkung haben, für mich aber interpretierte ich Kali zumindest auf diese Art, und diese Kali betete ich an; mit diesem Bild konnte ich mich identifizieren. Deshalb lebte ich in Kalkutta, der Stadt, die ihr geweiht ist (Cali Cut). Sie war zu meiner neuen „Königin der Nacht" geworden, zu meiner neuen Mutter. Schien ich endlich der Umklammerung meiner leiblichen Mutter entflohen, so saß nun Kali auf dem Thron und hielt mich in ihrem Bann.

Eines Tages passierte etwas Bemerkenswertes. Ich hatte wieder längere Zeit im Kali-Tempel gesessen und meditiert – in dem offenbar einzigen Tempel Indiens, wo es noch Blutopfer gibt. Kurz vor meinem Eintreffen hatte man einigen Opfertieren die Köpfe abgehackt, und überall floss noch Blut herum, welches die Gläubigen in ihrer Angst Kali geopfert hatten, um sie sich vom Leibe zu halten. Der ganze Boden war rot, und ich saß mittendrin auf einer erhöhten Steinplattform. Nach einiger Zeit der Meditation fiel ich in Ekstase. Und gleich darauf spürte ich, wie der Tod sich mir näherte …

Die Göttin Kali, Angst und Schrecken der Hindugottheiten

Kapitel 8

Bei Mutter Teresa in Kalkutta

Ich fühlte jetzt endlich den Zeitpunkt gekommen, dem Tod mit meiner eigenen Macht zu begegnen. Ich musste meine Angst vor ihm, aber auch ihn selber ein für allemal besiegen. Doch wie sollte ich das konkret anstellen? Ich war nie ein Theoretiker gewesen; es ging mir nicht darum, den Tod nur „symbolisch" zu besiegen. Nein, ich wollte ihm ganz konkret von Angesicht zu Angesicht gegenübertreten und ihn dann mit meiner Kraft bezwingen. Wo also konnte ich den Tod „sehen" oder „treffen"? Wenn ich mich auch als Kind auf dem Friedhof amüsiert hatte und über Leichen mit Witzeleien hinweggegangen war, so hatte ich doch nie den Tod persönlich getroffen. Und ich hatte nie jemanden vor meinen Augen sterben sehen.

Doch dann geschah Folgendes: Während ich im Kalitempel in Meditation vor der schwarzen Statue saß, fiel ich mit einem Mal in einen Trance-Zustand. Ich schien nicht mehr die Kontrolle zu haben. Plötzlich befand ich mich außerhalb meines Körpers. Ich spürte, wie ich mit einem Ruck nach oben gezogen wurde, und Seele und Körper waren getrennt. Ich konnte mich nun von der Decke des Tempels aus unter mir selbst sitzen sehen. Es war ein „erhebendes" Gefühl. Aber war ich tot? War ich endlich „ganz Bewusstsein" geworden und frei von den Leiden dieser Welt? Es sah ganz danach aus, wenn man das überhaupt so sagen kann. Raum und Zeit existierten in diesem Zustand nicht mehr. Wenn ich zum Beispiel „Mond" dachte, war ich im gleichen Moment auf dem Mond. Faszinierende Welten öffneten sich mir hier und jetzt. Dabei hatte ich weder Angst noch Freude. Alles war irgendwie „natürlich", eine Art „so ist es eben", nicht mehr, nicht weniger. Ich staunte erst, als ich wieder in meinen Körper zurückgekehrt war.

Danach tauchte sofort wieder der Gedanke an den Tod auf. Ich überlegte, was diese eben zu Ende gegangene Erfahrung mir zeigen wollte. Hatte sie etwas mit dem Tod zu tun? Noch einmal: Wo konnte ich ihn treffen? Wie sah er aus? Da kam mir eine Idee.

Während meines Aufenthaltes in Kalkutta hatte ich öfters einmal von Mutter Teresa gehört, mich aber nicht weiter damit beschäftigt. Höchstens die Tatsache, dass sie irgendwie etwas mit dem Friedensnobelpreis zu tun hatte, war mir im Zusammenhang mit ihrem Namen bewusst. Allerdings wusste ich, dass sie Christin war – und das war nicht meine Wellenlänge. Jetzt aber erinnerte ich mich, dass sie gewisse Orte in der Stadt betreute, die man Sterbehäuser nannte; und dann fand ich den Zusammenhang: Als wäre es für mich bestimmt, war einer dieser Räume im unteren Teil des Kali-Tempels, wo ich im Augenblick saß. Mir war nun klar, was ich zu tun hatte: Ich musste dieses Sterbehaus jetzt aufzusuchen! So erhob ich mich mit klopfendem Herzen aus meiner Meditation mit der Erwartung, dort unten im Kellergewölbe endlich dem Tod zu begegnen; aber auch mit dem Mut des einzig möglichen Ausweges ... In meiner Phantasie gellten bereits die Schreie der Sterbenden und lebhaft malte ich mir ihre Todesqualen aus. Mit jedem Schritt wuchs meine Angst vor dieser Begegnung. Welche Wahl blieb mir? Ich musste den Tod suchen, um das Leben zu finden. Ich *musste* den Tod besiegen – ich *musste* dort hineingehen.

Doch wo ich die „Hölle" erwartet hatte, überraschte mich beim Betreten des halbdunklen Gewölbes ein tiefer äußerer und gleichzeitig innerer Friede. Wie soll ich sagen? An diesem Ort war nicht der Tod zu Hause, das spürte ich sofort. Ich fühlte mich auf eine Art sogar wie „zu Hause". War es dieser ungekannte Friede? Wo kam er her? Das alles warf sowohl meine Erwartung als auch meine Vernunft über den Haufen. Es war äußerst merkwürdig. Ich blieb eine Weile reglos im Zwielicht des „Kellergewölbes" stehen und hatte einfach das angenehme Gefühl *„zu sein"*. Wie seltsam! Ich glaube, ich war so überrascht, dass ich durch diese völlig Umkehr der erwarteten Situation glatt den Grund meines Besuches vergessen hatte.

Jetzt kam eine der Schwestern der *Missionaries of Charity* auf mich zu, und ich fragte sie: „Wo ist Mutter Teresa? Ich muss ihr ein paar Fragen stellen."

Tatsächlich keimte plötzlich in mir eine neue Idee auf: Möglicherweise könnte ich in ihr einen neuen „Guru" finden. Vielleicht konnte sie mir auf meiner Suche weiterhelfen.

„Oh, sie ist draußen, irgendwo auf den Straßen und arbeitet."

„Wann kann ich sie dann treffen?"

„Wir wissen selber nicht, ob sie heute noch einmal hierher zurückkommt, Aber jeden Morgen ist in der *lower circular road* eine Messe, und sie wird dort sein."

Da dieser Ort nur wenige Minuten zu Fuß von meiner Unterkunft entfernt war, fiel mir der Entschluss leicht, am folgenden Tag dorthin zu gehen.

Früh morgens machte ich mich auf den Weg. Ich war neugierig, wie sie wohl sein würde. Da sie recht berühmt war, hatte ich mir ein bestimmtes Bild von ihr gemacht: Wie die meisten Gurus, die ich besucht hatte, weilte sie sicher auf einem hohen Thron, in der Mitte eines weiten Saales, umgeben von ihren Lieblingsschülern, die ihr zu Füßen sitzen durften. Selbstverständlich würden Blumen und Girlanden sie schmücken, und sie würde einem dann und wann salbungsvoll zulächeln – zur Erbauung der Seele. Man hatte sich ihr respektvoll auf Knien zu nähern und durfte, wenn man Glück hatte, ihre Räucherstäbchen anzünden. So zumindest war ich es von den „großen" Hindu-Gurus gewohnt.

Erwartungsvoll trat ich durch die Tür. Peng! Man kann sich meine Ernüchterung vorstellen, als ich sah, dass im Saal statt eines Throns bloß ein einfacher Holztisch stand und – wie frustrierend – weit und breit keine Mutter Teresa zu sehen war auf einem Thron oder etwas Ähnlichem. Statt dessen fand ich um die hundert Schwestern vor; alle mit den gleichen weiß-blauen Saris bekleidet. Schlimmer noch: Sie waren alle am Beten!

Ich hatte nie ein Bild oder Foto von Mutter Teresa gesehen und wusste daher nicht, wer sie sein könnte. So wollte ich zunächst einmal abwarten, bis „die da" mit ihren Gebeten fertig waren; danach wollte ich jemanden nach „ihr" fragen. Die Atmosphäre war eigenartig und ich fühlte mich nicht wohl inmitten all dieser Christinnen und ihrer Gebete; daher verdrückte ich mich neben den Ausgang.

Einen Augenblick später stellte sich eine bereits ältere „Sister" still neben mich und reichte mir ihr Gebetbuch – ich sollte wohl mitbeten. „Da hast du dich getäuscht", dachte ich. „Mit Beten habe ich nichts am Hut." Aber dann fiel mein Blick auf das Gebet. Es war ein Gebet des heiligen Franz von Assisi – und im gleichen Moment passierte das Unmögliche:

Als etwa achtjähriger Junge hatte ich mir geschworen, nie mehr zu weinen. Trotz all der Schläge, Brutalitäten, Verletzungen, Demütigungen und Verleumdungen: nie mehr hatte ich Gefühle oder Tränen gezeigt, damit die Erwachsenen nicht das Gefühl der Überlegenheit haben sollten. Da stand ich nun, 25 Jahre später, und spürte, wie mein Unterkiefer plötzlich anfing zu zittern, meine Brust bebte, als ob innen etwas am Explodieren wäre, und etwas – *was in Gottes Namen?* – fegte jetzt meinen Widerstand weg wie ein Blatt im Sturm ... *Ich weinte!* Ich war tief berührt von einer Kraft, die mich völlig wehr- und hilflos machte. Ich war so gründlich erschüttert, dass mein ganzer Körper vibrierte; und ich kam mir vor, als ob ich innerlich und äußerlich jeden Moment zusammenbräche. Doch das Verrückteste: Ich schämte mich dessen nicht einmal! Dieser Zustand dauerte über eine Dreiviertel Stunde. Ein Pfarrer war gekommen und las die Messe für die Schwestern. Als die Zeremonie zu Ende war, war ich unfähig, auch nur ein einziges Wort über die Lippen zu bringen. Wie unter Trance verließ ich schnell den Raum und verschwand unverrichteter Dinge nach Hause. Peng!

In meinem Zimmer meditierte ich erst einmal „eine Runde". Auf das eben Erlebte konnte ich mir nun wirklich keinen Reim machen. Was sollte denn so was?! War ich zu einem schwachen Pimpf, zu einer elenden Heulsuse geworden? Unvorstellbar! Das konnte ich nicht zulassen. Also entschloss ich mich, anderntags noch einmal zurückzukehren. Diesmal wollte ich jedoch stärker sein: Ich durfte mir so eine Schande, als die ich es im Nachhinein empfand, nicht ein zweites Mal erlauben! So bereitete ich mich auf die „Begegnung", mit wem oder was auch immer, durch weitere Meditation vor. Von dieser unbekannten Kraft, die – obgleich sie nicht der Tod – dennoch stärker als ich war, wollte ich mich nicht noch einmal bezwingen lassen. Ich schrieb meine Schwäche irgendeinem Überraschungseffekt zu.

Der folgende Morgen. Ich war um einiges früher hingegangen in der Hoffnung, Mutter Teresa zu treffen, bevor die Gebete und die Messe angefangen hätten. Leider aber waren die Schwestern bereits zu so früher Stunde am Beten. Ich stellte mich notgedrungen wieder hinten an die Tür, als die „Alte" – ich erkannte sie an ihrem runzligen Gesicht – auf mich zukam und mir wieder ihr Buch in die Hand drückte. „Achtung!", sagte ich in mir. „Diesmal passiert nichts!" Ich war auf der Hut! Doch was nützte es …! Sobald ich das Buch in Händen hielt, setzte das „Erdbeben" wieder ein. Die Tränen flossen unhaltbar aus dem tiefsten Abgrund meiner Seele. Zum zweiten Mal stürzte meine ganze Welt wie ein Kartenhaus zusammen. Ich! Ich, der ich so stark zu sein glaubte, wurde von einem Pfeil an einer verwundbaren Stelle getroffen, ohne zu wissen, wie noch woher noch wo die Stelle lag. Es tat weh! Was für eine Kraft herrschte da über meine Gefühle? Warum hatte ich noch nicht gelernt, sie zu manipulieren? Bitter weinend und komplett unfähig zu sprechen musste ich mich auch diesmal „geschlagen" aus dem Staube machen. Mir fehlten buchstäblich die Worte.

Mit dem festen Willen, das zu bekommen, was der Grund meiner Suche hier war, kam ich am dritten Tag schon gegen vier Uhr früh; diesmal wolle ich „sie" mit Sicherheit vor ihren Gebeten und der Messe erwischen. Doch die Szenerie war wieder die gleiche. Die „Alte" kam … das Buch … Muss ich es noch sagen? Ich weinte zum dritten Mal die komplette Zeit bis zum Ende. Ich war auf eine Art nicht mehr auf dieser Welt, war gefangen in diesem „verhexten" Raum, hilf- und haltlos wirbelte ich durch den Raum. Es war zum Schreien und aus der Haut Fahren. Vielleicht waren es gerade meine stillen Schreie, die dafür sorgten, dass es nicht nur mir endgültig reichte! Nein, auch meine „alte Nachbarin" schien genug wahrgenommen zu haben, um sich das Leid noch länger mit anzusehen. Als ich ihr Buch zurückgeben und verschwinden wollte, packte sie plötzlich energisch meine Handgelenke und sah mir tief in die Augen. Was für Augen sahen mich da an! Mein Herz wollte fast zum Halse hinausspringen. Mit einem Schlag wusste ich, *wer* die „Alte" war, und ich verstand, warum die Menschen in Indien sie eine Heilige nannten: Mutter Teresas Seele strahlte so viel Liebe und Wärme ab, dass sie es geschafft hatte, meine zu Eis erstarrten Tränen zum Schmelzen zu bringen. Mein Herz aus Stein war hier und jetzt für eine

Zeit lang zu einem Herzen aus Fleisch zurück verwandelt worden. Sie war eine wahrhaftige Mutter für die Armen – und zu diesen zählte ich mich in diesem Moment. Sie war *meine* Mutter. Ich hatte nie eine Mutter gehabt – sie war die erste Frau und Mutter; und ich war der Ärmste unter den Armen Kalkuttas.

Mir immer noch liebevoll in die Augen sehend, fragte sie mich zunächst nach meinem Namen. Sie hatte in den letzten drei Tagen genug gesehen, um nach dem Grund meines Aufenthaltes weiter zu forschen: „Was machst du hier in Kalkutta"?

Augenblicklich kam der alte Klugscheißer Klaus wieder zum Durchbruch. Voller Stolz wollte ich ihr imponieren. Immerhin hatte ich unglaubliche Erfahrungen auf dem Gebiet der Wahrheitssuche gemacht und war selbst ein Guru. Wie ein kluger Weiser antwortete ich: „Ich suche die Wahrheit!"

Ah, das saß! Das klang gut und sie würde mich jetzt bestimmt bei ihren Lieblingsschülern mit aufnehmen. Ich war ihrer sicher würdig.

Statt dessen lachte sie – herzlich und lauthals – und hatte sogar Tränen vor Lachen in ihren Augen, als ob sie noch nie solch baren Unsinn gehört hätte. Statt mir zu antworten, schloss sie mich einfach in ihre Arme und meinte darauf, immer noch lachend: „Dafür brauchst du nicht extra nach Kalkutta zu kommen."

Immer noch hielt sie mich im Arm und klopfte nun mit ihren Fingerspitzen auf mein Herz und fuhr fort: „*Da drin* musst du suchen. Da drin ist die Wahrheit. Was du da vorne auf dem Tisch als Tabernakel siehst, ist auch nichts anderes als ein Zeichen für das, was *da drinnen* ist, in deinem Herzen. Dein Herz ist der Tabernakel."

In ihren Worten steckte eine wunderbare Kraft, und ihre Einfachheit war so überraschend, dass jetzt in meinem Gehirn eine Art Revolution losging. Dem selbsternannten Guru und Schlaumeier Klaus verschlug es erstmals seit langem die Sprache! Hier stießen zwei elementare Kräfte aufeinander. Meine aber zog offensichtlich den Kürzeren. Was ich soeben erlebt hatte, war Beweis genug, Mutter Teresa auf ihre Art akzeptieren zu können. Aber sie war doch Christin …?! Ich flüchtete mich in den Gedanken, dass sie, ohne es zu wissen, Hinduis-

*Mutter Teresa von Kalkutta,
Trost für Millionen von Armen – und für Klaus*

tin wäre, denn Christen, die Liebe hatten, so etwas gab es nicht. Die nächsten drei Wochen versuchte ich also, sie bei unseren nun regelmäßigen morgendlichen Treffen vom Hinduismus zu überzeugen, der, obgleich in mir bereits gefährlich ins Wanken geraten, immer noch meine Hoffnung war; während sie mir umgekehrt meine herz-lose analytische Intelligenz bewusstmachen wollte. Sie verlor nicht ihre Zeit, mir Argumente für oder gegen den Hinduismus aufzuzählen, sondern erzählte mir einfach von Jesus und Maria und ihrer göttlich-persönlichen Beziehung zu den Menschen. Nach ein paar Wochen schien sie zu spüren, dass ich noch nicht „reif" war, dass meine Suche mich früher oder später wieder hinausziehen würde in die „Geografie".

„Komm einmal her", sagte sie eines Morgens. Da nahm sie meine Hand und öffnete sie. „Sieh da, in der Hand jedes Menschen kannst du aus den Linien ein großes ‚M' in der Mitte herauslesen; denke dir einfach, dass Maria, die Große Beschützerin, es hineingraviert hätte, damit wir die Mutter Jesu und Fürbitterin bei ihrem Sohn nie vergessen. Wenn du in Not bist, wenn es dir wieder einmal schlecht geht, öffne deine Hand und rufe Maria um Beistand an. Sie wird mit dir sein und dich beschützen!"

Nach ein paar Wochen verabschiedete ich mich von ihr. Und – weiß Gott – sie hatte Recht; es sollten noch über fünf schmerzliche Jahre vergehen, bis ich den Sinn ihrer Worte verstehen konnte. Zu tief war ich von blinden, kranken oder heuchlerischen Christen verletzt worden. Die Zeit für Wiedergutmachung war noch nicht reif.

Ich verließ Kalkutta und suchte wieder das Abenteuer; streifte bald darauf auf einem Elefanten zwei Tage lang durch den Urwald, in der Gegend von Assam; über frische Tigerspuren und durch derart reißende Flüsse, dass das mächtige Tier glatt abgetrieben wurde. Ich sah mich schon in den Strudeln versinken, aber der Koloss schaffte es knapp. Zeitweise war es so anstrengend, dass ich gar auf dem Rücken des Dickhäuters einschlief. Nein, solcherlei Erfahrungen waren nicht spirituell. Sie festigten höchstens meinen Stolz und den Glauben an mich selbst. So konnte es doch nicht weitergehen. Also kaufte ich mir ein Zugbillett nach Kaschmir, um von dort aus nach Ladakh im Hochland Tibets zu verschwinden. Die Suche war noch lange, lange nicht zu Ende. Im Gegenteil, das wirklich große Abenteuer stand erst noch bevor. Auf dieser Reise passierte mir ein Missgeschick, welches wohl symbolisch war für meine gesamte Suche.

Mein Ziel war Bombay. Wer in Indien zehn Leute nach dem Weg fragt, bekommt elf verschiedene Antworten. So auch im Bahnhof von Bombay. Ich erkundigte mich nach dem Gleis eines Zuges und bekam prompt die verkehrte Antwort. Es war nach Mitternacht, und soeben wurde bekannt gegeben, dass der letzte Zug gleich abfahren würde. Zu spät für mich, durch das Gewirr von Gängen den richtigen Bahnsteig zu erreichen. Die Gleise sind durch ca. drei Meter hohe Eisenstab-Zäune voneinander getrennt, die in 50 cm tiefen Gräben verankert sind. In diese Gräben spucken die Inder ihren roten abgekauten Betelnuss-Schleim, verrichten ihre Notdurft, schütten die Teereste hinein und waschen sich auch darin. Ein sogenannter Putzdienst fegt noch den Dreck der Bahnsteige dazu und füllt die Gräben mit Wasser, damit der Geruch dieser Hygiene nicht so bestialisch zum Himmel steigt. Um meinen letzten Zug nicht zu verpassen, wollte ich mein Gepäck über den Zaun auf den Bahnsteig nebenan werfen – aber es verfing sich in den Gitterstäben. So hechtete ich mit einem enormen Sprung auf die oberen Stäbe, umklammerte das Eisen, um nicht hinabzurutschen. Leider war das Ganze derart wacklig, dass ich durch die Schwingung den Halt verlor. Ich konnte gerade noch meinen Sack loshaken, als er spritzend in die braune Brühe plumpste; und da nun das gesamte Gestänge am Zusammenbrechen war, verlor auch ich meinen Halt und stürzte hinterher, voll der Länge nach in die Jauche. Ich war komplett darin versunken und kroch stinkend, elend und miserabel triefend aus der Brühe, das Gepäck – nicht weniger triefend – in der Hand. War das die „Krönung" meiner sieben Jahre bei den Gurus?

Buddhistisches Kloster auf dem Dach der Welt – mein neues Zuhause?

Kapitel 9

Der Tod des Gurus

Die strapaziöse Reise ging von Bengalen quer durch Nordindien, hinauf in den Himalaja. Durch Staub und ewigen Schnee, über 5000 Meter hohe Pässe bis in den indischen Teil von Tibet, dem Indus zur Quelle hin folgend. Der Zugang in dieses Gebiet war gerade erst für Fremde geöffnet worden und entsprechend oft gab es noch Militärkontrollen. Eine der faszinierendsten und schönsten Gegenden weckte in mir die Abenteuerlust. Ich wollte mir erneut beweisen, dass ich auch ohne Hilfe von anderen finden konnte, was ich suchte. Auf dem Dach der Welt angekommen, mietete ich mir einen Landrover mit Fahrer, der mich zu den buddhistischen Mönchen brachte, die in atemberaubend schönen Klöstern, hoch in den Felsen des Himalaja, wie in Adlernestern lebten und meditierten. Exotische Schönheit der Landschaft, braun, weiß, blau; hinreißende Kunst in der Bemalung der Klöster; klirrende kalte Luft; abscheulich schmeckender Fett-Tee; farbenprächtige Klosterfeste: all das lud zu einem neuen Abenteuer ein. Könnte ich hier wohnen? Mich in einem dieser Klöster niederlassen?

Am Fuße des Nanga Parbat (8126 m) mietete ich mir ein Pferd und ritt mit einem Führer bergauf, bis dieser Angst bekam und sich weigerte, weiter hinauf mitzukommen. Er fürchtete sich vor Bären und Schneetigern. Das Pferd wollte er mir allein aber nicht lassen, und ohne Führer konnte ich sowieso nicht reiten. Also stieg ich allein im Schnee weiter, bis mir die Füße fast abfroren, in die höchstmögliche Einsamkeit, bis ca. 6000 Meter. Ich suchte Stille zur Meditation, aber auch das Abenteuer, weil ich der Welt und mir selber zeigen wollte, dass ich niemanden brauchte. Mein Stolz war ungebrochen, doch der Guru Klaus war dabei, sein Gleichgewicht zu verlieren.

Was wollte ich wirklich? Ich glaube, es war so etwas wie eine lange Abschiedsreise aus dem Hinduismus; vielleicht das kopflose Hin und Her eines einsamen Menschen, der zum x-ten Male die Richtung verloren hatte, dem die Erfahrung den Teppich unter den Füßen weggezogen hatte. Der Hinduismus mit seinen unzähligen kleinen und größeren Wahrheiten, mit seinen heiligen Kühen und Affen, mit Tausenden von Göttern und zahllosen Saddhus, von denen manch einer ohne Zweifel ein asketischeres und reineres Leben führte als viele sogenannte Christen, diese unbegreifliche Religion oder faszinierende Philosophie war mir letztlich ihren konkreten Erfolg schuldig geblieben: Ich war dem inneren Frieden, der Glückseligkeit, der inneren Freiheit und vor allem der Liebe nicht nähergekommen. Im Gegenteil, jede neue Form von Meditation, die ich ausprobierte, schien immer nur die alte zu bestätigen. Es blieb bei der oben erwähnten „Narkose", die mich den Schmerz der Einsamkeit, des Gefangenseins im Ego und die Ungerechtigkeit der Welt lediglich für die kurze Dauer der Meditation vergessen ließ. Nach den Übungen war leider alles wieder beim Alten: meine Schlechtigkeit, das Leid, die Vergänglichkeit des Glücks und die darauf folgende Sinn-Leere. Wie konnte ich Lehrer für die anderen sein, ihr Guru, wenn ich doch selbst nicht lebte, was ich lehrte? Gerade das war es doch, was ich auf meinem langen Weg durch den Hinduismus den anderen Gurus vorgeworfen hatte! War ich also ein Heuchler? Am Ende sah es so aus, als hätte alle Übung nur dazu gedient, mein Problem momentan zu verdrängen. Wenn Yoga nur dazu gut war, unliebsame Gedanken fernzuhalten, statt mich von ihnen zu befreien, dann war es nicht geeignet für wirkliche Veränderung. Abgeschlossensein in mir selbst war nicht mein Ziel; Lebensersatz statt Leben noch weniger. Die Verschmelzung mit Gott, Gleichheit mit Gott hatte auch nach sieben Jahren nicht stattgefunden. Dennoch hatte eine Sache offenbar zugenommen: der Drang nach weiteren spirituellen ekstatischen Erfahrungen, die Suche nach Selbstvergötterung.

So klar die Luft hier oben auf 4000–5000 Metern war, so dick war der spirituelle Nebel; denn gerade er war es, der mich hinderte, meinen wahren Zustand, meine wirkliche Schwäche zu erkennen. Genau die Meditation, die Erleuchtung versprach, verschleierte und verhinderte mir somit den Weg zur Erleuchtung. Statt dessen jagte ich nach Hellsichtigkeit, medialen Fähigkeiten, astrologischen „Beweisen" und Reinigung vom Karma. Dort oben endlich, bei den buddhistischen Lamas und in der Stille der Bergwelt, meinte ich anfangs, inneren Frieden zu spüren. Weit entfernt von Supermärkten und Sex-Shops *musste* es doch endlich klappen!

Die vitaminarme, einseitige Nahrung aber, der Gedanke an die acht langen Wintermonate, wo ich – wie man mich warnte – bei bis zu minus 45 Grad von der Welt abgeschlossen sein würde, ließen mir den Aufenthalt doch etwas unbehaglicher werden. Nach Indien, in den Hinduismus konnte ich nicht mehr zurück. Wohin also sollte ich, von Tibet aus? Mein Weg schien einmal mehr erst am Anfang zu sein.

Es war wieder das alte Spiel: „Mensch, ärgere dich nicht" – „Gehe zurück an den Anfang ..."

Kapitel 10

Buddhismus

Zurück in Kalkutta traf ich meine frühere Partnerin aus Tübingen wieder. Sie hatte das Kloster Achan Chahs, eines der größten buddhistischen Meister Thailands, besucht und war, wie sie mir sagte, eben wieder auf dem Rückweg dorthin, um in dieses Kloster einzutreten. Es handelte sich um ein Waldkloster und befand sich ganz im Osten des Landes, nahe der Grenze zu Kambodscha und Laos. Sie gab mir diese Adresse, und nachdem ich sie noch zu Mutter Teresa mitgenommen hatte, kehrte sie bald darauf nach Thailand zurück. Ich selbst musste mir ein weiteres Jahr auf der Suche nach Abenteuern und Selbstbestätigung in Südostasien Mut machen, bis ich den Fehlschlag im Hinduismus verkraften konnte und bereit war für die neue Religion. Im Frühjahr 1979 war ich schließlich „reif" für den Eintritt in die Welt der schweigenden Zeitlosigkeit des Buddhismus. Einmal mehr tauschte ich das Abenteuer mit Affen, Skorpionen und Schlangen im Dschungel Malaysias gegen den inneren Dschungel mit Mächten, Dämonen und inneren Schlangen aus. Leicht fiel es mir nicht, noch auf irgendetwas zu vertrauen, nach all den bisherigen Enttäuschungen, aber welche Wahl blieb mir? Ich stellte mich darauf ein, bei Achan Chah im Tempel Wat Pah Pong bis an mein Lebensende bleiben zu müssen, um endlich die ersehnte Freiheit und Frieden zu finden.

Ich erinnere mich, wie ich in Wat Pah Pong eintraf. Irgendein buddhistisches Fest wurde gerade gefeiert und es wimmelte von Mönchen und Besuchern. Der große Meister, Achan Chah, saß in der Mitte, offensichtlich umgeben von irgendwelchen wichtigen Menschen und Ältesten. Es ziemte sich, aus Respekt vor seiner geistlichen Größe zwei Meter Abstand zu ihm zu halten. Als ich vor ihn trat und ihm vorgestellt werden sollte, machte ich die „Guru-Probe", wie ich es in Indien immer genannt hatte. Hatte ich es hier mit einem sogenannten Würdenträger zu tun, oder mit einem Menschen, der echt war und lebte, was er lehrte? Verdiente er wirklich meinen Respekt, oder stand ich hier wieder einem Heuchler, einer leeren Hülle gegenüber? Ich wollte seine Reaktion sehen, die entscheidend wäre für mein Bleiben oder den Verlust an Vertrauen. Ich sah ihn an; er war nicht besonders hübsch, und ich fragte laut: „Wer ist denn dieser hässliche Zwerg, dieser ‚Bauarbeiter', der da vor mir sitzt?"

Tatsache ist, dass Achan Chah – oh Wunder! – mich wohl von diesem Moment an in sein Herz geschlossen hatte. Wovon eigentlich alle seine Mönche und unzählige buddhistische Laien nur träumen konnten, wurde für mich in einem einzigen Moment wahr: Ich durfte ihm zu Füßen sitzen, bekam schon bald Privatlektionen und durfte nach kurzer Zeit seine Bettelschale und seinen Mantel tragen. Auf unseren Spaziergängen hakte er sich bei mir ein und nannte mich sogar einmal bei einer seiner wöchentlichen Ansprachen an die versammelten Mönche einen echteren Mönch, einen perfekteren Buddhisten als sie alle. Den Mönchen blieb der Mund offen stehen. „Klaus", erklärte er, „tut die Dinge direkt, ohne seinen Verstand oder Bücherwissen dazwischenzuschalten – im Gegensatz zu euch."

Es ist wahr, ich ließ mich längst nicht mehr von Theorien oder Theologien einwickeln, und die Erfahrung hatte mich gelehrt, ihnen sogar gründlich zu misstrauen. Entweder eine Sache hat spürbaren und erlebbaren Erfolg oder sie gehörte über Bord geworfen. Soweit war ich zumindest gekommen. Jetzt stand quasi der Buddhismus auf dem Prüfstein. Dazu musste ich zwangsläufig allen Respekt, alles Rituelle und Bücherwissen abtrennen, um zu sehen, wie viel Echtes und Gehaltvolles dann noch übrig blieb. Ich nehme an, dass Achan Chah diese Haltung bei der Begrüßung mit dem „hässlichen Zwerg" gespürt hatte. In den folgenden Monaten stürzte ich mich mit Haut und Haaren und voller Hoffnung in die Praxis des Buddhismus. Frischer Wind und neuer Mut beflügelten mich.

Die Voraussetzungen zum Eintritt ins Kloster, um sich auf den Weg ins Nirwana zu machen, waren recht einfach: sitzen und atmen. Dadurch soll – ähnlich wie im Hinduismus – Ruhe in unser Sein einkehren. Man hofft, sich innerlich von der

Achan Chah, berühmtester Meister Asiens, wie es hieß (gest. 1994)

Welt des Vielfachen, der Illusion, zu lösen und in dieser Form, als *Gelöster*, in der Welt seinen Pflichten nachzugehen. Achan Chah sagte: „Wer es schafft, auch nur sechs Minuten lang vollständig zu meditieren, hat das Nirwana erreicht." Das bedeutet: So jemand ist frei von allen Bindungen. Das schien bislang niemandem gelungen zu sein. Und er selbst? Im Kloster zirkulierte ein Bericht, den er nur bestimmten Mönchen gegeben hatte, in welchem stand, wie er selbst die Erleuchtung erreicht hatte. Andere Meister, die ich später in Korea und China traf, wichen dieser Frage aus. Auf die Frage, wie er Meister geworden war, antwortete er einfach: „Wenn ich esse, esse ich; wenn ich gehe, gehe ich, usw…" Alles ist und wird zur Meditation: Sprechen, Essen, Gehen, Schlafen, Arbeiten. Recht hatte er, denn wir Westler sprechen beim Essen, denken beim Schlafen, lesen beim Gehen; wir sind immer zerstreut und mit etwas anderem beschäftigt. Unsere Gedanken sind zu 47 Prozent in der Vergangenheit, zu 47 Prozent in der Zukunft und höchst selten mit dem Jetzt verbunden. Zerstreuung ist das Gegenteil von Konzentration und Meditation. Nur ganz selten sind wir gegenwärtig im ursprünglichen Sinn des Wortes.

Das galt es offenbar zu praktizieren, und zwar ab drei Uhr morgens im Tempel bei gemeinsamer Meditation, bis etwa sechs Uhr. Danach „Pinda-bath" (Bettelgang), barfuß 6–8 Kilometer durch die umliegenden Dörfer außerhalb des Waldes, für eine Hand voll Reis, seltsam blau-grün marmorierte Eier, manchmal irgendwelches Laub als Salat, dann und wann Fleisch und Fisch – genug um den Körper am Funktionieren zu halten, wenn nicht zufällig Hepatitis mit hineingemischt war. Rückkehr und Mahlzeit zwischen acht und neun Uhr. Wenn der Abt mit dem Essen fertig war, durfte keiner mehr weiteressen. Da diese morgendliche Mahlzeit die einzige des Tages war, hieß es manchmal „schnell essen". Ab ca. halb zehn Uhr durfte nicht mehr gegessen werden, und dies bis zum nächsten Morgen. Nicht sprechen, nicht lesen, keine Musik hören, nichts besitzen, Spucknäpfe spülen, Wasser schöpfen aus den tiefen Brunnen, Toiletten putzen, jede Handlung als Meditation gedacht, den Rest der Zeit sitzen und innere Leere anstreben: „Budd – ha … Budd – ha … Budd – ha …" wiederholen; atmen: ein – aus – ein – aus; gehen: Bein hoch, Ferse ab, Druck auf Fuß, Gewicht verlagern, Bein hoch usw. 24 Stunden am Tag, wenn möglich – einmal pro Woche sogar Pflicht! – die ganze Nacht hindurch. Wer einzuschlafen drohte, für den empfahl Achan Chah ein paar Radikalmaßnahmen: ein großes Glas auf die Glatze und im Tempel Geh-Meditation üben, hin und her, ohne dass das Glas herunterfallen durfte (welch eine Schande, wenn …!); wem das immer noch nicht half gegen die Müdigkeit, der sollte sich auf den Brunnenrand vor dem Tempel setzen, die Füße nach innen – ca. zwanzig Meter über dem Grund. Wer vor Müdigkeit einschläft und hineinfällt, ist tot. Ob Achan Chah dies ganz ernst meinte, wage ich zu bezweifeln, aber ich saß dort einige Male und ich schwöre: Du bist wach für den Rest der Nacht; radikaler kann Müdigkeit nicht verjagt werden. Das waren keine Späßchen oder Spielchen mehr: hier ging es knallhart um Disziplin auf dem Weg zur Selbsterlösung. So wie ich in Hamburg auf der Reeperbahn völlig im Sumpf der Leidenschaften untergegangen war, so fiel ich hier in eine Askese, die an Extremismus kaum zu überbieten war. Schwarz und Weiß, die beiden Pole, berührten sich fast. Und genau darum ging es: die Dualitäten des Lebens auszuschalten – das Werden und Vergehen, Gut und Böse, Schwarz und Weiß, Glück und Unglück. Das eine kann nur durch das andere existieren. Der Mensch soll einen Zustand erreichen, der beide Erfahrungen bedeutungslos macht, der einen erkennen lässt, dass alles nur Illusion – weil vergänglich – ist.

Was war Buddhismus überhaupt: eine Religion, eine Philosophie? Warum wird diese Lehre von manchen christlichen Theologen glorifiziert? Warum ist sie im Westen seit der Hippiezeit so schnell populär geworden? Warum haben Esoteriker und New-Age'ler sich so vieles von ihr zu eigen gemacht? Ich wollte mehr darüber erfahren.

Siddharta Gautama, ein reicher Prinz, der 563–483 vor Christus gelebt hat, war von nobler Art und ein rechtschaffener Mensch. Als er einst den Palast seines Vaters verließ, sah er erstmals Krankheit, Armut, Ungerechtigkeit und Vergänglichkeit und erlebte einen Schock. Den ihn umgebenden Hinduismus empfand er als Ritualismus, bis er einem Mönch begegnete, dessen Askese ihn tief beeindruckte. Er wandte sich nun selbst der Askese zu und fand an seinem 35. Geburtstag die Erleuchtung, wie oben genannte Übel beseitigt werden können.

Parallelen zu Adam, der aus dem Paradies vertrieben wurde und dorthin zurückkehren möchte, sind augenscheinlich. Im Schlamassel und Leid unseres Alltagslebens suchen wir alle auf die eine oder andere Art den Wiedereintritt ins Paradies.

Gautama, der sich ab jetzt der Buddha, der Erleuchtete, nannte, fasste seine Erkenntnisse in den „Vier Noblen Wahrheiten" zusammen. Hierbei steht der Mensch im Mittelpunkt und ist Ziel und Zentrum. Buddhas „Noble Wahrheiten" sind:

1. Die Wahrheit vom Leiden: Alles Sterbliche ist charakterisiert durch Leiden.
2. Ursprung des Leidens: Leid wird erzeugt durch Leidenschaften (Begierde, Passionen, Verlangen).
3. Die Wahrheit vom Aufhören des Leidens: Das Loslassen von Verlangen beendet auch das Leiden.
4. Der Weg, Lust, Gier und Passionen zum Schweigen zu bringen (Verlangen auszurotten), ist der „noble achtfache Pfad" (der Weg Buddhas).

Sehen wir uns den „noblen achtfachen Pfad" an, dann verstehen wir noch besser, wie es möglich ist, dass so viele Menschen sich voll Hoffnung auf diesen „Pfad" machen. Die Stufen sind:

1. Der richtige Glaube, die richtige Sichtweise –
nämlich das Verstehen der vier edlen Wahrheiten
2. Die richtige Entscheidung, der richtige Vorsatz –
das heißt die Bewahrung reiner Motive
3. Die rechte Redeweise –
die Wahrheit sprechen
4. Rechtes Handeln und Verhalten –
das heißt, unser Verhalten muss von Echtheit und Friedfertigkeit geleitet und geprägt sein
5. Rechten Unterhalt verdienen –
ohne jemandem zu schaden
6. Rechtes Bemühen –
Askese und Selbstdisziplin
7. Rechte Konzentration –
mit selbstkritischem Verstand denken
8. Rechte Meditation –
sich Versenken, Yoga etc.

Folgt man diesem „Pfad", so kann man, laut dem „Erleuchteten", den Sorgen des Lebens entfliehen und das Nirwana, den Zustand absoluter Sehnsuchtslosigkeit, erlangen. Das Ende der Leidenschaften wird in Aussicht gestellt. Möglicherweise sind die ersten sieben Punkte göttlich inspiriert. Aber bei Punkt 8 fing die gleiche Erfahrung wieder an, die ich im Hinduismus gemacht hatte. Kontrolle durch Meditation wie oben beschrieben, durch Zen, durch Yoga, durch Ekstase, Windlauschen, Tantra, Klänge, Mantren, Schielen und mannigfaltige andere Formen, sollten ein Verschmelzen mit dem Universum und Einswerden mit kosmischen Kräften zur Folge haben und dadurch die oben genannten Dualitäten des Lebens ausschalten. Doch mein Problem war wieder das gleiche: Wie konnte ich „mich" finden, wenn es doch keine „Person" im unpersönlichen Universum gibt, wenn meine Individualität verschwindet und sich auflöst?

Eine gewisse Egozentrik der buddhistischen Praxis hat ihren Grund darin, dass der Mensch sich selbst erlösen muss. „Sei dir selbst eine Leuchte", war Buddhas Weisung kurz vor seinem Tod. Dazu muss der Buddhist sich aus dem Leben zurückziehen. Mein ganzes Leben in einem Kloster zu verbringen entsprach aber keinesfalls meiner Vorstellung. Außerdem kam mir die Überlegung: Drei Viertel der Menschheit sind gezwungen, ihrer täglichen Arbeit nachzugehen; demnach sind diese benachteiligt und von vornherein vom Nirwana ausgeschlossen, weil sie nicht fürs Kloster geschaffen sind, sondern Leben und Land am Funktionieren halten.

Aber eine ähnliche Problematik stellte sich mir auch in Bezug auf christliche Klostergemeinschaften. Die Lehre Buddhas schien weder Philosophie noch Religion zu sein, und Buddha selbst weigerte sich mit aller Kraft gegen eine Vergöttlichung seiner Person – vergeblich. Auch der Mensch in Asien scheint ohne einen „Gott" nicht auszukommen. Selbst in einem radikalen Mörder und Atheisten wie Mao Tse Dong – so erlebte ich in China – sehen die Chinesen noch einen Gott, was nicht verwunderlich ist, solange der Mensch im Mittelpunkt steht.

Interessant wurde es für mich an dem Punkt, wo ich nach gründlicher Praxis konkrete Ergebnisse erwartete. Was hatte ich erreicht bei dem Versuch, „Leere" zu schaffen? Waren die Zweifel, der Zorn, die Lust, Hass, Neid, kurz: alle Laster, die mich immer noch beherrschten, endlich am Abnehmen oder gar zu Ende? War ich frei oder zumindest freier geworden? Ich wollte es sehen – und zwar praktisch! Frieden und Freiheit schienen mir zuzuwinken. Giftschlangen, Ratten, Skorpione, riesige Spinnen und Termiten hatte ich nicht nur in meiner Seele vorgefunden, sondern auch in meiner „Kuti" (Einsiedlerklause), die mir beim Eintritt ins Kloster zugeteilt worden war. Der Kampf gegen diese „Mitbewohner" fand innen und außen statt: buchstäblich ein doppeltes Abenteuer. Mit großem Einsatz lernte ich hier tatsächlich, in eine tiefe Leere vorzudringen und auftauchende Gedanken nicht mehr zu beachten oder mich bei ihnen aufzuhalten. (Der Hinduismus lässt grüßen.) Für NICHTS leben, wie ein „Warten auf Godot". Im wahrsten Sinne des Wortes eine „sinn-lose" Sisyphos-Arbeit ohne objektives Gegenüber. Wo jedoch nichts Geschaffenes mehr existiert, weil alles EINE universale, kosmische Quelle ist, ohne Gut und Böse, ist auch keine echte moralische Verantwortung mehr vonnöten, die es dem Individuum erst möglich macht, „frei" zu entscheiden zwischen Gut und Böse und dadurch tatsächlich „frei" zu werden. Leben und Tod waren hier und jetzt eine Monade, eine Ur-Einheit, Ying und Yang. Diese kosmische Neutralität, dieser – wie soll ich sagen – universale „Brei" verwandelte sich immer mehr in ein rein ethisches und letztlich bedeutungsloses Konzept, zu einer unmöglichen Wahrheit ohne objektives Gegenüber und zu einem verdammten Fatalismus, wie ich je mehr erfuhr, je tiefer ich in diese Philosophie eindrang. Das konnte das Leben nicht sein, und ich brach aus. Ich besuchte andere Klöster und ging öfters in die Stadt, um zu schauen …

Natürlich war ich dadurch wieder zum „schwarzen Schaf" geworden: Ich provozierte ihre Heuchelei, und sie gingen, je nach Charakter, mit Wut, Ironie, Aggression und Arroganz auf mich los. Wo war nun ihre Weisheit, wo bloß ihre Beherrschung? Von Liebe sprach ja sowieso niemand. Alles Theorie. Mich aber interessierte einzig die *praktische* Seite. Diese wollte ich an mir selbst ausprobieren, und ich verließ noch öfters das Kloster, um zu sehen, was passierte, wenn ich jenseits der schützenden Mauern dieses „Konzentrationslagers" wäre, wie ich es oft wegen seiner Strenge nannte und weil man sich

24 Stunden am Tag konzentrieren musste. Mit kahl rasiertem Kopf und wehender Mönchskleidung machte ich mich auf den Weg nach Westen, ins 600 Kilometer entfernte Bangkok.

Dort wohnte ich in einem der zahlreichen Klöster. Eines Tages befand ich mich im alt-ehrwürdigen Saal der Klosterbibliothek, um mir ein paar kostbare alte Schriften anzusehen. Lesen war ja nicht gern gesehen, aber hier ging es um Kultur. Während ich so blätterte, kam ein befreundeter Mönch und kauerte sich neben mich auf den Boden. Ein Gespräch über Astrologie fing an, und im Laufe unserer Unterhaltung fragte mich Santachitto, so hieß er, plötzlich: „Klaus, was bist du eigentlich für ein Sternzeichen?"

„Stier", antwortete ich.

„Oh, das ist ja jetzt gerade die Periode!" Er hob die Augenbrauen und fragte, wann ich denn Geburtstag habe.

An so weltliche Dinge hatte ich nicht im entferntesten gedacht und gab zurück: „Am 15. Mai". Wir stellten beide überrascht fest, dass dies ja schon morgen sein würde.

Jetzt wurde die Sache für ihn wohl interessant, denn er machte mir ein verrücktes Angebot. Es war dieser Vorschlag, welchen er mir gleich darauf unterbreitete, der mich mehr als alles andere beeindruckte, was ich im Kloster je an Theorie zu hören bekommen hatte. Es ging um Vertrauen in eine unerklärbare Kraft, die alle Menschen zu leiten zu schien.

„Du kannst Nein sagen, wenn du willst. Fühle dich nicht gezwungen. Es ist nicht einfach, was ich dir als Geburtstagsgeschenk anzubieten habe."

Risiko muss sein war schon immer mein Leitmotiv gewesen. So bat ich ihn herauszurücken mit dem, was er für mich auf Lager habe.

„Ich bin auf dem Weg nach Süden und habe ca. tausend Kilometer vor mir. Hättest du nicht Lust, mich zu begleiten?"

Reisen? Er brauchte nicht zweimal zu fragen. Natürlich hatte ich Lust.

„Aber", fuhr er fort, „ich habe ein paar Bedingungen. Wir werden nicht unter normalen Umständen reisen."

Ich wurde noch neugieriger.

„Nun", meinte er, „ich schlage vor, wir gehen die tausend Kilometer zu Fuß!"

Mein Mund blieb weit offen stehen …

„Nein, ganz so schlimm wird es nicht", beschwichtigte er. „Ich stelle mir vor, wir machen uns auf den Weg und dürfen während unserer Pilgerreise nichts und niemanden fragen – außer nach Wasser, weil das lebensnotwendig ist. Der Rest ist Schweigen."

Das war eine Herausforderung, die mir bei näherem Hinsehen unrealistisch, ja unmöglich schien. Ein innerer Kampf zwischen Angst und Vertrauen setzte ein. Nach einer Weile wusste ich, dass ich vermutlich keine Wahl hatte, wenn ich auf meinem Weg weiterkommen wollte: Ich sagte zu. Erst danach überlief es mich brühheiß. Es war heraus, und damit hatte ich mir den Rückweg selber abgeschnitten. Jede menschliche Logik weiß, dass so etwas an Selbstmord grenzt – bei 38 Grad Hitze und nahezu hundert Prozent Luftfeuchtigkeit. Doch viel Zeit zum Zögern blieb mir nicht, denn: „Wir machen uns in zwei Stunden auf den Weg, vor Einbruch der Dunkelheit, dann ist es nicht so heiß", schlug Santachitto vor.

Schluck! Gepackt war schnell, wir besaßen ja nichts außer unserer Kleidung und der „begging bowl", der Bettelschale. Die Reise, die uns jetzt erwartete, sollte zu einer bedeutenden und wundersamen Erfahrung werden – zum einen durch die Tatsache, dass ich nicht die Angst als „Meister" akzeptiert hatte, sondern das Vertrauen, und zum anderen durch das Unerklärliche, das auf unserer seltsamen Reise passierte.

Bei einbrechender Dunkelheit marschierten wir los, durch das unbeschreibliche Verkehrschaos Bangkoks: ein einziges Hupkonzert, stinkende Abgase, Lärm und millionenfache Geschäftshektik. Nach ein paar Stunden erreichten wir den Stadtrand und wurden an einem Kontrollposten neben der Straße von der Polizei angehalten. Keine Fragen hin, keine Erklärungen her … und langes, banges Warten. Was sollte denn das? Einer der Beamten kam zu uns und bat darum, ihn zu begleiten. Was war passiert? Er hatte sich bei Santachitto erkundigt, wohin wir unterwegs seien, und bei seinen Fahrzeugkontrollen die Wagenlenker nach ihrem Ziel gefragt. Schließlich hatte er einen gefunden, der bereit war, uns in die nächstgrößere Stadt mitzunehmen, wo es ein Kloster gab, in dem wir übernachten konnten. Wir stiegen ein und meditierten schmunzelnd während der nächsten 250 Kilometer unserer Reise. Wandernde Bettelmönche mitzunehmen, das sei für ihn eine Ehre, meinte unser Chauffeur, als wir uns schließlich dankend verabschiedeten.

Am nächsten Tag wurde es bedeutend härter. Nach dem Bettelgang und Morgenmahl machten wir uns auf den Weg. Ein besonders heißer Tag außerhalb des schützenden Waldes; wir hatten nicht einmal Sonnenschirme. Sengende Sonne brannte unbarmherzig auf unsere Glatzen, während wir stundenlang die endlose Schnellstraße entlang marschierten. Die Luft flimmerte, der Schweiß rann in Strömen an uns herab, Durst quälte uns – und weit und breit keine Siedlung, nichts, kein Wasser, kein Schatten; nur vorbeirasende Autos. Ich fürchtete, die Situation würde jetzt wirklich kritisch. Die Kehle war ausgetrocknet, die Zunge klebte am Gaumen, und Schwindelgefühl im Kopf ließen den herannahenden Hitzeschlag fast sicher vorausahnen. „Warum bin ich bloß so blöd gewesen zuzusagen?" Ich machte mir Selbstvorwürfe: Hatte ich so was wirklich nötig? Dicke Zweifel überkamen mich, und ich fragte mich, wie lange es noch dauern würde, bis meine nackten Füße auf dem sengenden Asphalt festkleben würden. Ich war halb in Hitze-Trance versunken, als ich neben mir Bremsen quietschen hörte. Der Fahrer lud uns nicht nur ins Auto zum Mitfahren ein, sondern sogar zu sich nach Hause. Das Unglaubliche dabei: Es war ein Eisverkäufer, der uns jetzt in seinem Haus mit dem besten je gekosteten Speiseeis versorgte! Wäre ich Christ gewesen, hätte ich wohl „Halleluja" ausgerufen, so aber zwang ich mich, das Gute wie das Schlechte in stoischer Gelassenheit hinzunehmen – ich war doch ein „ausgezeichneter" Buddhist, nicht wahr? Damit aber noch nicht alles: Dieser Mensch gab uns – erinnern wir uns: ohne dass wir gefragt hätten – genügend Bargeld, damit wir mit dem Bus unser nächstes Etappenziel erreichen konnten! Es war unbegreiflich. Bei Nacht schließlich erreichten wir einen Ort, an dem alles schon geschlossen war, und wir fanden keinen Schlafplatz mehr in einem der Klöster. Folglich zogen wir uns in eine alte Ruine auf einem Hügel außerhalb der Stadt zurück und schliefen unter freiem Himmel, in der Hoffnung, keine nähere Bekanntschaft mit einer Schlange oder mit Skorpionen zu machen, die es dort in großer Anzahl gab; dafür umgeben von zahlreichen Affen, die quirlig schnatterten und uns neugierig begafften.

Nach drei Tagen erreichten wir unser Ziel, und ich war froh, die Herausforderung Santachittos angenommen zu haben. Ich verbrachte einige Zeit in einem Höhlenkloster im Süden Thailands. Während mein Freund von einer schlimmen Malaria gepackt wurde, hörte ich vom Abt des Klosters, dass er am folgenden Tag „geschäftlich" in Bangkok zu tun hätte und ob ich Lust hätte, mit ihm dorthin zu kommen. Das war zuviel, das konnte doch kaum mehr wahr sein! Bald darauf saß ich in einer klimatisierten riesigen amerikanischen Luxuslimousine und war auf dem Rückweg in mein Kloster in Bangkok. Angst oder Vertrauen?

Wenn ich in Bangkok nicht im Kloster wohnte, war ich Gast bei N. aus der königlichen Familie und die am Hofe des Königshauses aufgewachsen war. Wir hatten uns in Wat Bung Wai kennen gelernt und uns gleich nach unserer Bekanntschaft angefreundet. Öfters schon hatte sie mich zu sich nach Bangkok eingeladen, und eines Tages verließ ich wieder das Waldkloster im Osten, um zu sehen, was draußen passieren würde mit mir und meiner Praxis. Ich logierte also bei N., und wenn uns die „Lust" packte, gingen wir nachts aus und tanzten – inkognito – in den Diskotheken Rock'n'Roll bis zur Erschöpfung – welch eine Wonne! Das Leben hatte mich wieder. War es Dualität? Gab es Verbote seitens des Buddhismus? Nichts bekannt. Tage später gelüstete es mich auch wieder einmal nach Strand und Sonne. Meine Freundin N. empfahl mir den Strand von Pattaya, am schnellsten zu erreichen von Bangkok aus. Dorthin begab ich mich also nun „zur Erholung". Ich suchte mir ein Zimmer, und da ich nun mal „für mein Leben" gern tanze, dauerte es nicht lange, bis ich mich in einer Diskothek wiederfand.

Der folgende etwas intime Bericht möge bitte nicht falsch verstanden werden. Er stellt nämlich einen wichtigen Meilenstein auf dem Weg zu Jesus dar.

Als ich die Diskothek verließ, sprachen mich vor der Tür drei wartende Mädchen an und luden mich zu sich nach Hause ein. Ihre Absichten schienen mir überdeutlich, wusste ich doch, dass sie oft ohne Aussicht auf Arbeit lebten und aus notleidenden Familien kamen. Jeder Westler bedeutete für sie Hoffnung auf Geld und besseres Leben. Ich war Mönch und verschwendete keinerlei Gedanken an solches „business". Da ich nun nicht recht wusste, wie ich mich zu verhalten hatte, rief ich durch Meditation – hier auf dem Trottoir sitzend, vor dem Eingang der Disko – meine Geister zu Hilfe. Und siehe da, sie sprachen zu mir. Klar und deutlich meinte ich die Stimme Achan Chahs zu hören, der mir folgende Botschaft vermittelte: „Tu, was du tust; und tue es richtig. *So wie du es immer gemacht hast. Mach jetzt keine halbe Sache!*" Ich war wie vom Blitz getroffen und sah mich um, ob Achan Chah hinter mir stand. Nein, weit und breit niemand. War er es, oder waren es die Dämonen, die seine Stimme imitierten? Erst aus heutiger Sicht ist mir klar, dass es kaum Achan Chah gewesen sein konnte; er war zu ernsthaft für solcherlei Ratschläge. Wie dem auch sei, ich vermochte keinen Unterschied heraus zu hören.

Tatsache ist: Mit einem Mal hatte sich die ganze Lage verändert. Das erste Mädchen bot mir viel Geld (es waren um die 100,- DM), damit ich ihr „Gast" sei; ich möge doch mit ihr nach Hause gehen. Dass mir das reichlich verdächtig vorkam, brauche ich nicht zu betonen. Die Zweite überbot die Erste und hielt mir 150,- DM entgegen: Nein, ich möge doch bitte ihr folgen. Es war unglaublich. So ging es noch eine ganze Weile. In mir tauchten Bilder von verqualmten Hafenkneipen, dunklen, engen Gassen und Mord durch Messer im Rücken auf. Das war alles zu verdächtig. Aber da war die deutliche Stimme wieder: „*Tu, was du tust!*" Nach heftigem Kampf gegen meine Besorgnis ging ich das Risiko ein und folgte der Ersten. Sie hieß Dang; aber die beiden anderen kamen auch mit. Die Situation war derart unvorstellbar und mir wurde so mulmig, dass ich – bevor ich das Messer im Rücken erwartete – noch einmal Halt machte, um mit ihnen in eine dieser Kioskkneipen aus alten Holzbrettern zu gehen und etwas zu trinken. Ich wollte ihr Gesicht näher ansehen und darüber hinaus Vertrauen gewinnen. „Die Stimme" hatte mich offenbar nicht hereingelegt, meine Zweifel verflogen: es dauerte nicht lange, da tauschte ich die Hütte des Klosters gegen ein schäbiges Zimmer in einem Haus mit fünfzehn Prostituierten. Ich lebte mit ihnen; sie gaben mir Geld, Essen, Kleidung und erfüllten mir jeden Wunsch. Dafür verlangten sie von mir lediglich den Segen Buddhas und Meditationsbeistand. Dass sie diesen brauchten, war nicht schwer zu erkennen, wenn sie frühmorgens kaputt zu mir zurückkamen, oft mit Ekel im Gesicht. Dann hörte ich Geschichten aus ihrem Mund, die mich ihr ganzes grausames Karma lehrten, in dem sie gefangen waren.

Aber auch ich häutete mich: Ich tauschte mit ihrer Hilfe das raue Mönchsgewand gegen glänzende Luxuskleidung aus Seide. Ich wurde eine(r) von ihnen und sie gaben mir den Namen „Baagh Wan" (sweet mouth). Wenn ich anfangs noch so etwas wie Gegenwehr hatte, überwand ich sie mit Hilfe der inneren „Stimme" meines Meisters, die mir beständig wiederholte: *„Tu, was du tust – es gibt kein Richtig und kein Falsch, alles ist eins."* Das war für mich wahrer Zen, wahres Leben! Und ich gehorchte – wem auch immer – und praktizierte.

Was aber passierte mit mir? Ich erstickte immer mehr in solchem Leben und der körperliche Ruin kündigte sich an. Ich musste fliehen von diesem Ort der „Liebe", da immer mehr der Mädchen mich immer öfter überfielen. Alles wurde schmerzhaft und ich fürchtete in diesem Haus unterzugehen. So kehrte ich unrasiert, stinkend und schwitzend nach vielen Tagen direkt ins Waldkloster im Osten zurück. Allein der Weg dorthin war eine Qual, weil der Bus auf halber Strecke genau neben mir Feuer fing und ich fast verbrannt wäre. Alle flohen und sahen den Bus explodieren. Ein herrliches, feuriges Spektakel. Meine Sachen war ich los, und wieder einmal ging es barfuß und mit brennenden Sohlen die endlose Straße entlang. Die feurige Ablehnung aber, die giftige Eifersucht, die Dolche ihrer Moralzeigefinger, die tödliche Verachtung der „erleuchteten" Mönche: ja, das hätte ihr einmal sehen sollen! Das war ein Empfang „wie erwartet" – wie geschaffen, um meinen alten Hass gegen die Theologen wieder aufleben zu lassen. Ich meinerseits betrachtete sie als arme, seelenlose Heuchler, die anderen das Leben zur Hölle machten mit ihren leblosen Theorien. Ich war ja Leid gewohnt – war es je anders gewesen? Mein Gott, gab es denn keine Wahrheit, keine Liebe? Immer tat es so weh! Ich hasste diese Mönche, genau so, wie sie mich verachteten. Aber wo sollte ich denn hin? Wo weitersuchen? Es blieb nur der Weg ins Schweigen der Meditation, bis ich wer weiß wie alt sein würde.

Jeder kümmerte sich letztlich nur um sich selbst. Der „andere" ging einen nichts an, solange er nicht Klaus Kenneth hieß und die Wahrheit herausprovozieren wollte. Bitteres Lachen und trockene Tränen, die nach innen flossen, waren mein Karma! Sollte ich leiden, in Not sein, sterben: es war mein vorausbestimmtes Karma. „Mai pen rai…" war der laotische Ausdruck dafür: „Es ist halt so. Da kann man nichts machen. Let it be!" Gefühle zeigen, Mitgefühl usw., das war „Schwäche" und Gesichtsverlust. Statt dessen studierten sie lieber die Lehre Buddhas, die Zauberbücher von Carlos Castañeda oder hörten sich die Lehren des indischen Sektengründers Baghwan auf Kassetten an. Alle waren riesige Ego-Monumente.

In dieses unerträgliche Leid leuchtete unerwartet die Gnade Jesu. Als wollte mein unbekannter, aber liebender Gott sich seinem gepeinigten Kind zeigen, führte Er mich wohlwissend in Situationen, wo Er Sich mir irgendwie zu erkennen gab. Nach meinem heißen Empfang im Kloster war ich moralisch derart fertig, dass es mich vor Schmerz aus dem Kloster, diesem „Konzentrationslager", hinaustrieb. Ich stieg im hinteren Teil des Klosters über die hohe Mauer, durchquerte den Wald und floh verlassen von allen guten Geistern zwischen die Reisfelder. In trostloser Einsamkeit legte ich mich auf ein trockenes Fleckchen Erde und – innerlich zerwühlt – klagte aus tiefster Seele einen derart „grausamen Kosmos" an, der solch zerfleischende Bestien als Mönche zuließ. Da fuhr ich mit der Hand zufällig in die Tasche meines Gewandes und spürte etwas Kantiges, Hartes. Ich zog es heraus, und es war ein kleines „Neues Testament", welches noch aus der Zeit mit Mutter Teresa in Kalkutta stammte. Wie bitte kam das jetzt gerade in meine Tasche? Weiß Gott. Ich war in diesem Zustand nicht fähig zu meditieren, ich musste mich ablenken von diesem Hass. Also schlug ich das Büchlein willkürlich irgendwo auf. Ich las.

Eine zur Steinigung verurteilte Frau wird von den Pharisäern vor Jesus geschleppt. Beim Lesen spürte ich sofort, dass diese „Typen" Jesus überhaupt nicht leiden konnten und ihn reinlegen wollten; sie stellten für mich genau die Mönche hier im Kloster dar. Mir blieb das Herz im Halse stecken, als ich mir die Lage der Frau ausmalte. Sie war „fremdgegangen". Vielleicht war ihr Mann selber einer dieser herzlosen Pharisäer, die ihre Frauen schlugen und heimlich fremdgingen; das nannten sie dann „Liebe". Solchen Typen war ich im Islam, und nicht nur da, zuhauf begegnet. Vor solch hartem „Gesetz" hatte die arme Frau wahrhaftig keinerlei Chance zu überleben – wie mochte es in diesem Moment in ihr aussehen!?

Ich konnte mich vollständig mit ihr identifizieren, hatte ich doch die letzten Tage noch viel Schlimmeres getan – also wäre ich nach deren Gesetz ebenfalls zum Tod durch Steinigung verurteilt. Der Gedanke stach schmerzhaft und etwas bäumte sich in mir auf. Tief in mir dachte ich, wir Ausgestoßenen seien doch alle durch die Härte und Lieblosigkeit dieser Heuchler, die ihre Reinheit und ihre Qualitäten öffentlich zur Schau stellten, zu so einem Verhalten „getrieben" worden. Waren wir wirklich so „sündhaft" auf der Suche nach Zärtlichkeit und Zuneigung? Und verdienten wir dafür gleich den Tod? Diese lieblosen Pharisäer und Mönche: hier standen sie nun und bildeten mit ihrem „Gesetz" eine undurchdringliche Mauer. Sie waren in ihrem Hass gefangen; und wie sie da standen, konnte ich ihnen ansehen, wie sie sich schon auf die Sensation des Blutes der Frau freuten und erwartungsvoll gafften. Das Spektakel würde ihrer teuflischen Moral Genugtuung verschaffen. Solche Voyeure würden „unseren" Argumenten niemals Beachtung schenken – so wie die Mönche hinter diesen dicken Mauern, welche vor toten Buddhastatuen ihre „heiligen" Bücher studierten. Ich war verzweifelt und fand keinen Ausweg aus dieser Lage. Aufs Tiefste berührt, war ich nahe am Weinen. Ich las weiter und staunte nicht schlecht. Da kam dieser Jesus in aller Ruhe und schrieb etwas in den Sand. Waren es die Namen und Sünden derjenigen, die schon Steine in der Hand hielten? Hatte Er sie nun selbst überführt? Da hörte ich die Antwort Jesu:

„Wer von euch ohne Sünde ist,
der werfe den ersten Stein."

Augenblicklich war ich von Dankbarkeit und Erleichterung erfüllt. Jetzt traten wirklich Tränen in meine Augen, aus Freude über derart entwaffnende Weisheit, mit der Jesus es ihnen gegeben hatte! Ich sah als Bild im Kopf, wie einer nach dem anderen seinen Stein aus der Hand fallen ließ und kleinlaut abziehen musste. Wütende Dampfwolken qualmten aus ihren

Köpfen: Jesus hatte ihr Spiel verdorben und sie würden es ihm heimzahlen, sobald sich Gelegenheit bot. Der Spielverderber sollte dafür selber „dran glauben" müssen, das waren die Gedanken in ihren Herzen. Ich konnte sie sehen. Welch ein Hass für welche Liebe!

Für einen Moment fühlte ich wieder diese unbeschreibliche Nähe und Wärme, die ich in Hamburg vor meinem Sprung vom Balkon erfahren hatte. Mit neuer Hoffnung kletterte ich wieder über die Mauer des Schweigens ins Innere des Klosters und zog mich in meine Hütte im Wald zurück. Bis zum heutigen Tag habe diese „Begegnung" nicht mehr vergessen. Zu heftig hatte es aus mir geschrien. Aber so wie Buddha mir niemals geantwortet hatte, weil er tot ist, hatte mir hier Jemand geantwortet: eine Person, die lebt. Jemand, der mich zu kennen schien und wusste, wann meine Kraft zu Ende war. Wie erstaunlich Er doch immer im rechten Moment zu Hilfe kam. Aber noch war ich im Dschungel meines Leids und Thailands gefangen. Das schloss das „Christentum" als echte Alternative aus. Sieben Jahre „Pfarrer" vergaßen sich nicht ...

So drängte ich tiefer hinein in die Meditation und erreichte tatsächlich eine gewisse Perfektion, die konkrete Ergebnisse vorwies. Eines Nachts verließ ich meinen Körper wieder, wie in Kalkutta, und konnte mich plötzlich wie einen Fremden von außen betrachten. Das war umso erstaunlicher, als ich mir plötzlich wie ein „Gedanke" vorkam. Was immer ich dachte, ich „war" es. Ich erlebte in der folgenden Zeit mehrmals das, was klinisch Tote, die ins Leben zurückkehren, in ihren Berichten beschreiben: Ich schwebte durch einen langen Gang, dessen Wände aus den Gesichtern, Gedanken und Erlebnissen meiner gesamten Lebenserfahrung bestanden, ich erkannte jedes noch so geringe Detail. Dabei ging ich auf ein sehr helles, aber kaltes Licht zu. Alles schien nur aus *Gegenwart* zu bestehen. Vergangenheit und Zukunft existierten in diesem Zustand nicht mehr. Alles ist. Dann sah ich jenes blendende Licht, sah im Licht mein eigenes Gesicht, welches aber auch in allen anderen Gesichtern auf dem Gang enthalten gewesen war, und es wurde zur sichtbaren, erlebbaren Ewigkeit. Mir wurde schwindlig, und ich fiel und fiel ...

In einer anderen Meditation verdichtete sich das Bild einer weißen Blüte in mir, und wieder war ich entschwebt. Ich muss

Stunden gesessen haben. Als ich wieder „bei mir" war, kniff ich mich, um sicher zu sein, dass ich mich spürte und lebendig war; ich öffnete meine Augen und ... ich hatte eine weiße Blüte in meiner rechten Hand! Woher war sie gekommen? Ich versuchte nicht, es zu verstehen. Sich an nichts festhalten, nichts festhalten war die Empfehlung Achan Chahs. „Let go!" Ich ließ es geschehen. „Mai pen rai."

Es gab aber nicht nur die leichte, leuchtende Seite, in der man die Schöpfung und sogar die Krone der Schöpfung wie eine Fata Morgana sehen konnte. Nein, die Medaille hatte auch ihre andere Seite: Jetzt kamen auch Dämonen mit den abstoßendsten Fratzen zu Besuch zu mir. Schrecklicher noch: Ich konnte die Gestalten mit meinen körperlichen natürlichen Augen sehen, wie Laser-Bilder. Grüne Dämpfe traten durch die Wand ein, formten sich zu den scheußlichsten Formen und jagten mir furchtbare Panik ein. Ich hatte keinerlei Einfluss auf sie, geschweige denn die Möglichkeit, sie zu verjagen, auf- oder abzuhalten. Sie bewegten sich frei um mich herum, bis ich fast ohnmächtig wurde. Nach derartigen Horrorbesuchen wurde ich stets körperlich krank. Ich war wörtlich „geschafft".

In der irrigen Annahme, dass dieser Teil der „Hölle" (Ying–Yang) ein notwendiges Übel auf dem Weg zu innerer Freiheit sei, suchte ich selber noch aktiv weiter. Ich musste zwecks Überprüfung meines Visums öfters nach Bangkok und erhielt dort als Mönch Zutritt zu etwas, was normalen Bürgern nicht möglich ist. Während meiner Aufenthalte dort ging ich täglich zur Autopsie in ein großes Krankenhaus. Da sah ich – nicht ohne ein gewisses erotisches Lustgefühl –, wie Leichen zersägt und zerstückelt wurden. Junge, schöne Körper verwandelten sich unter Messer und Säge in Horrorgestalten. Das Herz wurde herausgeschnitten, der Schädel aufgesägt, das Gehirn herausgezogen, die Brust aufgeschlitzt usw. Diese Art von Meditation, die der Meister mir empfohlen hatte, bezweckte, die Vergänglichkeit der Schönheit zu vermitteln. Sie wurde von niemandem als Meditation in Anspruch genommen, obgleich es Achan Chah nahegelegt hatte. Ich traf dort nie einen Mönch oder eine „maichee", eine Nonne. Immer war ich allein mit dem Autopsisten. Als dieser mich gut genug kannte, zögerte er nicht, vor meinen Augen eine fürchterliche

Auch langjährige Meditation in verschiedenen Formen brachte nicht die ersehnten Resultate. In Wat Bung Wai (Thailand)

Leichenschändung zu begehen. Mir gefror das Blut in den Adern vor derart horriblem Verhalten. Angewidert von solchem Ekel verließ ich den Raum. Die Menschen, das bestätigte sich hier einmal mehr, waren zu allem fähig. Das also erwartete uns nach dem Tod! Soviel würde von unseren so gehätschelten und verwöhnten Körpern übrig bleiben. Es blieb mir eine Lehre. Damals wusste ich eins mit Sicherheit: Ich war weit entfernt von wirklichem innerem Frieden und lebte in dauernder Angst vor dem Tod und somit in der Hölle.

Kapitel 11

In Israel

Zu jener Zeit war ich zu immer noch davon überzeugt, dass ich bis an mein Lebensende in Thailand bei Achan Chah bleiben müsse, um vielleicht in hohem Alter einmal Frieden, Liebe oder Selbsterkenntnis zu finden. Dennoch kam ich wieder an den Punkt, wo es mich hinaustrieb, zurück in die Welt, in die Städte, unter die Menschen. Ich konnte nicht nur im Kloster hocken und meditieren. Es war mir wichtig, in der Praxis längerfristig zu erleben, ob sich wirklich etwas verändert hatte, ob es diesmal möglicherweise anders gehen würde als in Bangkok und Pattaya. Ich schien, so sah es im Grunde aus, einer anonymen Stimme zu gehorchen, die mir Befehle gab. Wer da über mich verfügte, blieb mir verborgen. Mal schien es etwas Gutes, mal eine böse Kraft zu sein: womit es in mein Bild der kosmischen Einheit passte. Mit meiner mittlerweile reichen spirituellen Erfahrung nahm man mir – besonders im Westen, wo die Menschen nach Übersinnlichem und esoterischen Erfahrungen dürsten – die Rolle eines „Weisen" ohne weiteres ab. Jetzt hatte ich Kräfte zur Verfügung, die es mir erlaubten, Menschen nach meinem Gutdünken zu führen und zu verführen. Ich hatte niemanden mehr getroffen, der meiner Kraft und meinem Einfluss widerstehen konnte. Ich war davon überzeugt, mit den Seelen der Menschen „Katz und Maus" spielen zu können – die Katze war natürlich ich. Zumindest glaubte ich das von mir.

Da kam erneut ein mächtiges Zeichen des mir unbekannten Gottes. Zwar hielt ich nicht viel vom Judentum, da es nach meiner Meinung mit dem Christentum unter einer Decke steckte. Vielleicht war es auch nur der Vollständigkeit halber, um es nachher abhaken zu können: aber dennoch drängte „es" – oder müsste ich „Er" sagen? – mich nach Israel!

Beim Besuch der „Via Dolorosa" (des Leidensweges Jesu; in der Altstadt von Jerusalem), der Grabeskirche und anderer Orte, die die Leute „heilig" nannten, spürte ich deutlich etwas wie Kraftströme in mich eindringen. Alles war ein wenig mystisch; das war mir verwandt und gefiel mir natürlich. Immer wieder tauchte die alte Frage in mir auf: Hatte ich endlich den Tod besiegt? War ich nun unsterblich? Wollte ich es wissen, musste ich folglich den Tod wieder herausfordern. Ich musste herausfinden, ob ich jetzt stärker war oder ob meine Angst vor dem Tod immer noch dominierte. So tat ich etwas, was man gemeinhin als „Himmelfahrts-Kommando" bezeichnet.

Eine Freundin aus Tel Aviv überließ mir für zwei Wochen ihr Auto, und ich fuhr geradewegs an die Demarkationslinie zwischen dem Libanon, Syrien und Israel. Hinauf auf die Golan-Höhen, etwa hundert Kilometer entlang der Frontlinie, am Stacheldraht, zwischen den getarnten Panzern. Israelische Soldaten verjagten mich immer wieder mit ihren Gewehren und warnten mich, dass von jenseits der Grenze ohne Zögern auf alles geschossen würde, was sich bewegt – und ich hatte eine gelbe israelische Autonummer. Mein Herz schlug schneller, aber ich musste da durch. Ich musste wissen, ob man mich töten konnte. Eine Kraft zwang mich weiter: Durch Staub, Schlamm und Büsche suchte ich mir meinen Weg, ohne Karte, immer dem Stacheldraht entlang, allein, provokativ und dickköpfig oder naiv. Würde ich sterben, dann musste es so sein. Es war mir niemals möglich gewesen, halbe Sache zu machen. Ich musste wissen oder sterben. Dazwischen gab es nichts. Ortschaften wie etwa Qunitra auf den Golanhöhen, die völlig dem Erdboden gleichgemacht worden waren, lagen so gespenstisch in ihren Ruinen da, dass sie Bilder meiner Kindheit im zerbombten Nachkriegsdeutschland in mir auftauchen ließen: das Kleinkind Klaus, das zwischen den Ruinen verbrannter Städte spielte, Hunger hatte und aus Regenpfützen trank … Ich bekam eine mächtige Gänsehaut. Hier umklammerte mich eiskalt Todesfurcht und Grauen vor dem Krieg. Ich jagte mit Vollgas von den Golanhöhen hinab ins geschützte Landesinnere – wieder auf der Flucht vor dem Tod, zurück nach Jerusalem. Aber genau dort wurde ich von einem anderen „Blitz" und völlig unerwartet getroffen.

Wie soll ich es beschreiben? Als ich noch einmal durch die „Via Dolorosa" ging, passierte es, dass ich noch stärker dieses seltsame Gefühl hatte, „zu Hause" zu sein. Alles kam mir irgendwie bekannt vor, als wäre ich hier aufgewachsen, als wären es Erinnerungen aus frühester Kindheit; „déjà vu". War ich in einem früheren Leben ein Jude gewesen? Mein asiatischer Glaube an die Reinkarnation ließ es fast vermuten. Alles war wie im Nebel. Ich konnte nichts deutlich sehen. Vorbei an parasitären Souvenirshops, als führte der Weg zum Himmel über die Hölle, schob es mich „automatisch" vor die Grabeskirche. Hatte ich sie eben noch als „Tourist" betreten, war ich allerdings kurz darauf auf ganz andere Weise „betreten".

Mein unsichtbarer Führer leitete mich in eine der vielen Seitenkapellen: die „Kapelle der Geißelung". Dort setzte ich mich einen Moment zur Ruhe und hing meinen Gedanken nach, als ich bemerkte, wie eine Pilgergruppe mit Pfarrer hereinströmte. Ein Gottesdienst wurde zelebriert, und ich sah die müden, abgespannten Gesichter der Pilger, welche in dieser kühlen Kapelle – wie ich selbst vielleicht – den Strapazen der Hitze und ihren Sorgen für eine Zeit lang entrinnen konnten. Noch ahnte ich nicht, was gleich passieren würde. Wenige Augenblicke später, als der Priester den Pilgern die Kommunion reichte, was ja nichts anderes bedeutet als „Gemeinschaft", ergriff mich plötzlich eine Kraft und wie in Trance hob „es" mich von meinem Sitz hoch, bewegte „es" meine Beine und leitete „Klaus" nach vorne, um die „Gemeinschaft" zu erhalten. Hatte mein Leben bislang aus Einsamkeit bestanden, hatte ich hier und jetzt Kommunion, mit was oder wem auch immer. Einige der Gesichter sahen mich dabei seltsam an.

Dessen nicht genug: Als alle Pilger aus dem Raum waren, führte mich dieselbe Kraft wieder auf meinen Platz in der Kapelle zurück. Es war mir unmöglich, den Ort zu verlassen. Ich hatte das Gefühl, nicht mehr Herr über meinen Körper zu sein; ja überhaupt nicht in meinem Körper zu sein. Ich ließ es geschehen. Gleich darauf strömte eine zweite Pilgerschar in die Kapelle und ich wohnte – ohne dies gesucht oder gewollt zu haben – einer zweiten Messe bei. Diesmal spürte ich eine große Tiefe in mir und ich schwebte, fast so als ob Raum und Zeit aufgehoben seien. Ich spürte mein Herz schneller schlagen. Und dann die Überraschung, als „es" mich ein zweites Mal zur

Komm-Union geleitete. Hiernach muss mein Gesicht oder sein Ausdruck etwas Besonderes ausgestrahlt haben; denn bevor die Pilger den Raum verließen, kamen einige von ihnen zu mir und baten mich, für sie oder ihre Kinder usw. zu beten. Mir war auf eine Art schwindlig und ich hörte kaum zu. Dieser Trance-Zustand war völlig unvergleichlich mit den Ekstasen in Indien oder Thailand: er barg Kraft, Wärme und Frieden in sich. An einem anderen Ort hätte ich gedacht, diese Leute wollten mich verhöhnen, aber unter diesen Umständen war nichts davon zu spüren. Was passierte da mit mir? „Es" gab keine Antwort. Und auch ich konnte den Leuten nicht antworten; ich nickte nur zustimmend mit dem Kopf. Es war wie ein Wunder – und ich war völlig ergriffen von dem, was da in mir ablief. Ich muss wohl eine besonders „lange Leitung" haben, denn ER oder „es" entließ mich noch immer nicht aus Seiner Gegenwart. Heißt es nicht: Aller guten Dinge sind drei?

„*Die Kraft*" führte mich also ein drittes Mal an meinen Platz zurück. Und wieder ließ ich es geschehen, denn so entrückt und glücklich hatte ich mich kaum je gefühlt. In dieser Kapelle ging es wie am Fließband: noch einmal eine Gruppe von Gläubigen, wieder ein Gottesdienst. Dieses dritte Mal fühlte ich jedoch eine noch unbeschreiblichere Wärme in mir, stärker als die beiden vorher erlebten. Diese Gegenwart ergriff vollends von mir Besitz. Während ich auf die Menge der Pilger blickte, meinte ich plötzlich jeden Einzelnen von ihnen in meiner Seele zu spüren: ihr ganzes Leid, ihre Sorgen und Nöte; ich trug und teilte es in diesem Moment mit ihnen. Ihr Leid war mein Leid. Diesmal war die kosmische Erfahrung wahrhaftig. Tief ergriffen erhob es mich ein drittes Mal zur Kommunion, zur Gemeinschaft mit den „Armen" und „Schwachen", die ich zuvor in meinem Stolz verachtet hatte. Und es passierte das Unglaubliche. Jetzt kamen sämtliche Pilger der Gruppe zu mir, drückten mir die Hand, fassten mich an und baten mich wiederum, für ihre Eltern, Kinder, Familien, Sorgen und Anliegen zu beten. Nur der Pfarrer sah mich misstrauisch an. Da wurde mir so schwindlig, dass ich hinaus ans grelle Sonnenlicht torkelte, um nicht den Bezug zur Realität zu verlieren. Das war zuviel des Guten …

Ich ging die kurze Strecke geradewegs hinunter in den Felsendom. Geblendet vom grellen Tageslicht betrat ich nun das

Der Stein im „Felsendom", auf dem ich ca. zwei Stunden unsichtbar für die anderen meditiert habe

drittwichtigste Heiligtum der Moslems (nach der „Kaaba" in Mekka und nach Medina), ging hinunter in die Gruft und meditierte während zwei Stunden auf dem Felsen, von dem aus Mohammed mit seinem Pferd in den Himmel aufgestiegen sein soll. Erstaunlicherweise blieb ich während der Meditation unsichtbar für die Wärter. Auch hier wollte ich die „Kraft" spüren, die solchen Orten innewohnt. Doch fand ich weder Frieden noch Ruhe. Statt dessen breitete sich ein Gefühl des Hasses immer mehr in mir aus. Und die Gewalt, die ich hier gleich zu spüren bekam, war verdammt weltlicher Natur: Mit Maschinengewehren und wild-tobenden Schreien trieben mich die furiosen Wärter hinaus, als sie meiner gewahr wurden, nachdem sich der Bann der Unsichtbarkeit am Ende meiner Meditation gelöst hatte. Verwünschungen und harte Flüche flogen hinter mir her, und sie waren nahe dran, mich umzubringen, weil ich – was wohl in den letzten 1300 Jahren niemand gewagt hatte – auf ihrem „allerheiligsten" Felsen gesessen hatte. Noch an Ostern im Jahr 2000 erlebte ich erneut am gleichen Ort den gleichen menschenverachtenden, eifersüchtigen Hass Andersgläubigen gegenüber. Diese Art Kommunion (Gemeinschaft) war die islamische Variante.

Klaus Kenneth in Jerusalem – im Hintergrund die Grabeskirche auf dem Golgotha, deren Kuppel ich gerne vergoldet sähe.

Kapitel 12

Buddha ist tot

Mittlerweile im zweiten Jahr, versuchte ich den Buddhismus immer noch zu praktizieren und beschloss, mich definitiv aus der Welt zurückzuziehen, um mich auf das Lebenswichtige konzentrieren zu können. Trotz Buddhas und Achan Chahs Lehren hatte ich die Freiheit und den inneren Frieden nicht gefunden, wollte und konnte aber die Hoffnung nicht aufgeben, den Sinn des Lebens, wenn halt nicht anders, dann erst mit 80 Jahren zu finden. Mein Entschluss war endgültig, wenn nötig bis ans Lebensende im Kloster in Thailand zu bleiben. Ich flog ein letztes Mal nach Europa zurück, um mich von den paar Bekannten, die ich in der Schweiz in Fribourg/Freiburg hatte, zu verabschieden. Achan Chah hatte mir bis zu meiner Rückkehr ins Kloster zwei Brillanten „als Unterpfand" gegeben; es war nicht üblich, dass jemand das Kloster verlassen konnte. Diese Edelsteine schenkte ich zwei alten und sehr guten Bekannten in Hamburg: Petra und Norbert. Sie erzählten mir später, sie hätten die Steine untersuchen lassen und daher um ihren großen Wert gewusst. Dann hatten sie die Brillanten eingewickelt und in ein kleines Metalldöschen gelegt. Als sie dieses nach längerer Zeit öffneten, fanden sie in dem Material, in dem sie die Steine eingewickelt hatten, nur noch zwei Häufchen Asche! War das ein Zeichen? Funkte da Gott wieder in mein Leben? ER schien einen anderen Plan für mich zu haben.

Rückblickend muss ich sagen, hätte ich Gott verstanden, hätte ich auch mich verstanden und es wäre mir viel Leid erspart geblieben. Aber das ist Theorie. Leider blieb ich allem Christlichen gegenüber verblendet. Nach wie vor war es die offensichtliche Heuchelei der Christen, die mich davon abhielt, diesem „Verein" beizutreten, aus dem ich einst ausgetreten war.

Das Fatale meiner Verblendung bestand darin, dass ich mich in fast allem an meinen Emotionen und Leidenschaften orientierte. Dadurch richtete ich – mangels besserer Kenntnis – immer neuen Schaden in mir an. Einen anderen „Herrn" kannte ich ja nicht. Also merkte ich kaum, dass ich mich zum x-ten Mal auf den „Holzweg" begab, als sich ein hübsches Mädchen „unsterblich" in mich verliebte gerade in dem Moment, wo ich nach Thailand zurückkehren wollte. So etwas gefällt einem jungen Mann natürlicherweise, und ich war immerhin offen genug, ihr gegenüber zuzugeben, dass ich von Liebe nichts verstand; dem Sex konnte ich aber nicht widerstehen. Tatsache ist, dass ich mir von dieser feurigen Beziehung einen realen Fortschritt in Sachen Liebe erhoffte. Ich akzeptierte vorerst einmal diese Zweierkiste mit dem Hintergedanken, immer noch ins Kloster zurückkehren zu können, falls es wieder nicht klappen sollte. Erstmals seit zwölf Jahren wurde ich wieder „sesshaft".

Zusammen mit einer zweiten Freundin mieteten wir ein großes Bauernhaus in der Nähe von Fribourg/Freiburg – in einer postkartenhübschen Gegend am Greyerzersee. Unsere kleine Wohngemeinschaft sah anfangs sehr vielversprechend und hoffnungsvoll aus. Noch perfekter wurde es, als ich dazu noch Arbeit als Lehrer fand in einer vornehmen Privatschule in Greyerz selbst. Dort verdiente ich gutes Geld. Das Paradies war zum Greifen nah; und doch ließ es sich nicht greifen, denn ich hatte nicht damit gerechnet, dass die unsichtbaren Kräfte und Dämonen, mit deren Hilfe ich andere in Abhängigkeit zwingen konnte, nun mich selbst als Opfer ausgesucht hatten und angreifen könnten. Sie erlaubten mir keinen Frieden. Kommunion wird Spaltung, Eintracht wird Zwietracht, Gemeinsamkeit wird Einsamkeit. Mit einem Wort: Die Mörder kamen ...

Meine Freundinnen ließen sich auf Dauer nicht von mir blenden; zu eng lebten wir beisammen, und sie fingen an, meine Guru-Taktiken zu durchschauen. Sie wurden zu einem Spiegel, der die Unmenschlichkeit meiner Machenschaften reflektierte. Irgendwo tief in mir wusste ich, dass die beiden mit ihrer herben Kritik Recht hatten. Etwas zerbröckelte an meinem Bild von mir, und ich spürte, dass ich wider Willen Träger einer Maske war, mit der ich mich zu tarnen versuchte.

Aus diesem gefährlichen Spiel und aus meiner Haut wollte ich nun mit aller Kraft fahren, konnte aber längst nicht mehr, wie ich mit Erschrecken feststellen musste. Ich hatte mir die Dämonen eingeladen, wie einst meine Mutter, und jetzt war ich die nächste Generation, die von Gott verdammt war. Auch meine Mutter hatte versucht zu lieben und doch nur Unheil und Angst verbreitet. Ich war Gefangener meiner selbst. Das war das schlimmste Gefängnis, denn hieraus gab es kein Entkommen! Es gab Tage, da wanden sich meine Mitbewohnerinnen vor Schmerzen, wenn ich sie nur ansah! „Dolche" kamen aus meinen Augen. Es war entsetzlich, weil ich doch das Gegenteil wollte. Was ich im Laufe der Zeit von meinen beiden Freundinnen zu hören bekam, ließ mein ganzes philosophisch-buddhistisches Gebäude schmelzen wie Schnee in der warmen Sonne. *„Sieh, was du sprichst, und sieh, was tu tust!"* Viel mehr brauchte es nicht, um mich zu überzeugen, dass ich selbst ein Heuchler war, der weder die Liebe noch den Frieden in sich hatte, von dem er so gerne zu anderen sprach. Der gesamte Buddhismus flog mit Sack und Pack über Bord. Schon wieder auf Sand gebaut! Oh unbeschreiblicher Schmerz, oh verdammte Enttäuschung! Morallehre, Gesetzestum, Theologie … in dreieinhalb Jahren war ich nicht einem einzigen Buddhisten begegnet, der frei war. Alle waren sie große Meister im Reden, nie aber im Tun. Doch gerade das Tun wird im Zen so groß geschrieben. Warum also kam keiner ans Ziel? Ist der Weg das Ziel? Fehlt die Gnade? Ist der Weg falsch? Ist Gut und Böse das Gleiche? Ich wollte keine Erklärungen, ich wollte Leben! Einfach *leben* … und lieben!

Die Freundinnen hatten mich inzwischen verlassen, und ich quälte mich allein von Tag zu Tag weiter. Ohne religiöses oder spirituelles Ziel schien mein Leben sinn- und zwecklos, ein Dahinvegetieren. Keine Philosophie gab es mehr, die mich hätte weiterführen können. Ich war mit leeren Händen und leerem Herzen am Ziel angelangt mit der schrecklichsten aller Erfahrungen: dass es keine Freiheit gab und dass weltweit alle Theologien versagt hatten. Das war einer der furchtbarsten Zustände auf meinem langen Weg: sämtliche Theorien als unbrauchbar befunden und kein Ziel mehr vor Augen zu haben.

Doch meine Dämonen waren noch nicht fertig mit mir und flüsterten mir einen neuen „Retter" ins Ohr: Ich gab mich dem Alkohol hin, nebelte mich freiwillig-zwanghaft ein, damit er mir half, diese unerträgliche Leere meines sogenannten Lebens zu tragen. Meine eigene Idiotie und die der anderen, war das die kosmisch-universale Einheit? Die Ungerechtigkeit der Welt, die Machtsucht, Sexgier, Banken, welche die Kirchen ersetzt hatten, die globale Zerstörung: wer konnte das aushalten, ohne depressiv oder aggressiv zu werden? Die Mengen von Alkohol, die ich zu mir nahm, mussten früher oder später auf Selbstmord hinauslaufen; mein Körper fing an, sich zu rächen, und zerbrach mehr und mehr. Ein gnadenloses Zerfallen und Zerbröckeln, wie eine alte Ruine.

Die Einsamkeit hatte mich wieder eingeholt – und weiß der Teufel, wie ich da wieder herauskommen sollte; wenn überhaupt! Ich war dabei, mich selbst in einen Dämon zu verwandeln. Und tatsächlich hatte ich dann Momente des Glücks, wenn ich – wie mit Vampir-Zähnen – andere Seelen „reißen" konnte: Das war meine Art oder mein Schuss „Heroin", der mich davon abhielt, mir eine Kugel durch den Kopf zu schießen. Ich lebte vom Leben der anderen, saugte sie aus und ließ sie dann fallen: Als selbsternannter Guru suchte ich die Menschen zu entmündigen und ihren Willen so zu bestimmen, wie es dieser Mann zwanzig Jahre zuvor mit mir gemacht hatte. Ruhelos, gejagt und innerlich gepeinigt jagte ich süchtig von Opfer zu Opfer, in Diskotheken, Nachtclubs und an den Stränden, überall in ganz Europa. Ich war zu einer Kreatur der Nacht geworden, lebte in Angst und immer auf der Suche nach Opfern. Unter dem Deckmantel eines „Weisen" brachte ich Leid, Zerstörung und Trennung unter die Menschen – und war doch selbst der Unglücklichste von allen. Durch reinen Blickkontakt erreichte ich mit der Kraft meines Meisters und seiner Dämonen, dass sich meine „Freundinnen" vor Schmerzen am Boden krümmten wie aufgespießte Würmer. In mir selber schrie es aber nicht weniger laut, auch wenn es keiner hörte.

Das Jahr 1981 begann ich, ohne mir selbst auch nur einen einzigen Schritt näher gekommen zu sein. Im Gegenteil: ich schien mich immer weiter von mir zu entfernen. Das war nicht viel in 36 Jahren. Die Hare-Krishna-Bewegung, die ich in der Nähe von Frankfurt in ihrem Hauptsitz besucht hatte und dessen indischer Leiter ein guter Freund von mir war, hatte ich von innen kennen gelernt; was ich dort erlebte, konnte die

Antwort nicht sein. Auch in ihrem Weltzentrum in Indien, in der Nähe von Kalkutta, hatte ich einen glatten Reinfall erlebt. Das war alles Kram für Pubertäre, die mit ihrer Adoleszenzkrise nicht fertig wurden oder sich sonst irgendwie in den Krallen dieser Gurus verfangen hatten. Irgendwo hatte ich Mitleid mit diesen verachtenswerten Kreaturen. Nicht viel anders waren die inquisitorischen Methoden der geldgeilen Scientology-"Kirche" oder des machtgierigen Sektenfürsten Mun in Korea. Genauso wenig halfen die Lehren des Carlos Castañeda oder Baghwan Rajneesh, denen ich einst einmal vertraut hatte. Und wie konnte ein fettleibiger Gernegroß namens Guru Maharadj-ji mit damals 16 Jahren behaupten, die Wiedergeburt Gottes zu sein, wenn die inneren Streitereien um Machtpositionen doch ihre eigene deutliche Sprache sprachen? Ist es übertrieben, wenn ich behaupte, dass ich bei den wichtigsten „Meistern" dieser Erde war? Auf jeden Fall sah es hinter den Kulissen jedes Mal gleich aus: Macht, Sex, Geld; eines von ihnen stand immer dahinter. Versklavung, Fremdbestimmung und Entmündigung ihrer Anhänger – sie nannten das Freiheit. Nicht viel anders hatte ich die Höflinge des Vatikans kennen gelernt.

Lektüre und Studium von psychologischen oder philosophischen Büchern, Pädagogik an der Universität, die Identifikation mit Marxismus oder Anarchie oder was auch immer hatten mir nicht unbedingt weitergeholfen. Ich hatte alles am Ende als unfruchtbar aufgeben müssen und stand nun nackt da – es gab keine Schule und keinen Lehrer mehr auf dieser Erde, der mir weiterhelfen konnte. Ich hatte jeden Weg ausprobiert bis zum Tod und kam zu dem Ergebnis: Freiheit und Frieden gibt es nicht. Das Leben ist ein Alptraum und eine einzige Kette von Leid.

Dazu kam, dass in dieser Zeit immer häufigere Besuche von Dämonen anfingen, die mich nachts quälten. Ich wagte oft nicht mehr, meine Augen aufzutun, aus Angst vor diesen ekligen Fratzen. Das Ergebnis meiner eigenen Hexerei hatte mich eingeholt und erstickte mich jeden Tag etwas mehr. Die unsichtbare Schlinge um meinen Hals zog sich mit träger Regelmäßigkeit zu – mit jedem Schritt in die falsche Richtung –, und jetzt war sie dabei, mich vollends zu erwürgen. Es gab Momente so großer Einsamkeit und Depression, dass ich sogar einmal meine Mutter am Telefon um Hilfe rufen wollte: aber ich konnte den Hörer nicht von der Gabel abheben – auch wenn ich eine unendlich lange halbe Stunde vor dem Apparat verzweifelte. Mein Geist war gelähmt, mein Arm war gelähmt; alles war tot in mir. Ich hatte niemanden und nichts mehr.

Der Zeitpunkt war gekommen, wo der Feind zum Generalangriff ansetzte. Nun wollte er mich nicht nur mit Seele, sondern auch mit meinem Leib besitzen und gab mir Gedanken ein, die mir die Freiheit und inneren Frieden mit dem perfidesten Trick versprach, den er auf Lager hatte. Sein Triumph wäre mein leiblicher Tod und indem ich selbst zum Dämon wurde, wäre ich ein noch besserer Mitarbeiter am Werk seiner Zerstörung. Wie *es* aussah, aber auch wie *ich* aussah, hatte der Teufel alle Trümpfe in der Hand. Die okkulten Geheimlehren der Indios, die magischen Kräfte der Eingeborenen in Südamerika waren das absolut Letzte, was ich auf diesem Erdball noch nicht in seiner ganzen Fülle ausprobiert hatte. Dort drüben, auf diesem Kontinent *musste* ich folglich die Antwort finden. Warum hatte ich nur nicht schon früher daran gedacht? Neuer Mut beflügelte mich ...

Kapitel 13

In Südamerika

Eine Welt, von der ich als Kind schon immer geträumt hatte: Südamerika, die Anden, der Amazonas, Indianer, Mystik, Macumba und Zauberei. Ich war völlig überzeugt davon, dort wahren Spiritismus, Magie, Zauberei, aus Afrika importierte Kulte, Ekstase und Übersinnliches zu finden. Ich kannte die Macht der Ekstase vom Tanz her; eine Form, die schon sehr früh in meinem Leben zu einer Art Waffe geworden war, um Mädchen zu verführen. In Südamerika also würde ich endlich den Weg zum Leben, zum Selbst suchen müssen. Mein ältester Traum sollte sich endlich erfüllen. Voller Hoffnung entschloss ich mich, nach Peru zu fliegen. Dort wollte ich dann weitersehen und spüren, wohin die Geister mich riefen.

Aus himmlischer Sicht schien meine Lage sich allerdings umgekehrt zu präsentieren. Dort „oben" schienen sie zu wissen, dass ich dabei war, dem Tod direkt in die Arme zu laufen, und „man" wurde aktiv. Und das sah so aus:

Meine schwesterliche Freundin (aus Tübingen) hatte sich nach zweieinhalb Jahren Aufenthalt im Kloster bei Achan Chah in Thailand zu Jesus Christus bekehrt; dies auf für mich erstaunliche Art. Sie hatte das Buch „Aufrichtige Erzählungen eines russischen Pilgers" bekommen. Darin wird das „Jesus-Gebet" beschrieben und die Auswirkungen auf den, der es praktiziert. Statt auf den Namen Buddha zu meditieren, übte sie nun mit neuem Inhalt: *„Herr Jesus Christus, Sohn Gottes, habe Erbarmen mit mir."* Sie musste nicht lange auf die Wirkung warten. Als sie dann noch Besuch von christlichen Missionaren erhielt, hatte sie Jesus als persönlichen Herrn und Meister in ihr Leben aufgenommen.

Wenig später fing sie an, mir aus Indien, wo sie bei einer christlichen Familie wohnte, eine Reihe Briefe zu schreiben. Inhalt: Jesus, Christentum usw. Da Botschaften solcher Art nun wirklich nicht meine Wellenlänge waren, wollte ich sie eigentlich zerreißen – doch gleichzeitig zerrissen diese Briefe etwas in mir. Sie rissen etwas Altes und Schmerzhaftes auf. Als hätte meine „Schwester" etwas gespürt oder als wäre sie von Gott geschickt worden, um das Schlimmste zu verhindern, tauchte sie kurz vor meiner Abreise nach Südamerika in Fribourg auf, um mir von ihren „wunderbaren Erlebnissen mit Jesus" zu berichten. Dabei konnte ich eines sofort sehen: Sie hatte einen veränderten Gesichtsausdruck.

Ich kannte sie gut und lange genug, um zu wissen, dass sie nie eine Person gewesen war, die leichtfertig daherredete oder irgendwelche Phrasen drosch. Umso mehr trafen mich ihre Worte, als sie mich eindringlich warnte: „Klaus, wenn du jetzt immer noch nicht begreifen willst, wo das Leben zu finden ist, und trotz aller Warnungen wegfliegst, wirst du mit größter Sicherheit auf genau die Geister treffen, die du dein Leben lang gesucht hast."

„Na, das ist doch nur pos..."

„Nur musst du eins wissen: Das sind Geister der Zerstörung, des Todes. Und das wird für dich den Tod bedeuten! Du bist schon lange in deiner Seele tot; nur, wenn du jetzt nach Südamerika fliegst, riskierst du, von ihnen angegriffen und auch körperlich getötet zu werden."

„Nun mach aber mal einen Punkt."

Das machte sie aber beileibe nicht.

„Ich möchte dich mit aller Dringlichkeit warnen. Klaus, du wirst von dort nicht lebend zurückkommen! Fliege *bitte* nicht nach Südamerika, sondern komme zu uns, zu den wirklich lebendigen Christen. Echtes Leben und all das, was du und auch ich immer gesucht haben, findest du nur bei Jesus!"

Wie sie so eindringlich und überzeugend sprach, fehlte wenig und ich hätte mich von ihr beeinflussen lassen. Doch eine andere Kraft sorgte dafür, dass ich „stark" blieb; ich konnte und wollte meinen „alten Traum" nicht aufgeben. Ein leidenschaftliches Fieber hatte mich gepackt. Diesem musste ich „gehorchen", auch wenn ich plötzlich ganz vorsichtig eine warnende innere Stimme hörte, die auf eine wie im Nebel auf mich lauernde Gefahr hinweisen wollte. Meine Gefühle waren eher gemischt, als ich mir das Flugticket besorgte, nachdem sie wieder gegangen war. Fatalerweise sollte sie Recht behalten.

Bevor sie sich von mir verabschiedete, schenkte sie mir noch ein kleines goldenes Kreuz mit dem Hinweis, dass im Kreuz „Schutz" sei. Ich nahm es halb abergläubisch an; immerhin war es aus Gold! Dazu ließ sie mir noch ihr Buch mit dem Titel „Das Kreuz und die Messerhelden". Es war die Geschichte von Nicky Cruz, einem New Yorker Ex-Bandenführer, der sich ebenfalls zu Jesus Christus bekehrt hatte; es wurde ein wenig meine Reiselektüre. Und dann nahm das Schicksal seinen Lauf.

Nur wenige Tage später landete ich in Lima (Peru). Nicht als normaler Tourist, sondern mit meinen inneren Antennen den spirituellen Äther sondierend. Von woher würde ich meine „Botschaft" bekommen? War es das mystische Machu Picchu und sein „magischer" Stein, der mich angezogen hatte wie ein Magnet? Nein. Unmissverständlich drängte mich eine Kraft in Richtung Norden. In die Wüste Nordperus? Nein, auch da hielt mich nichts. Weiter. Ich spürte, wie ich immer unruhiger und kribbeliger wurde. Während meines Aufenthaltes in Ecuador kam sie, die lang ersehnte Einladung zu den Indios, in ihr Dorf in den Bergen. Ich folgte dem Führer in sein Haus und war mir der Ehre und des Privilegs bewusst, von Indianern akzeptiert zu werden. Einen Moment lang glaubte ich mich am Ziel.

Doch die Überraschung kam mitten in einem langen und intensiven Gespräch. Wie mit einem Schwerthieb war jeder Kontakt zwischen mir und den Indios unterbrochen. Ich war nicht mehr fähig zu irgendeiner Anteilnahme an dem, was um mich herum passierte. Mein Herz fing rasend an zu schlagen. Ich konnte plötzlich niemandem mehr in die Augen sehen – ähnlich den „Horrortrips", die ich zehn Jahre zuvor unter Drogeneinfluss durchgemacht hatte. Kommunikation abgewürgt. Ich war binnen einer Sekunde friedlos, gejagt und innerlich aufgewühlt. Ein bodenloser Zustand, der mich wie eine riesige Woge mit sich fortriss. Panikartig und ohne ein Wort des Abschieds herauszubringen, stürmte ich aus der Hütte, aus dem Indianerdorf, jagte den Berg hinunter ins Nichts … rannte, rannte und rannte. Es war, als ob ein riesiger Magnet, vor dem es kein Entrinnen mehr gab, mich unaufhaltsam an sich zog.

Unter Mühen erreichte ich die Grenze zu Kolumbien und spürte beim Eintritt am Zoll, wie mich eine fast depressive

Trostlosigkeit beschlich. War das in mir, oder färbte der Geist des Landes auf mich ab? Alles in mir erschien leer, starr, kalt und ausgebrannt. Oh, hätte ich doch nur einen Funken mehr Gespür in der Seele, im Herzen gehabt, ich hätte mir so viel Leid ersparen können; denn was mich in den nächsten Stunden erwartete, sollte alles bisherige Leid noch übertreffen. Ich sage „Gespür", weil Gott immer noch mit aller Macht und Deutlichkeit zu mir durchzudringen versuchte, um mich zur Umkehr zu bewegen; dann nämlich hätte ich verstanden, *woher* die Inspiration für ein Lied kam, das ER mir eingab auf meinem Weg in die Arme des Todes. Hätte ich mir den Inhalt doch bloß aufmerksam und mit Bewusstsein durchgelesen, hätte ich möglicherweise noch reagieren können. Denn in diesem Text, den ich bei Nacht mit einer Taschenlampe im Mund, über holprige Straßen rumpelnd, in mein Tagebuch notierte, ohne dabei auf den Inhalt zu achten, stand genau das, was in der Folge passieren sollte. Leider begriff ich nichts davon; und somit war es zu spät, um der unmittelbar drohenden Gefahr auszuweichen.

Erst Jahre später, als ich diesen Text für mein zweites Musikalbum vertonte, gingen mir die Augen auf, wie blind ich damals gewesen war. Hier ist das Lied. Heute würde ich sagen, das Lied vom „Verlorenen Sohn", in seiner Originalfassung:

A long way

I was going all these wrong ways
I've been thinking I was right
I'm back on the road this long way
Through the dust of streets and night

I believed that I was wise
That my ways could make me fee
I took the road to realize
I've been hurting YOU and me

I can't go on to say „good-bye"
And to leave YOU makes me sad
Why I must go, I don't know why
Now I'm lonely, sad and glad.

Aimless seemed my search for years
Looking for LOVE from south to north
Wish I could stay with YOU right here
Instead of running back and forth

How I acted I regret
What I did was surely wrong
Can YOU forgive, can you forget
Then we'll grow together strong

I've wasted long enough my time
Sold out my virtues for a dime
One day soon I'll come back to see
If YOU still do long for me

It is not easy to come back
'cos I believed in what I've done
But I got thrown off from my track
Now I know we'll soon be ONE

Der lange Weg

Ich ging all diese falschen Wege
Und ich dachte immer: Das ist gut so
Aber ich musste erneut auf diesen endlosen Weg
Durch den Staub der Straßen und in die Nacht

Ich glaubte an meine eigene Weisheit
Dass ich mich selber befreien könnte
Wieder unterwegs, fing ich an zu begreifen
Dass ich Dir weh getan und mir geschadet habe

Ich kann nicht mehr „weiter" nach all den negativen Erfahrungen.
DICH zu verlassen macht mich traurig.
Ich weiß nicht, warum es mich immer weitertreibt
Ich weiß nur: jetzt bin ich wieder allein und traurig.
Aber ich kenne kein anderes Glück.

Ziellos war meine jahrelange Suche
In allen vier Himmelsrichtungen suchte ich Liebe
Oh, könnte ich doch endlich hier bei DIR bleiben
Statt endlos durch die Welt zu rennen

Ich bedaure all den Mist, den ich gemacht habe
Es war sicher verkehrt
Könntest Du wohl verzeihen und alles vergessen?
Wenn ja: dann werden wir *zusammen* stark!

Zu lange schon habe ich meine Zeit vergeudet
Tugenden waren mir keinen Pfifferling mehr wert
Eines Tages, schon bald werde ich wiederkommen, um herauszufinden:
Ob Du noch Interesse an mir hast, ob du mich noch annimmst

Aber das wird mir nicht ganz leicht fallen
Ich tat, was ich tat, immer mit ganzem Glauben
Ich wurde total aus meiner Bahn geworfen
Nun weiß ich, wir bald EINS sein werden

Nichtsahnend erreichte ich in der Nacht Bogota, die Hauptstadt Kolumbiens, wo mich die Hektik seiner acht Millionen Einwohner aufsog. Es herrschte überall „dicke Luft" und ich spürte schon bei der Ankunft, wie alles von Verbrechen und Kriminalität durchtränkt war; dazu brauchte man nicht besonders sensibel zu sein. Große und kleine Geschäfte waren von Revolvermännern bewacht. Brutalo-Filme in den Kinos. Comics voller Gewalt. Drogenbosse und Drogenmafia waren nur ein Teil der ganzen Korruption. In dieser Stadt fühlte selbst ich mich fehl am Platz; und die erste Bekanntschaft mit dieser Brutalität ließ nicht lange auf sich warten. Ich überquerte eine der breiten Boulevards zwischen den Autos, als blitzschnell, einem schwarzen Schatten gleich, ein Jugendlicher von hinten auf mich hechtete; und ehe ich mich versah, riss er mir die goldene Kette mit dem Kreuz vom Hals. So überraschend wie gekommen, war er wieder im Gewühl des Verkehrs untergetaucht. Das schlug wie eine Bombe bei mir ein. Es war ganz und gar nicht der materielle Verlust, der mich so fatal traf. Es war viel schlimmer – war ich abergläubisch? Aber ich hatte in diesem Moment die feste Überzeugung, dass ich mit dem Verlust des Kreuzes den „Schutz" verloren hatte, von dem meine Freundin zu mir gesprochen hatte. Noch stand ich wie benebelt und wie angewurzelt, als sich ein vernichtender Gedanke in mir festfraß: Ab sofort bin ich schutzlos und

„nackt" jedem beliebigen Geist ausgeliefert, der in mich hinein möchte.

Ein inneres Erdbeben brach aus. Blitzartig schossen mir die Sätze durch den Kopf, die meine Freundin mir vorausgesagt hatte. Da stand ich mitten auf der Straße und zitterte, erschüttert bis in die letzte Faser meines Seins. Ich wusste längst, dass es keinen Zufall gab. Von nun an würde es *tod*-ernst sein. Der angekündigte Moment war gekommen, das wurde mir hier klar; und ich musste ab jetzt höllisch auf der Hut sein.

Irgend etwas musste ich tun, um aus meiner Lähmung herauszufinden; so ging ich schlussendlich zur Polizei, um mir wenigstens ein Dokument für die Versicherung zu besorgen. Was ich auf dem dortigen Polizeiposten sah und hörte, bestürzte mich nicht weniger: „Junger Mann, ich rate Ihnen, Ihre Armbanduhr abzunehmen. Wir haben mehrere Fälle pro Woche, wo die Banditen ihren Opfern den ganzen Unterarm abhacken, um eine Uhr zu rauben. Sie reißen den Frauen die Ohrringe samt dem halben Ohr ab. Wissen Sie, die Brutalität in unserem Lande ist leider sehr groß."

Ich sagte es schon: Brutalitäten in den Comics, in den Kinos und Schulen, Kontrollen auf offener Straße, patrouillierende „Pistoleiros" in den meisten Geschäften der Stadt ... und wie zum Beweis: auf der Wache, im Raum nebenan, sitzt ein Gangster – vor ihm ein Polizist, der ihn mit einem Gewehr in Schach hält! War ich hier im Kino, im Wilden Westen? Nein, alles war harte Realität! Bevor mich die Panik vollends in ihren Griff nehmen sollte, entschied ich spontan, die Stadt zu verlassen. Ich kaufte ein Billett nach Caracas in Venezuela und setzte mich mit dem Gefühl, einem Alptraum entronnen zu sein, an einem Freitagabend um 17 Uhr in einen halbleeren Bus; unterwegs vom Regen in die T(r)aufe ...

Kapitel 14

Raubüberfall in Kolumbien

Freitag, 24. Juli 1981. Die Nacht war eben dabei, die Abenddämmerung zu schlucken, und in Bogota würden gleich die Büros schließen. Die Geschäftsleute und Polizisten auf dem Lande würden nach getaner Arbeit ihren Dienststellen freudig den Rücken kehren. Es war Wochenende. Unser halbleerer Bus war schon ein ganzes Stück von der Stadt entfernt, als ich einschlief. Vom feuchtheißen Klima und den Strapazen des Tages war ich reichlich mitgenommen. Und dann war es soweit!

Wachte ich in einem Alptraum auf oder war es Wirklichkeit? Schreie dringen an mein Ohr, Kreischen und Schläge – Überfall – Entführung! Zuerst begreife ich nicht – erst als ich einen Schlag auf den Kopf bekomme und mich Fäuste und Fußtritte treffen, erwache ich brutal. Einer der Gangster steht direkt neben mir und drückt mir jetzt seinen Revolver an die Schläfe; er schreit laut: „Hände hoch! Und keine Bewegung!" Mein Herz schlägt rasend. „Wenn einer auch nur den geringsten Versuch macht, etwas zu unternehmen, drücke ich ab ..." Ich zähle fünf verwegene Gestalten, die mit ihren Revolvern dabei sind, den Bus zu entführen. Sie zwingen den Fahrer weg von der Hauptstraße, auf immer kleinere Nebenstraßen, hinauf in die unwegsamen Berge. Draußen ist es mittlerweile vollkommen dunkel geworden. Verflucht!, denke ich. Es fällt mir nicht schwer vorzustellen, was gleich passieren wird. Mir wird siedend heiß, als ich an die Warnungen meiner Freundin denke, die ich nicht ernst genommen hatte. Eines will nicht in meinen Kopf: Warum gerade ich? Ich hatte doch immer irgendwie Glück gehabt. So was gab's doch nur im Kino, oder? Ich hatte mich immer retten können, nicht wahr?

Noch hoffe ich also auf den Beistand meiner okkulten Kräfte, die mich schon mehrmals vor einem Revolver oder einem

Messer bewahrt haben. Sie werden mich hier herausholen, da bin ich sicher. Einzige Bedingung: Ich muss es schaffen, Augenkontakt mit dem Typen neben mir herzustellen; dann kann ich ihn blockieren. Dazu bleiben mir, so rechne ich aus, höchstens eine bis zwei Sekunden. Bis die anderen vier Gangster es gemerkt hätten, würde es mir gelungen sein, das halboffene Fenster ganz aufzuschieben und mich mit einer Hechtrolle in die Büsche neben der Straße zu retten. Bei 50–60 km/h würde ich das überleben; eine andere Chance – das weiß ich – bleibt mir sowieso nicht. Ja, ja, ja, hämmere ich in mich hinein: ich kann mich retten. Als hätten die Banditen meine Gedanken gelesen, kommt einer und reißt Fenster und Vorhang zu. Scheiße. Aber noch gebe ich nicht auf! Zu allem Übel werde ich jetzt gezwungen, meinen Kopf ganz nach unten zu senken und die Hände oben auf die Kopfstütze des Vordersitzes zu legen. So sehe ich nur die Schuhe des Gangsters und spüre die Mündung seines Revolvers, die er mir an den Kopf drückt.

Jetzt oder nie. Ich hebe schnell meinen Kopf und suche seine Augen, um ihn zu „binden", aber da kracht auch schon sein Revolver auf meinen Kopf; alles was ich sehe, sind Blitze und funkelnde Mordgier. Im gleichen Moment wird mir schwarz vor Augen und das warme Blut läuft mir übers Gesicht. *Jetzt* erst begreife ich, dass es wirklich *tod*-ernst ist ...

Und nun setzt Panik ein. Diesmal bin nicht mehr ich Herr der Lage. Statt dessen kauere ich nun in meinen Sitz eingeklemmt in der Scheiße, während das Blut vor mir auf den Boden tropft. Mein Herz schlägt wie wild und die Fahrt scheint plötzlich in die Unendlichkeit zu gehen. Die Zeit steht mit einem Mal still. Ich denke über mein verdammtes Leben nach. Von meiner Geburt an lasse ich mein Leben Revue passieren. Alles was ich sehe, ist Leid, Trauer, Elend, Einsamkeit, Einsamkeit und nochmals Einsamkeit. Nicht viel Positives.

Ich presse meinen Oberarm auf die Wunde, um das Blut zu stoppen, denn je mehr Blut sie sehen, desto härter werden sie, das weiß ich. Zu deutlich hatte ich eben in seinen Augen diese teuflische Mordgier gesehen. Ich kenne ihren unversöhnlichen Hass auf uns „gringos" (Menschen der westlich-kapitalistischen Welt, vor allem der USA). Für die Killer der Drogenmafia ist jeder tote Gringo ein guter Gringo, das ist mir nichts Neues. Geschlagen und erniedrigt schließe ich mit meinem Leben ab.

In dieser tödlichen Atmosphäre regt sich plötzlich etwas in mir. Ganz vorsichtig schiebt sich mir eine Vision ins Hirn. Ich sehe einen in sich zusammenfallenden Schutt- und Scherbenhaufen, der gerade ein Feuer unter sich erstickt. Aber da ist noch ein einziger, winziger Funke, der eben jetzt am Verlöschen ist. Und im Verglimmen taucht die Frage auf: *Klaus, bist du bereit zu sterben?*

Schon einmal wurde mir dieselbe Frage gestellt. Als ich im Kloster in Thailand Mönch werden wollte, hatte der Abt diese symbolische Frage vor der ganzen Mönchsversammlung gestellt: *Klaus, bist du bereit zu sterben?* Es wurde erwartet, dass man mit „ja" antwortet. Damals rief ich laut lachend und provokativ, vor allen Mönchen, aus: *„Nein! Ich will leben!"* Ob solch unerwartet frechen Wagemutes brachen selbst die sonst so strengen Mönche in schallendes Gelächter aus. Für sie war ich natürlich ein Unwissender, ein kleiner Dümmling. Leute wie ich, das wussten sie, müssten noch lange und viel lernen im Kloster. Das glaubte ich damals auch, nur andersherum: Ich wollte das Leben lernen, nicht den buddhistischen Untergang. *Sie* waren für mich die Angsthasen vor dem Leben, und *sie* waren es, die noch viel zu lernen hatten.

Hier aber saß ich nun, und die gleiche Frage stand vor mir: Bin ich bereit zu sterben? Mein Gott – wie viel Bitterkeit und Enttäuschung kamen jetzt zum Vorschein, als ich mir selbst antwortete: „Ja, ich bin bereit zu sterben. Denn ich habe *alles* ausprobiert, was es auf diesem Planeten gibt." Alles war eine endlose Kette von Sklaverei und Quälerei, geprägt von Angst und Hass. *Friede, Liebe, Freiheit, Gott … das gab es nicht!* Das existierte nur in den Theorien und Phantasien von schlauen und redegewandten Philosophen oder Gurus, nicht aber in der Realität. So kam ich schließlich doch ans Ende meines 36 Jahre langen Weges, auch wenn ich es mir anders vorgestellt oder gewünscht hätte. Ich war bereit, „drüben" weiter zu leiden, wenn es denn tatsächlich so etwas wie eine Wiedergeburt geben sollte. Vielleicht war es dort ja besser …

Wofür sollte ich noch leben? Ich hatte es sowieso nie gewusst. Worauf konnte ich noch hoffen? Mein Leben war eine Reise durch die Nacht gewesen und ich war von einem Loch ins andere gestolpert, bis ich am Ende, hier und jetzt, in einen so tiefen Graben gefallen war, aus dem ich nicht mehr herauskonnte. Nun musste ich mich meinem Schicksal überlassen. Geld, Reichtum, Macht, Sex, Erfolg, Asketentum, Einsamkeit, manchmal gefeiert oder von der Welt vergessen, in Palästen und Slums, mit Frauen und Hexen, ein Kind, mit Steinen beworfen, Krieg ... alle Hochs und Tiefs hatte ich erfahren – und doch nie Freiheit, Frieden oder mein Selbst gefunden. Bejubelt und geschlagen, Ehre kostend, von Schimpf und Schande gedemütigt, vom Hunger verzehrt oder mit vollgefressenem Bauch – hart gegenüber mir selbst hatte ich das Abenteuer „Leben" gesucht und stand nun blutig geschlagen da. Und dann dachte ich nur noch: „Elender Scheißkerl, drück doch endlich ab! Los, komm; du wirst vielleicht mein Befreier sein."

Da passierte etwas Seltsames. Symbolisch ausgedrückt war es, als ob jemand „oben", vom Rand des Lochs, in dem ich gefangen saß, ein Seil herunterließ, um mich zu retten. Hoffnung kam von da oben – ohne mein Zutun, ohne meine Kraft, ohne mein Verdienst. Man nennt so etwas – wie ich später hörte – „Gnade". In dem Moment, als ich bereit war zu sterben, war mir plötzlich, als ob eine Stimme zu mir sprach: *„Um sterben zu können, muss man zuerst gelebt haben."*

Es kam völlig unerwartet und war doch so logisch. Dieser Satz erinnerte ich mich an einen Spruch, den ich als Kind gehört hatte: *Gott ist das Leben!* Aber wem bedeutet ein solches Klischee schon etwas? Die sogenannten Christen hatten immer dafür gesorgt, dass solche Sprüche höchstens die Wände ihrer Häuser oder Postkarten verzierten, genau wie ihre Schokoladen-Osterhasen oder ihr süßer Schokoladenpudding-Gott. Nie aber hatte ich jemanden getroffen, der so einen Spruch in seinem Leben ernst genommen hatte; somit blieb es hohles Blabla, nichtssagende Rhetorik. In meiner jetzigen Lage allerdings klang so ein Satz anders. Wenn Gott *wirklich* existiert und das *Leben* ist, überlegte ich, dann wäre *jetzt* der Moment, dass ER sich zeigt. Wenn ER mir jetzt den Beweis Seiner Existenz und den Inhalt des eben Gehörten immer noch schuldig bleibt, dann will ich lieber sterben. Ich konnte und wollte nicht länger in Ungewissheit leben. In meinem verlorenen Herzen löste sich ein Schrei: *„Gott, wenn du existierst, dann rette mich jetzt!"* Doch mein Misstrauen war ebenso hartnäckig. Ich wollte nicht überleben und hinterher denken: Wieder mal Glück gehabt, Alter! In solchem Zufallsdenken konnte für

Gott kein Platz sein. Ich wollte, ja musste wissen! So hängte ich noch ein „PS" an mein „SOS": „Gott, wenn es Dich wirklich gibt, will ich einen *sichtbaren Beweis*, dass DU es bist, der mich gerettet hat. Sonst sterbe ich lieber!!"

Auf diese Art feilschte ich erstmals mit meinem unbekannten Gott. Für mich gab es nur einen einzigen akzeptablen Beweis, falls ich wirklich überleben sollte. Das Wertvollste, woran ich hing und was mir etwas bedeutete, war mein Tage- und Liederbuch. Dieses Buch hatte mich zwölf Jahre lang auf meinen Reisen durch die Welt begleitet und war wie ein sichtbares Symbol meines Selbst. Alle Erfahrungen, mein ganzes Leid, meine Lieder und Zeichnungen, die wichtigen Momente meines Weges waren darin in poetischer Form enthalten. Dieses Büchlein war mein „Gesprächspartner" in einsamen Perioden, war Abladestation und treuer Begleiter. Es war unwiederbringlich und einmalig. Zwölf Jahre hatte ich es bewacht und wie meinen eigenen Augapfel behütet. Nun befand sich aber dieses Tagebuch in meiner Ledertasche, welche die Gangster als erstes in Besitz genommen hatten, mit allem drum und drin. Es gab keine Möglichkeit, mit ihnen auch nur ein Wort zu sprechen. Außerdem waren die Gangster eben dabei, den Leuten Geld und Reisepässe abzunehmen und in dieser meiner Tasche zu verstauen. Mein Pass und Geld waren mir jedoch unvergleichlich unbedeutender, weil ersetzbar; außerdem kannte ich seit langem Mittel und Wege, mir auf illegale Weise Geld zu besorgen.

Der Bus entfernte sich endgültig von den bewohnten Gegenden und fuhr auf schmalen Wegen immer höher in die Berge hinauf. Es war stockfinstere Nacht. Abseits jeglicher Zivilisation wurde der Fahrer gezwungen anzuhalten, und die nächste böse Überraschung erwartete uns: Noch mehr Kriminelle – diesmal mit Gewehren – nahmen uns in Empfang. Ich zählte sieben Gangster, die nun in und vor dem Bus standen, ihre Waffen im Anschlag. Einer nach dem anderen wurde unter Androhungen und Schlägen aus dem Bus gerissen und in einen frisch ausgehobenen, sumpfigen Graben gestoßen. Ich hatte weit hinten im Bus gesessen und war der Vorletzte, der mit Tritten und Schlägen hinausgetrieben wurde. Dann saßen wir zitternd, frierend und in Todesschweigen im Graben, bis der Letzte zu uns ins Loch hineingestoßen wurde. Jetzt standen die Banditen am Rand über uns. Die Gewehrläufe zielten auf uns ...

Es ist nahezu unmöglich, den folgenden Moment zu beschreiben: niemand sprach mehr ein Wort. Ich dachte nicht einmal mehr. Mein letzter Eindruck waren ein paar schwarze Silhouetten, die im Scheinwerferlicht der beiden Wagen schattenhaft hin und her huschten. Alles war derart bis zur Unerträglichkeit gespannt, dass die Detonation der Gewehre, die jetzt gleich knallen würden, mir geradezu wie eine Erleichterung vorkam. Jetzt werden sie schießen ... und ... aus!

Was statt dessen geschah, kam so unerwartet, dass es selbst den Gangstern die Sprache verschlug. Gott ist wirklich *allmächtig*, und was ER lenkt, kann von den Menschen nicht berechnet werden. Plötzlich hörte ich aus der Nacht ein Geräusch. Mitten in dieser unbewohnten Gegend nahm ich aus meinem Loch heraus ein paar Gestalten wahr, die sich schnell dem Lichtkegel der Autos näherten. Aus der Dunkelheit lösten sich Konturen von weiß gekleideten Indios. Sie kamen auf Fahrrädern schnell heran. Und dann, statt ihre Gewehre auf uns abzudrücken, fuhren Gangster und Gewehrläufe herum, ein Teil stürzte sich auf die kleine Gruppe, und einige schlugen die Ankömmlinge kurzerhand mit den Gewehrkolben zusammen. Einen leblosen Körper schleppten sie an den Rand und warfen ihn neben mich in den Graben. Ich konnte nicht sagen, ob der Mann noch lebte. Der Rest der Indios reagierte blitzschnell. Da sie mit ihren Rädern schneller waren, gelang es ihnen, in die Dunkelheit der Nacht zu fliehen. Dies wiederum zwang die Gangster, sie mit ihrem Auto zu verfolgen. Die Banditen waren mit einem Mal in sich gespalten: Während ein Teil uns noch in Schach hielt, verfolgte eine zweite Gruppe die Flüchtenden, denen es gelungen war, ihren kleinen Vorsprung auszunutzen und sich irgendwo im unwegsamen Gelände zu verstecken. Augenblicke später krachten Schüsse – danach Totenstille ...

Waren das die Schüsse, die für uns bestimmt gewesen waren? Hatte mein „unbekannter Gott" sie „umgeleitet"? Leben kehrte in mich zurück und ich drohte vor Aufregung zu platzen. Was war los? Es dauerte nicht lange, ehe die Mörder wieder zurück waren, und in genau diesem Moment spürte ich, dass sich das Blatt zu unseren Gunsten gewendet hatte. Hatten *sie* nun Angst? Waren sie selber in eine Falle geraten? Verraten, erkannt worden? Mit einem Mal waren sie hektisch und nervös, und man konnte meinen, dass sie uns völlig vergessen hätten. In großer Hast luden sie die uns abgenommenen Sachen in ihr Auto und machten sich davon in die Nacht. Und meine Tasche? Mein Liederbuch? Ich hatte gesehen, wie sie *meine* Tasche eingeladen hatten.

Es dauerte einige Zeit, bis wir wieder frei zu atmen wagten; es war zu unglaublich, und alle hatten noch Angst, die Banditen könnten zurückkommen oder irgendwo im Hinterhalt liegen, um uns doch noch hinterrücks zu erschießen. Nach und nach fassten wir jedoch Vertrauen, kletterten aus dem Graben, und die ersten Worte kamen über die Lippen der Campesinos: „Gerettet! Gott sei Dank." Ein Wunder! „Milagro", „maravilla", jubelte es durch die Luft. Irgendwie freute ich mich ja auch; aber ich wusste nicht so recht, was ich nun davon halten sollte. Was war *mein* Leben schon wert? Die Antwort ließ jedoch nicht lange auf sich warten. Als ich nämlich in den ausgeräumten Bus stieg und auf meinen Platz zuging: Großer Gott, das kann nicht wahr sein! – Alles war weg – bis auf etwas grünes Flaches, das ich beim Näherkommen in der Mitte „meines" Sitzes liegen sah. Ich erkannte – mein Liederbuch!! Schön platziert, extra hingelegt – man sah sofort, dass es nicht *zufällig* aus der Tasche gerutscht sein konnte. Die Tasche war viel zu solide, und nichts konnte einfach so hinausgleiten. Hätten sie nur die Wertsachen mitnehmen wollen, so hätten sie auch die schmutzigen Taschentücher und wertlosen Dinge herausgenommen …

Jetzt war ich platt! Wie war so etwas möglich?!

Was in diesem Moment in mir ablief, war alles andere als mit dem Verstand begreifbar. Da stand ich vor meinem Platz und war konfrontiert mit einer völlig neuen Dimension. Zum ersten Mal in meinem Leben schwebte ein riesiges Fragezeichen über mir. Gab es *tatsächlich* jemanden über uns, der uns kennt? Der diesen inneren Kampf miterlebt hat und auf meine Frage „geantwortet" hat? Vor mir lag der *sichtbare* Beweis. Wer soll so etwas verstehen? Von jetzt ab wollte ich mehr auf der Hut sein. Eine dicke Gänsehaut überkam mich und Schauer liefen den Rücken hinauf und hinunter.

Kapitel 15

Rückkehr nach Europa

Mein Weg war aber leider noch lange nicht zu Ende. Noch lagen weitere Abenteuer vor mir. Auf dem Amazonas im Norden Brasiliens fuhr ich tagelang durch den Dschungel, durch ein Gebiet, in dem immer wieder Weiße von feindlichen Indianern umgebracht wurden – aber auch hier schien ich wieder unter „Gnade" zu stehen: Als unser Fahrzeug mitten in der Nacht an einem Fluss von Indianern angehalten wurde, ließ sich – Gott sei Dank – alles mit Diplomatie regeln. Im Asphaltdschungel von Rio de Janeiro kam ich erneut in Kontakt mit „okkulten" Menschen und Medien. Aber seit dem Raubüberfall saß mir der Schreck noch so tief in den Knochen, dass ich begann, mich aus dieser dunklen Welt zurückzuziehen. Eine warnende Stimme war in mir hörbar geworden. Seit dem Erlebnis in Kolumbien war es überdeutlich geworden, dass ich in der Magie- und Zauberwelt nicht mein Zuhause finden würde. Doch die mächtigen Kräfte in mir ließen einfach nicht locker. In Bolivien hatte ich einen verheerenden Kampf mit Dämonen, die ich in Form von grünen Dämpfen in mein Hotelzimmer eindringen sah, ehe sie die groteskesten Formen annahmen, mich lähmten und in Panik versetzten. Wie damals in Thailand, wurde ich wieder körperlich krank. Als ich kurz darauf in La Paz ein weiteres Mal beraubt wurde, konnte ich nur noch bitter lachen: *So* war die Welt!

Davon hatte ich so endgültig und gründlich die Nase voll, dass ich im Herbst 1981 in die Schweiz zurückflog. Was ich da noch nicht wusste: Es sollte der vorerst letzte Flug einer fast 14 Jahre dauernden Reise sein. Für die Reise nämlich, die schon bald anfangen würde, brauchte ich kein Flugzeug mehr – es war eher eine Höhlenwanderung; die Reise in mich hinein – die Reise vom Kopf ins Herz – oder auch zu Gott.

Von London kommend, wo sie damals an einer Bibelschule studierte, besuchte meine „Schwester" mich wieder in Fribourg/Freiburg. Und was sie mir antwortete, als ich ihr von dem Überfall berichtete, klang doch recht unwahrscheinlich: „Es war Jesus, der dich gerettet hat."

„Was?!"

„Ja, wir haben in unserer Schule an jenem bestimmten Tag ganz deutlich gespürt, dass du in großer Gefahr schwebtest – und wir haben für dich gebetet."

Das konnte doch wohl kaum wahr sein. Hatte sie Beweise?

„Wann bitte sehr war das denn?"

Woraufhin sie mir den Tag nannte – den sie sicher nicht wissen konnte. Er fiel tatsächlich in die Zeit des Raubüberfalls. Woher konnte sie das nur wissen …? Meine Abneigung gegen die Christen war immer noch größer als der Beweis ihrer Aussage. Überhaupt, dieser Jesus, von dem sie immer wieder erzählte – sollte es ihn tatsächlich geben, so hatte ich Angst vor ihm, vor seiner Moral und besonders vor seinen Vertretern. So einen wie mich hätten sie „da oben" sowieso nicht brauchen können.

Und doch: Irgendwo blieb etwas hängen von dem, was sie mir da erzählte. Es verunsicherte mich; sie störte mich schon wieder, wie früher schon; sie schien es aber zu spüren und ging zunächst einmal weg. Doch bald kam sie wieder. Es war ein geschicktes Hin und her.

„Klaus", meinte sie irgendwann, „nach all dem, was wir zusammen und auch jeder für sich durchgemacht und durchprobiert haben, kann ich verstehen, dass du nicht noch einen weiteren Versuch mit Aussicht auf Enttäuschung machen möchtest."

„Ja, es stimmt, wir sind jedes Mal enttäuscht worden, und diesmal falle ich nicht noch einmal auf irgendeine Religion herein."

„Du wirst nicht hereinfallen, das versichere ich dir. Ich spreche die Wahrheit. Du brauchst mir persönlich aber jetzt nicht zu glauben. Doch vertraust du vielleicht meinen jetzigen Freunden mehr. Komm uns doch einmal besuchen."

„Ich brauche euren Gott nicht und kann mir alleine helfen."

„Offensichtlich nicht, das hast du ja vor kurzem selber erlebt …"

Sie drängte weiter, und weil ich sie gerne mochte, willigte ich ein, sie in Lausanne zu besuchen, wo sie während ihres Aufenthaltes in der Schweiz wohnte.

So fing nun im Kleinen, in der Schweiz, meine neue Reisetätigkeit an. Ich besuchte sie bei der „Ligue", dem Bibellesebund in Lausanne; sie lud mich ein nach Huémoz im Wallis, einem Zentrum für ehemalige Drogen- und Alkoholabhängige, die im Namen Jesu frei geworden waren, sowie zu anderen Gemeinden und Gruppen; ich ging zu ökumenischen Treffen und sprach mit einer ganzen Reihe von Geistlichen und Kirchenleuten, die mir viel über diesen unbekannten Jesus erzählten. Doch sie kamen mir zu oft mit hirnigen Bibelsprüchen. Diese hätte ich ihnen gern um die Ohren gehauen, weil in Theorien – so war meine Erfahrung – nie das Leben enthalten war. Dass das „Wort Gottes" eine Ausnahme war und nie zu IHM zurückkam, ohne Veränderungen zu bewirken, das war vorerst nur deren Geheimnis. Ich glaubte mich meiner Sache in den Diskussionen vollkommen sicher; immerhin gab mir Satan handfeste Gegenargumente. Ich war viel zu stolz und zu erfahren, um diese sogenannten Christen wirklich ernst nehmen zu können; was hatten *die* denn schon erlebt!? Alle schienen mich von etwas überzeugen zu wollen, was es in meiner Welt nicht gab. Die meisten Pastoren und Leiter ließen sich in lange Gespräche verwickeln; genau darin aber bestand mein Trick: im Reden war ich immer unschlagbar gewesen. So verlieh ich diesen lieben Leutchen schließlich den höhnischen Titel *„baby-faces"*, weil sie immer so brav und pausbackig lächelnd Tee und Kekse anboten. Bei einigen war nicht zu leugnen, dass die Trennlinie zwischen ihrem Lächeln und dem nur wenig weiter aufgerissenen Mund eines Vampirs vor dem Biss extrem minimal war. Ihre Taktik zog bei mir nicht. Im Gegenteil: Ich machte *sie* fertig, und mächtig aufgeblasen verließ ich ihre Häuser nach solcherlei Diskussionen.

Allerdings gab es dennoch in dieser Zeit einen ersten Riss in meine solide Schutzmauer aus Stolz, Verachtung und Misstrauen. Meine Freundin hatte mich gebeten, sie zu einer Versammlung von „JEM" (Jugend mit einer Mission) nach Lausanne zu fahren und den Abend mit dabei zu bleiben. Auf der Autobahn zwischen Freiburg und Lausanne fing der Motor meines Renault an zu stottern und streikte. Ich rief die Patrouille des „Touring-Club" zu Hilfe. Der Mechaniker konnte jedoch nichts finden, und wir erreichten eher hüpfend und hopsend als fahrend den Versammlungsort. Es war Sonntagnachmittag und ich fürchtete, spät nach der Versammlung, bei Dunkelheit, nicht mehr nach Hause zu kommen mit dem lädierten Auto. Meine Idee war, meine Freundin lediglich dort abzusetzen, um dann gleich wieder wegzufahren. Sie behauptete jedoch, dass mir nichts passieren werde, und fing an, für den Wagen zu beten. Ich dachte in dem Moment, sie hätte nicht alle Tassen im Schrank – sprach dies aber aus Respekt vor ihr nicht laut aus. Nachdem sie mich genug bedrängt hatte, blieb ich zunächst in der Versammlung. Ich fand es erst ab da unerträglich, wo alle auf einmal die Hände zur Decke streckten und ekstatisch „Halleluja" sangen und summten.

Das war mir dann doch zuviel und es trieb mich hinaus. Erst Tee und Kuchen am Ende der Veranstaltung lockten mich wieder zurück in den Saal. Nach 22 Uhr fuhr ich Richtung nach Hause, und der Wagen schaffte stotternd und unterbrechend wirklich sein Ziel!

Groß aber war mein Erstaunen am nächsten Tag in der Werkstatt, als der Mechaniker unter der Motorhaube auftauchte.

„Hey Klaus, kannst du mir erklären, wie du hierher gekommen bist?"

„Das siehst du doch selber. Hüpfend und stotternd."

„Nun mal ehrlich, du bist bergab gerollt."

„Wie meinst du das?"

„Nun, die Feder am Zündverteiler ist an beiden Seiten gebrochen. Ich habe in meinem ganzen Leben noch nie erlebt, dass ein Auto auch nur einen Meter von der Stelle kommt ohne diesen Zündverteiler. Das ist ein Wunder."

Das mit dem Wunder hätte er sich sparen können, aber trotzdem fing *ich* jetzt an, mich zu wundern! Dass für den Motor – oder was immer – gebetet worden war, verschwieg ich peinlichst. So etwas lag jenseits meines Verstandes. Es war zu verrückt, um es zu glauben.

Wochen später lud sie mich zu einer etwa 67-jährigen Schweizerin namens Edmée Cottier in deren Chalet nach Rougemont ein. Edmée hatte 33 Jahre lang in Angola gelebt und war dort von den „Unita"-Rebellen, einer sogenannten Befreiungsarmee, überfallen und entführt worden. Als Geisel wurde diese Frau von den Soldaten, trotz ihres hohen Alters, während sechs Monaten etwa 1600 Kilometer mit durch den Busch und die Hitze geschleppt. Auch sie brachte es nun auf den Punkt und erzählte mir, dass Jesus sie gerettet habe. ER sei mit ihr dabei gewesen; ER habe ihr Kraft gegeben, die Strapazen auszuhalten. Ihre Geschichte zu hören war beeindruckend – aber mehr noch faszinierte mich, dass diese Frau kein „baby-face" war. Ihre gegerbte Lederhaut mit tausend Runzeln sah eher indianisch aus. Sie gefiel mir. Statt Moral zu predigen, funkelten ihre Augen kraftvoll. Ihr ganzes Gesicht schien dauernd zu lachen. Eine seltsame Kraft ging von ihr aus. Langsam und vorsichtig rieselte der Verputz von meiner Fassade ab, knackte es in meiner Mauer: Sollte etwa doch …? Nein, ich konnte und wollte es nicht zulassen. Sie musste sich geirrt haben. Ich kehrte wieder nach Hause zurück, nachdem ich sie – wie ich meinte – überzeugt hatte, dass sie einer Illusion zum Opfer gefallen war.

Immer weiter so … Wie lange noch? Ich konnte davon ausgehen, dass sich alle, die mich mittlerweile kannten, einig waren, dass ich „hoffnungslos" sei. Ich nannte so etwas natürlich Überlegenheit und meinte, allen kräftigst bewiesen zu haben, dass ich *niemanden* nötig hatte – auch ihren Jesus nicht. Niemand war stärker als ich. Niemand auf dieser ganzen Welt! Bis auf einen, wie mir Edmée bei einem weiteren Treffen sagte. Und dem könne ich bald gegenüberstehen, falls ich dies wünsche.

Mehrere Christen hatten mir schon von diesem Mann erzählt, der angeblich stärker wäre als ich. Aber ich kannte die Taktik dieser Christen inzwischen und wusste im Voraus, wie solche Treffen üblicherweise endeten. Ich winkte ab. Doch sie beharrten und packten mich sehr diplomatisch bei meinem Stolz: Der Mann sei berühmt, habe schon viele Bücher geschrieben und er sei trotz seiner Überbeschäftigung bereit, mich zu treffen und – er habe schon von mir gehört! Oh! Das schmeichelte mir.

„So ist dieser Mann also wirklich stärker? Und er kann mir weiterhelfen?", fragte ich herausfordernd und malte mir das Treffen aus. Kriegslüstern willigte ich ein; ich würde es ihm dann schon „zeigen", diesem Berühmten!

Kapitel 16

Kämpfe und Exorzismus

Ein paar Wochen später in Lausanne kam sie, diese letzte Begegnung. Es war Samstag, der 10. September 1981. Um zehn Uhr morgens, vor dem Portal der Kathedrale – dieser Termin war über Dritte abgemacht worden. Weil ich „dem Berühmten" gleich zeigen wollte, dass ich ihn nicht nötig hatte, kam ich extra erst gegen zwölf Uhr. Da stand ich nun vor dem Portal und wartete. Und dann kam er heraus und geradewegs auf mich zu – mit Edmée, meiner Freundin und anderen. Als ich ihn erblickte, sprang etwas in mir unmittelbar auf „Alarm". Ich sah sofort, dass da ein Mensch mit einem starken Geist auf mich zukam; es würde diesmal hart auf hart gehen. Wie es meine Art war, sah ich ihm tief in die Augen, um festzustellen, ob er Signale von Unsicherheit zeigen würde. Er war etwa 65 Jahre und hatte langes weißes Haar, und besonders sein scharfer und doch liebevoller Blick fiel mir auf. Ein Blick, der meinem ohne zu wanken standhielt. Das sagte alles. Es würde kein Unentschieden mehr geben. Er oder ich! Nur einer sollte aus dieser Begegnung als Sieger hervorgehen. In mir dachte ich: Da haben sie also Recht gehabt! Dies wird mein letzter Kampf sein! Er aber würde verlieren, wie üblich, dessen war ich sicher. Ich kannte meine Strategie.

Kriegslüstern steuerte ich auf ihn zu und provozierte: „Hallo, Maurice! Ich darf dich doch duzen, oder?" Ich wollte ihn auf seine Echtheit prüfen. Zu viele aufgeblasene „Würdenträger" hatte ich getroffen, die sich salbungsvoll lächelnd zu ihren „Schäfchen" herabließen. Wenn Maurice Ray sich hinter so einer Fassade versteckt hätte, wäre ich wortlos weggegangen. Die Sache wäre erledigt gewesen. Er antwortete: „Bien sûr, mon cher!" – Na klar!, und sein Mund zeigte ein breites herzliches Lachen. Er lud mich ein, ihm zu folgen, und wir zogen uns allein an einen stillen Ort neben der Kathedrale zurück. Ich spürte, wie ich innerlich eine undurchdringliche Rüstung anhatte. Die anderen teilten uns mit, sie gingen solange beten ...

Ich erzählte ihm von meinem Leidensweg, während er aufmerksam zuhörte. Als ich mit meiner langen Geschichte fertig war, meinte er trocken: „Das sind schlechte Nachrichten. Es wird langsam Zeit für gute Nachrichten, bist du einverstanden?"

Ich war ebenfalls seiner Meinung und war froh, dass er nicht wieder versucht hatte, mich mit Bibelversen abzuspeisen. Er war erfahren genug, die „Gute Nachricht", die ja nichts anderes heißt als „Evangelium", auf eine Art zu benutzen, die mich nicht wieder von ihm wegtrieb.

Dabei hatte er – wie Hagen bei Siegfried das Lindenblatt – bei mir eine verwundbare Stelle erkannt. Gerade hatte ich ihm erzählt, wie einer der Pastoren mich einmal gebeten hatte, den Namen „Jesus" laut und bewusst auszusprechen. Ich eröffnete ihm, wie mir dabei übel wurde; wie ich zu ersticken drohte und mein Mund verschlossen blieb. Selbst wenn Inquisitoren gedroht hätten, mir die Zunge abzuschneiden, falls ich das Wort „Jesus" nicht sofort ausspräche – es wäre unmöglich gewesen! Der „Schuss" von Maurice traf direkt in diese Stelle. Mit so etwas hatte ich natürlich nicht gerechnet.

Maurice lachte verstehend – und spielte seinen Trumpf aus: „Verstehst du nun, warum deine neuen Freunde dich zu mir geschickt haben?"

„Nein, überhaupt nicht, warum denn?"

„Weil du eine *Marionette* bist! Dein ganzes Leben lang warst du nichts als eine Marionette."

„Maurice, lass das bitte. Verhöhne mich gefälligst nicht! Es wird dir sonst schlecht bekommen!"

„Nein, Klaus, es ist die Wahrheit. Weißt du, einer zieht immer die Fäden im Leben. Während Gott aber die Freiheit des Menschen respektiert, hast du bei Satan keine Wahl, weil alles Zwang ist! Du musst ihm folgen."

Zack! Das saß. Ich war perplex. Rückblickend erkannte ich, dass Maurice möglicherweise Recht haben könnte. Ich hatte immer geglaubt, selber der Meister zu sein – doch mein wirklicher Meister war verdeckt und hatte sich nie zu erkennen gegeben. Er hatte immer aus dem Dunkeln agiert. Mir wurde heiß, als ich das jetzt erkannte.

Mein väterlicher Freund, Maurice Ray

„Glaube doch bloß nicht, dass auch nur ein Funke deiner früheren Kraft aus dir selbst gekommen ist. *Einem* dienst du immer – du kannst nie neutral sein. Wehe nur, wenn du dem Verkehrten dienst. Dieses ‚Wehe' kennst du doch, nicht wahr?"

„Also sehr rosig war es nicht gerade bisher, da hast du wohl Recht."

„Klaus, du brauchst nur das Lager zu wechseln – dem Anderen dienen. Nur vergiss nicht: Gott zwingt dich nie! Ihm kannst du nur *frei*-willig folgen, wenn *du* es so willst. Dann allerdings wird es keine Enttäuschungen mehr geben. Er kennt nur ein Ziel: Liebe und Leben, Freiheit und Frieden."

Mir war klar, dass ich nicht einen von eben genannten Werten besaß.

Meine bisherige Vorstellung von Macht, Kraft und Freiheit wurde immer brüchiger. Doch die Angst, am Ende wieder enttäuscht zu werden, war mächtig in mir. Maurice drang weiter vor: „Weißt du, mein Lieber, du bist nicht frei – du bist", er zögerte, „von okkulten Mächten gebunden. Und wenn Satan erst einmal in eine Seele eingelassen wurde und ‚seinen' Platz darin gefunden hat, dann verlässt er so einen Menschen nie mehr freiwillig. Er betrachtet ihn als sein rechtmäßiges Eigentum und will in ihm herrschen. Du, Klaus, bist wahrhaftig ein guter Mitarbeiter dieser Unterwelt gewesen, und dafür hast du Macht von Luzifer bekommen – aber du hast mit deinem Leben, mit deiner Seele bezahlt. Lüge, Hass, Zerstörung, Einsamkeit und Tod, das waren deine Qualitäten. Du kennst Gott nicht – aber ER ist das Gegenteil. Er ist stärker als Satan."

Das klang alles sehr vernünftig. So fuhr Maurice fort: „Jetzt will ich dir sagen, warum dich die Leute zu mir geschickt haben. Gott hat mir die Gnade gegeben und den Dienst aufgetragen, für IHN Menschen aus den Banden Satans zu befreien; allerdings nur, falls diese es wünschen. Das heißt, ich bin bereit, dich von diesen okkulten Bindungen abzuschneiden. Ich mache das nicht in meinem Namen, es ist der Name Jesu, der dich befreit. Nun liegt es einzig an dir, zu entscheiden, ob du das willst oder nicht."

Mit absoluter Sicherheit wusste ich eins: „Nein, Maurice, ich will auf keinen Fall Christ werden; nicht so eins dieser ‚baby-faces' mit Vollmondgesicht und Puddingkinn!"

„Das wirst du nicht", kam es wie aus der Pistole geschossen. Er war sich seiner Sache offenbar wirklich sicher.

Ich war unsicher: „Zu was verpflichtet mich dann dein Exorzismus?"

Maurice ruhig: „Zu nichts; und Christ wirst du dadurch auch nicht."

„Wozu ist es dann gut?"

„Es geht um Befreiung aus den Banden Satans. Also wirst du erst einmal ‚frei', um überhaupt entscheiden zu können, *was* du willst."

Das war ein faires Angebot. Ich willigte zögernd ein: „Wir werden ja sehen."

Ich hatte im Grunde nichts mehr zu verlieren. Eine Erfahrung mehr oder weniger, darauf kam es mir nach all den anderen Erfahrungen auch nicht mehr an. Ich hatte wohl von „Exorzismus" in einem entsprechenden Film aus Hollywood gehört; warum sollte ich nicht auch so etwas einmal erlebt haben? Es kostete schließlich nichts, und hinterher konnte ich auch das abhaken.

„Einverstanden also!" Maurice Ray kniete neben mich auf den Boden und fing an zu beten. Zuerst auf Französisch, plötzlich aber betete er in „Zungen", einer Sprache, die ich nicht verstehen konnte. Sofort stieg in mir der alte Verdacht auf, dass hier wieder die fremden Geister angerufen wurden, die der Pädophile aus meiner frühen Jugendzeit für sich arbeiten ließ. Was wurde da wieder gespielt mit mir? Mir wurde himmelangst.

Als ob er meine Gedanken kennen würde, wechselte er sofort wieder ins Französisch zurück, so dass ich folgen konnte. Dabei hörte ich etwa Folgendes: „Im Namen Jesu Christi binde ich alle Kräfte, die in Klaus sind. Ich befehle ihnen in der Vollmacht Jesu, diese Seele und diesen Körper zu verlassen, damit Klaus frei werde und erkennen kann und tun will, was Gottes Plan für sein Leben ist."

Während des Gebets spürte ich ganz tief unten in mir seltsame Regungen, blieb aber hellwach, um bloß nicht auf irgendeinen Spuk hereinzufallen! Alle meine Sinne waren auf „Alarm" gestellt.

Als er fertig war, fragte ich: „Und jetzt?"

Er antwortete: „Nun bist du frei und kannst gehen, wohin du willst, und machen, was du willst."

Das ging mir dann doch etwas zu schnell. „Was? Schon fertig?" Etwas grusliger oder spannender hatte ich es mir schon vorgestellt.

„Ja, deine Satanskräfte sind nun gebunden durch die Kraft Jesu."

Jetzt war ich wirklich neugierig geworden und wollte mehr über die Geschichte wissen.

„Also Maurice, jetzt interessiert mich wirklich, ob die ganzen Erzählungen von eurem Jesus wahr sind – zum Beispiel, dass Er alle Menschen kennt." Es gab beinahe sechs Milliarden! Da musste Er ja reichlich zu tun haben, stellte ich mir vor. Wie war das möglich?

„Mehr noch", legte Maurice nach, „Jesus kennt sogar unsere Gedanken und dazu noch, bevor sie gedacht sind."

Was er da von mir zu glauben verlangte, kam Science Fiction gleich. Es überstieg mein Denkvermögen.

„Wie kann ich wissen, dass ihr Christen nicht lügt? Wer beweist mir, dass es stimmt, was du sagst? Was muss ich tun, um es zu wissen?"

„Da musst du beten", antwortete er lapidar.

„Was!?", fuhr es aus mir heraus. „Du wirst nicht von mir verlangen, dass ich nun anfange, irgendwelche leere Formeln oder Floskeln von einem Papier abzulesen oder dir wie ein Papagei nachzusprechen! Ich habe noch nie gebetet und ich kann es auch nicht." Auf diese Art zu beten war das, was meine Mutter und alle anderen Heuchler in meiner Jugend immer gemacht hatten.

„So was verlangten sie immer von mir; verstehst du, dass ich das nicht will?" Er verstand.

„Nein, nein", lachte er beruhigend. „Beten ist viel einfacher: Du denkst oder besser noch, du sprichst einfach das aus, was du gerade in deinem Herzen spürst. Sag nur das, was du fühlst. Sprich einfach die Wahrheit aus."

„Ah, so einfach ist das? Na, das kann ich schon."

Das Herz? Wo war es? Hatte ich überhaupt eins? Ja, auch Mutter Teresa in Kalkutta hatte mir damals auf mein Herz geklopft und empfohlen, hierin nach der Wahrheit zu suchen. War es möglich, dass eben durch den Exorzismus der Weg in mein Herz geöffnet worden war? Nun schaffte ich es ohne Erstickungsanfall, das Wort Jesus auszusprechen.

Ich richtete den Blick auf mein Herz und sprach laut: „Also Jesus, wenn die ganzen Geschichten, die ich in letzter Zeit von Dir gehört habe, wahr sind und wenn es stimmt, dass Du sämtliche Menschen auf dieser Erde kennst und somit auch mich und sogar meine Gedanken, bevor sie gedacht sind – also, Jesus, wenn Du wirklich existierst und meine Gedanken lesen kannst, dann *musst* du ja wissen, dass ich *nicht* an Dich glaube. Weißt Du, ich möchte eigentlich schon an Dich glauben. Aber Du verstehst: Ich habe zu viel in meinem Leben durchgemacht, um irgend etwas noch ‚blind' glauben zu können. Jetzt mache ich Dir ein Angebot: Wenn Du zu mir sprichst, dann will ich an Dich glauben!"

Sofort tauchten wieder Zweifel an der Echtheit solcher Stimmen auf. Ich war Medium und hatte schon andere Stimmen aus dem Jenseits gehört. Also fügte ich noch hinzu: „Aber Achtung, Jesus: Ich lasse mich nicht hereinlegen. Ich kenne Stimmen aus dem Jenseits. Ich will sicher sein, dass *Du* es bist, der zu mir spricht."

Ich sprach die Wahrheit aus, wie Maurice es empfohlen hatte. Somit war es mein erstes Gebet.

„Jesus *wird* zu dir sprechen." Maurice Ray lachte zuversichtlich und war völlig überzeugt.

Offen gestanden hielt ich Maurice in diesem Moment für einen leicht naiven Träumer. Mal ehrlich: Konnte man so etwas ernst nehmen? Ich konnte es jedenfalls nicht.

Provozierend warf ich ihm den Satz vor die Füße: „Ich sag's dir dann, falls …"

Hiermit begann mein wirklich letzter Kampf; auf Leben und Tod. Und ich darf ohne Zweifel sagen, er war in jeder Hinsicht reif für Hollywood. Leider zum Zerreißen echt. Ohne die Gnade Gottes, den Beistand und die Gebetsunterstützung meiner Freunde hätte mich die Macht Satans in den folgenden 24 Stunden wie ein Sandkorn zermalmt. Mittlerweile hatte ich mir geschworen, nicht eher nach Freiburg zurückzufahren, bis ich den eindeutigen Beweis von Gottes Existenz „in der Tasche" hatte. Lieber würde ich in Lausanne sterben, als erneut ins Ungewisse zurückzukehren. Richtig los ging es ab Samstag Nachmittag.

In der Kathedrale von Lausanne wurde von diesem Tag bis zum folgenden Montag der „Eidgenössische Buß- und Bettag" gefeiert und es gab eine Reihe von Vorträgen. Viele Redner, Pastoren, Pfarrer und zahllose Besucher waren von weither gekommen. Eine „große Sache", versicherte mir Edmée Cottier, die mich während der gesamten drei Tage betreute und im Gebet tragen wollte. Sie machte mir auch klar, dass außer ihr eine ganze Anzahl von weiteren Leuten derzeit für mich beteten, damit ich alles „heil überstehe", denn, so meinte sie: „Es wird nicht leicht werden."

*Die Kathedrale von Lausanne, Ort der Gnade Gottes.
Im Vordergrund die Mauer, von der ich springen wollte*

Kapitel 17

Meine Festung zerbricht

Mit ihren 65 Jahren war Edmée ein wahrer Dampfkessel und ihr galt mein voller Respekt. So ließ ich mich von ihr überreden, sie am Samstagabend in die Kathedrale zu begleiten. Wir setzten uns ziemlich weit nach vorne. Da ich nicht viel vom Inhalt der Ansprache verstand, die eben einer der Redner hielt, wurde es mir langweilig und langsam fielen mir die Augen zu. Die Stimme des Redners klang wie von immer weiter her, aus einem immer dicker werdenden Nebel. Mein Kopf wollte nach vorne wegsacken, und ich war gerade dabei, in einen Traum abzugleiten, als Folgendes passierte:

Von weit her hörte ich den Satz: *„Freut euch im Herrn allezeit."* Ich bekam es kaum mit, und es war nichts weiter als Blabla; eines dieser christlichen Klischees, oft gehört, nie erlebt. Rechts ins Ohr hinein, und links gleich wieder hinaus. Mit einem Mal schaute der Redner jedoch genau in meine Richtung, und ich meinte sogar, genau auf mich. Schlagartig war ich wach, weil er wohl bemerkt haben musste, dass ich am Einschlafen gewesen war. Ich fühlte mich „ertappt" wie ein Kaufhausdieb, der auf frischer Tat vom Detektiv erwischt wird. Das schreckte mich gehörig auf für die folgenden Sätze, die mir offenbar ganz persönlich galten und von denen mich jeder einzelne in mein Innerstes traf. Da der Sprecher gemerkt haben musste, dass ich nicht ganz bei der Sache war, wiederholte er offenbar den Satz extra für mich.

„Noch einmal sage ich: Freut euch!" Zack! Das saß und ich war endgültig hellwach. Ab diesem Satz lief ein „Film" rasend schnell in meinem Kopf ab. Warum wiederholt der Redner diese Worte? Und warum sieht er mich dabei so an? Na klar, weil er mich beim Einschlafen erwischt hat. Wie schon als Junge in der Schule errötete ich. Die Lehrer hatten mir ja auch immer alles zweimal sagen müssen, ehe ich spurte! So auch der Prediger.

Was mich aber viel mehr etwas anging, war der Inhalt des eben Gehörten: das „Sich Freuen". Bisher kannte ich „Freude" nur nach Drogen- oder Alkoholgenuss oder wenn ich Macht über jemanden gehabt hatte, aber das war nie wirkliche Freude gewesen. Hier saß ich und wurde höchst persönlich aufgefordert, mich zu freuen. Das berührte einen wunden und daher sehr ansprechbaren Punkt. Wie konnte der Mann wissen …? Was *ich* nicht wissen konnte: Dieser steht Satz tatsächlich zweimal hintereinander in der Bibel, wie ich wenig später erfuhr (Philipper 4,4–7).

Meine Gedanken waren jetzt so fest mit der soeben angebotenen Möglichkeit beschäftigt, mich auch einmal „freuen" zu können, dass ich den folgenden Satz nicht mitbekam – das war wohl auch gar nicht möglich, denn er lautete:

„Alle sollen sehen, wie freundlich und gütig ihr zueinander seid."

Nun, ich fürchte, meine Art von „Güte" und „Freundlichkeit" waren geradezu sprichwörtlich bekannt. Wer in meine Nähe kam, musste um seine Seele fürchten und bekam meinen verkappten Hass zu spüren. Diesen Satz überhörte ich logischerweise. Als ich mit obigen Gedanken fertig war, hörte ich schon die Fortsetzung:

„Der Herr ist nahe."

Peng!, machte es in meinem Verstand. Ich erinnerte mich an das, was gerade vorher mit Maurice Ray passiert war, und drehte mich nach hinten, um zu schauen, in welcher Bank der Herr denn jetzt säße; der Redner hatte es soeben gesagt: ER musste also in meiner „Nähe" sein. Aber hinter mir sah ich Ihn nicht. Vor mir ebenfalls nicht. Wo saß er bloß? Aha! Nein, noch nicht ganz da; wie hatte er gesagt? Er war „nahe" … aber noch nicht „da". Das war doch mehr als merkwürdig – kaum hatte ich angefangen, Ihn zu suchen, war Er auch schon „in der Nähe" – alles ging sehr plötzlich. Haufenweise Gedanken schossen mir durch den Kopf, als der nächste Satz in mein Ohr drang:

„Sorget euch um nichts …"

Das war ein Hammer! Hatte nicht mein ganzes bisheriges Leben aus Angst und Sorge bestanden? Wieder lief ein Raster von Gedanken ab: Angst vor der Bösartigkeit der Menschen, vor der Unverständigkeit der Erwachsenen, vor der Gemeinheit meiner Umgebung, vor der Moral der Richter, vor der Polizei; Verzweiflung, Enttäuschung, Flucht und Verfolgtwerden, Angst vor Gleichgültigkeit und Härte, vor dem ganzen Leben. Dieser kleine Satz „Sorget euch um nichts", war wie ein phantastisches Versprechen – konkret und so *not*-wendig in meinem Leben. Wäre das schön! Der Prediger aber fuhr fort:

„... *sondern bringt in jeder Lage eure Bitten betend und flehend mit Dank vor Gott.*"

Diesen Teil hatte ich nicht verstanden, weil meine Gedanken immer noch mit den „Sorgen" beschäftigt gewesen waren. Wahrscheinlich hätte ich auch diesen Teil gar nicht verstehen können – christliches Vokabular war mir noch fremd. Dafür verstehe ich heute den Inhalt umso besser und weiß, dass Gott in jeder noch so misslichen Lage ein offenes Ohr hat, dass Er unser Beten hört, dass wir Ihn „anflehen" dürfen und dass wir Ihm gar im voraus „danken" können, weil Er uns errettet hat und aus jeder individuellen Situation – möge sie noch so verfahren sein – das Beste macht; denn „*DENJENIGEN, die Gott lieben, gereicht alles zum Besten*". Wie es der kleine Satz ausdrückt: Christen sind nicht besser als die anderen, aber sie haben es besser. Danach war ich wieder bei der Sache und hörte vielleicht das Schlüsselwort:

„... *und der <u>Friede</u> des Herrn* ..."

Weiter folgte ich nicht, denn erneut wurde meine Aufmerksamkeit von einer inneren Gedankenflut mitgerissen. Ja, ja, Friede! Etwas, was ich mein ganzes Leben gesucht und nie gefunden hatte. Innerer Friede, den alle Gurus und Meister immer versprochen hatten, den ich aber bei ihnen selbst nie gesehen hatte. In diesem Augenblick schien er zum Greifen nahe, dieser scheinbar unerreichbare Friede. Und er hieß „Friede des Herrn" – wahrscheinlich war es nicht der gleiche Friede, den die Politiker oder Sektenführer ihrem Volk versprechen. *Friede* war ein Grundbegriff für mich und ein Versprechen – wie ich den Worten des Redners entnehmen durfte –, das *mir* galt! Und doch war es ein Angebot, das ich kaum anzunehmen wagte, aus Angst, doch nur wieder enttäuscht zu werden. Noch einmal hätte ich nicht mehr die Kraft, von vorne anzufangen, falls es diesmal wieder nicht klappen sollte – ich konnte einfach nicht mehr. Mit Herzklopfen schwor ich mir erneut, die Stadt nicht eher zu verlassen, bis ich „durch" wäre und Gewissheit hätte über diese neuen Aussichten.

„... der Friede des Herrn, *der alles Verstehen übersteigt ...*" – fuhr der Sprecher fort und traf mich erneut an einer entscheidenden Stelle. Ich glaubte immer noch, er sähe mich dabei an. Dies war bereits der sechste „Hammer" in Folge. „Verstehen", Verstand, Kopf, Intelligenz, Analyse ..., alle diese Begriffe hatte ich benutzt, um mich selbst und die Menschen in die Selbstzerstörung zu ziehen – der Verstand, der zum Hindernis, zum Gift werden konnte und aufgrund dessen so viel Unfrieden in der Welt herrscht. Der „Friede des Herrn" scheint also das menschliche Verstehen zu übersteigen? Maharishi Maheshs Buch über die Transzendentale Meditation fiel mir ein: „Die Wissenschaft vom Sein" und wie sehr dieses Buch mich auf äußerst intelligente Weise verführt und enttäuscht hatte mit seinem Wissen. Ja, intelligent waren sie, die Gurus und Sektenführer, und sie stecken ihre Anhänger alle in ihren Sack, die intelligenzgeilen Akademiker und kopflastigen Theoretiker, welche diesem Intelligenz-Kult huldigten; aber Satan ist schlauer als sie alle. Der Kopf ist eben nicht das Herz. Und meines klopfte nun vor Erregung, als die letzten Worte des Redners in der Kirche verhallten:

„*... wird eure Gedanken und Sinne in der Gemeinschaft mit Jesus Christus bewahren.*"

Worte, die ich nicht mehr in mir aufnahm, weil ich, wie vorher schon, im Feuerwerk meiner Gedanken bei der „Intelligenz" hängen geblieben war.

Zum Schluss war ich derart bewegt und getroffen, dass ich, sobald der Redner fertig war, zu ihm nach vorne eilte.

„Monsieur, sagen Sie, haben Sie da vorher zu *mir* gesprochen?"

Verdutzt sah er mich an: „Nein, ich habe lediglich aus der Heiligen Schrift zitiert."

Maurice Ray, der neben ihm im Chorgestühl saß und meine Frage hörte, kam zu uns und meinte: „Wenn du es allerdings so persönlich aufgenommen hast, war es wirklich ein Zeichen für dich. Ja, mein Lieber, der Herr *ist* nahe."

Dann schien ihm ein genialer Gedanke zu kommen: „Möchtest du wissen, wo diese Sätze gedruckt stehen?"

Es war mir immer noch fast unvorstellbar, dass irgendwo „gedruckt" stehen sollte, was so persönlich für mich war.

„Und ob! Da kannst du sicher sein", gab ich zurück.

„Gut, dann komm doch mal eben mit mir."

Die Überraschungen gingen weiter, und die nächste wartete schon. Wir gingen über den Platz neben der Kathedrale ins Pfarrhaus. Maurice öffnete einen Schrank, nahm eine Bibel heraus und schlug die Seite auf, wo ich zu meinem größten Erstaunen den eben gehörten Text schwarz auf weiß nachlesen konnte. Maurice sah mir in die Augen und schien zu bemerken, dass mein Widerstand soeben einen ziemlichen Einbruch erlitten hatte. Schnell und schlau wie er war, hielt er mir plötzlich die Bibel unter die Nase.

„Willst du sie?"

Uff – das saß und tat fast weh!

Was sollte ich tun? Meine leidvollen Erfahrungen mit den Christen hatten mich davon überzeugt, dass gerade dieses Buch Anlass für unzählige Kriege, Raub- und Kreuzzüge, Inquisition, Machtkämpfe, Intrigen und Zerstörung gewesen ist – nicht nur meine Geschichte, sondern die ganze Geschichte des Vatikans war demnach eine einzige Anklage und sprach gegen sich selbst. Grund genug für mich, eine Bibel nicht einmal „geschenkt" haben zu wollen. Wie angewurzelt stand ich da, und dieser Moment wurde zu einem echten Dilemma. Auf der einen Seite hatte ich gerade die lieb- und leblosen Leute, die dieses Buch immer zitierten, mit aller Verachtung verfolgt und gehasst, während ich andererseits vom Inhalt und der Kraft, die diesem Buch innewohnten, eben vor ein paar Minuten so persönlich und direkt angesprochen wurde, dass mir ein Neinsagen fast nicht mehr möglich war. Ich wusste nicht, wie ich mich verhalten sollte. Bei der Vorstellung, dieses Buch in die Hand nehmen zu müssen, wurde mir schwindlig und schwarz vor Augen.

Ich schämte mich schrecklich, als sich mein Arm – von welcher Kraft auch immer bewegt – nach vorne ausstreckte und sich meine Hand öffnete. Ich fasste das Buch an der äußersten Ecke an, als ob Maurice mir glühende Kohle in die Handfläche legen wollte – bereit, es jederzeit fallen zu lassen. Wie glühende Kohle wurde jetzt auch mein Gesicht: rot vor Scham vor mir selbst. Hatte meine Seele seinen „Meister" erkannt und musste erröten? Schlimmer aber noch war der Gedanke, dass draußen jemand mich so sehen könnte. Meine alten Bekannten würden den Respekt vor mir verlieren. Würde ich mich in diesem Moment im Spiegel sehen, müsste ich mich ebenso verachten wie diese Baby-face-"Bibelleute". Die Vorstellung, jemand könnte mich zur Gruppe der Schokoladenpudding-Christen zählen, heizte mir gewaltig ein. Unbehaglich verließ ich das Pfarrhaus. Die Leute werden noch denken, ich sei einer dieser Pfaffen, wenn sie mich mit diesem Buch herumlaufen sehen! Das war mir oberpeinlich, und ich versteckte die Bibel beim Hinausgehen unter meiner Jacke. Mann-o-Mann! Was war bloß mit mir passiert?!

Bevor ich mich von Maurice trennte, warf ich ihm noch einen letzten Brocken vor die Füße: „Gedrucktes zählt nicht, klar? Somit hat Jesus also nicht zu mir gesprochen!", bellte ich aufsässig.

Maurice lächelte nur. So ging der Samstag zu Ende.

Am Sonntagmorgen um neun Uhr hatte ich wieder ein Treffen mit Maurice.

„Na, wie geht es dir heute?", fragte er, als er auf mich zukam.

„Hör mal, ich weiß nicht, was los ist, aber Jesus hat immer noch nicht zu mir gesprochen. Er lässt sich aber ganz schön Zeit. Es ist schon fast einen Tag her, dass du es mir versprochen hast."

„Du musst Geduld haben. Ich bin sicher, ER wird schon kommen."

Es blieb mir letztlich unvorstellbar. Wie konnte jemand, der vor etwa 2000 Jahren in Palästina gelebt hatte, zu so einem – in Seinen Augen – unbedeutenden Esel wie mir in Lausanne sprechen? Das wollte mir nicht so recht in den Kopf.

Doch dann hatte ich eine Idee: „Maurice, was hältst du davon, mich noch ein zweites Mal zu ‚entbinden'; doppelt gemoppelt hält besser, und vielleicht beeilt Er sich ja dann."

Wie vorher schon erwähnt, musste man mir zeitlebens sowieso alles zweimal sagen, bevor ich reagierte. Noch hatte ich zu feste Zweifel an der Sache.

„Sag, was hältst du von meinem Vorschlag?"

„Gerne, wenn *du* es so willst", lachte er mit seiner väterlich-wohlwollenden Bassstimme.

Also wiederholten wir die Prozedur vom Vortag. Im Seinem Namen band er zum zweiten Mal die okkulten Kräfte in Leib und Seele – vertrieb sie ein für alle Mal im Namen Jesu. Danach meinte er: „So, nun ist es ganz sicher. Jetzt wirst du Jesus hören können."

„Wir werden sehen", antwortete ich. Nun war ich selber gespannt.

Ich war an diesem Morgen um einiges offener und „freiwilliger". Wenn ich mit spektakulären Empfindungen gerechnet hatte oder damit, auf einer rosaroten Wolke emporgehoben zu werden, so wurde ich zum zweiten Mal gründlich ernüchtert. Ich saß da auf meinem Stuhl, mein Herz schlug vielleicht etwas schneller, aber das war auch alles. Kein Hollywood? Keine Sensationsgeschichte? So einfach? Abwarten! Es sollte kommen …

Um zehn Uhr war ein Gottesdienst in der Kathedrale. Edmée Cottier – später nannte ich sie die „Hebamme meiner Wiedergeburt" – lud mich ein mitzukommen. Das wollte ich zunächst nicht.

„Ich bin kein Christ. Ich gehöre nicht zu euch, und ich habe da drin nichts verloren."

„Ich glaube sehr wohl, dass es da drin für dich etwas zu finden gibt." Hartnäckig bestand sie darauf.

„Los, komm, es ist wichtig. Du wirst schon sehen", drängte sie weiter.

Eher ihr zu Gefallen, weil sie eine sehr liebe Person war, trottete ich schließlich neben ihr her. Mehr aber noch aufgrund einiger hübscher Mädchen, die ich zu meiner Überraschung hineingehen sah. Was machten denn junge hübsche Menschen in einer altmodischen Kirche, fragte ich mich. Immerhin hätte ich wenigstens was zum Schauen während der Wartezeit, bis das Ganze vorüber war.

Ich gebe zu, ich war ziemlich überrascht, als ich die Kathedrale betrat. Ich hatte höchstens ein paar alte schwarzgekleidete Mütterchen mit strenger Grabesmiene erwartet. Oder arrogante Klatschweiber, die sich über die schrecklichen Kleider ihrer Nachbarinnen mokierten. Doch anstelle eines verlorenen Pfaffen, der vor einer dreiviertel leeren Kirche zelebrierte – gewissermaßen Mumien in einem Museum –, wie ich es bei kulturellen Kirchenbesichtigungen in Italien oder Spanien nur allzu oft erlebt hatte, traf ich hier auf eine Unzahl von „Alten", vermischt mit jungen Leuten. Modern gekleidet, in Jeans. Es waren so viele, dass die Kirche bei weitem nicht genug Platz hatte. Wenn es etwa 800 Plätze gab, mussten nach meiner Schätzung nahezu 2500 Leute hier drin sein. Vorne sorgte eine Band mit Gitarre, Synthesizer und Elektrobass für gute Stimmung. Jungen und Mädchen hockten scharenweise am Boden, weil es nicht genug Stühle gab. Ich war platt! Nach meiner Überzeugung gehörten Gottesdienste doch längst der Vergangenheit an – außer für ein paar ewiggestrige Traditionalisten. Aber offensichtlich waren Kirchenbesuche nur für mich selbst zwecklos und unvorstellbar gewesen.

Ich schlängelte und drängelte mich mit Edmée durch einen wahren Menschenbrei, bis wir ziemlich weit vorne noch zwei Sitzplätze fanden. Dann begann der Gottesdienst. Sieben Pastoren und Priester zelebrierten einen ökumenischen Gottesdienst, weil – wie Edmée es wiederholte – der „Eidgenössische Buß- und Bettag" eben „eine große Sache" war. Da ich tatsächlich nicht viel von dem verstand, was vorne ablief, fing ich an, die Fenster zu zählen, betrachtete die Architektur der Säulen, hörte die Band spielen und hielt nach hübschen Mädchen Ausschau. Ich war mit allerlei Gedanken beschäftigt, nur nicht mit dem Geschehen am Altar. Gegen Ende der Zeremonie, als sich einer der sieben Priester zum Volk drehte, hörte ich folgenden Satz:

„*Glücklich sind diejenigen, die zum Tisch des Herrn geladen sind.*"
(„*Heureux les invités au repas du Seigneur*")

In diesem Moment herrschte totale Stille. Edmée wandte sich diskret zu mir, um mir etwas ins Ohr zu sagen. Und was jetzt gleich folgen sollte, darf ich ohne Zögern als den „umwerfendsten" Abschnitt meines gesamten Lebens bezeichnen.

Kapitel 18

Der Gnaden-Stoß

„Klaus, los, komm auch!", raunte mir Edmée in diesem Augenblick mit verhaltener Stimme zu. Sogleich spürte ich Auflehnung gegen sie. Was sollte *ich* denn beim Abendmahl? Das war für *sie*. Das war für die Christen. Die anderen waren vielleicht dazu *geladen*. Mich hatte nie jemand zum Fest „geladen". Wenn ich irgendwo mit dabei sein wollte, musste ich mich unsichtbar machen und hineinschleichen oder durch die Hintertür eindringen. Bei mir war es das Gegenteil: Ich bin zeitlebens *ausgeladen* worden – ja, man hatte mich sogar oft genug hinausgeworfen – schon aus dem Mutterbauch! Man hatte mich abgelehnt; niemand hatte mich je gewollt; ob Elternhaus, Schule, Kirche oder sonst wo … Was sollte ich also da vorne, wo nur die „Glücklichen" „geladen" waren?

Edmée versteht nichts, dachte ich und gab ihr schnell zurück: „Nein, das ist nicht für mich. Das ist für dich und euch Christen."

„Das stimmt nicht; los, komm jetzt." Sie ließ jedoch nicht locker: Sie war wohl der Überzeugung, dass „mein" Moment jetzt gekommen sei.

„Nein, ich kann und werde nicht dorthin gehen, lass mich in Ruhe!", pfefferte ich um einiges schärfer zurück. „Ich bin kein Christ."

Mann-o-Mann, konnte *die* einem auf die Nerven gehen mit ihrem Druck.

„Ich habe da nichts verloren und nichts zu suchen! Versteh endlich, das ist nicht für mich. Ich bin keiner von euch."

„Doch, Klaus, du solltest jetzt kommen", insistierte sie. „Ich bin überzeugt, dass das für dich jetzt richtig ist."

Was für ein Dickschädel Edmée doch ist, dachte ich. Was wollte die eigentlich von mir? Warum war sie bloß so hartnäckig?

Die meisten der Anwesenden zählte ich sowieso zu der Art von Leuten, die zwar ihrer „*Einladung* zum Mahl" folgten – also in die Kirche gingen, dann aber überhaupt *nicht am Mahl teilnahmen, also aßen.* Warum kamen sie also zum Gottesdienst? Das war doch ein Widerspruch in sich selbst; wenn ich bei jemandem zum Essen eingeladen bin, gehe ich doch auch wegen des Essens hin und sage nicht: nein danke, ich bin „nur so" gekommen. Deren Beispiel folgend schloss ich, dass es letztlich nicht so wichtig sein konnte, ob man also hinging oder nicht.

Edmée hatte meiner Meinung nach eine zu hohe Erwartung an mich. Ich empfand es als Druck, den sie auf mich ausüben wollte, und mir platzte der Kragen. Es war mir in diesem Augenblick völlig egal, wie still und heilig der Moment auch sein mochte, und ich fuhr Edmée mit lauter Stimme an: „Sei jetzt endlich still, du spinnst wohl! Das kannst *du* doch nicht für mich entscheiden, oder?"

Die Leute um uns herum fuhren zusammen und dachten sich ... aber das war mir völlig schnuppe. Edmée selbst schwieg auf der Stelle. Sie war Pädagogin genug, um nicht weiter zu drängen. Und doch es war ihr gelungen, mich tatsächlich zu verunsichern. Mit einem Mal wusste ich plötzlich nicht mehr, ob ich nun gehen sollte oder nicht. Dann überlegte *ich*: Edmée kann so einen Schritt wirklich nicht für mich entscheiden. Und wieder befand ich mich in einem ähnlichen Dilemma wie in dem Moment, als Maurice mir die Bibel in die Hand geben wollte, als mir eine geniale Idee kam.

Irgendwann hatte ich einmal gehört, dass das Brot und der Wein, den sie da vorne austeilten, in Wahrheit der Leib und das Blut Jesu Christi sein sollten. Wenn das keine reine Theologie oder pure Symbolik war, dann konnte, ja musste ER jetzt den Beweis antreten, indem ER – und ER allein – entschied, ob ER sich mir geben wollte oder nicht; das heißt, ob ER *mich zu sich* einlädt. Trotz solcher Analyse und allem Hin- und Herüberlegen war es mir nicht möglich, aus mir selbst hierauf die Antwort finden; sie schien offensichtlich außerhalb von mir zu liegen. Vielleicht musste ich IHN fragen. Da mir nichts anderes mehr einfiel, senkte ich nun spontan und ohne weiteres Nachdenken meinen Kopf, schloss meine Augen, um von nichts abgelenkt zu werden, und stellte Ihm die einfache Frage: „Jesus, möchtest Du, dass ich komme?"

Im gleichen Augenblick – als hätte ER seit unendlich langer Zeit nur auf diesen Moment gewartet – war ER da und sprach zu mir! Nicht in Gedanken, sondern mit lauter und deutlicher Stimme hörte ich folgenden Satz:

„Ja, komme! Ich habe dir alles vergeben."

Ich war derart überrascht und getroffen, dass es beinahe unmöglich ist, zu beschreiben, was jetzt alles gleichzeitig ablief. Da ich früher öfters Stimmen aus dem Jenseits gehört hatte, war ich weniger betroffen von der eindeutigen und klar verständlichen Stimme – als viel mehr von Seiner *Gegenwart*. Ich habe keine Worte, die unvorstellbare Liebe und Freude zu beschreiben, die mich ergriff. Bis zum heutigen Tag bin ich erfüllt von dieser unaussprechlichen Freude. Es fühlte sich an, als ob ein Mensch, der starr vor Kälte und am Erfrieren ist, plötzlich unter einer warmen Dusche steht. Wie Wachs in der Sonne schmolz ich von der Wärme und Liebe, die von IHM ausging und die mein Herz für IHN in diesem Moment zu entflammen suchte.

Einen Bruchteil von solch unfassbarer Liebe hatte ich damals in Kalkutta erfahren, als ich mit Mutter Teresa zusammen gewesen war. Und fünf Jahre später führte mich Gott noch einmal zur Person des Starez Sophrony (gestorben im Juli 1993, im Alter von fast 98 Jahren), einem Menschen mit einer ähnlich unerklärlichen Liebe und Selbstlosigkeit. Ich fürchte, solche Liebe kann man nicht beschreiben; man kann sie nur erfahren. Hier und jetzt aber: um wie viel größer war *diese* Liebe! Das überstieg wahrhaftig meinen Verstand; ich begriff nichts mehr. Ich war vom Kopf ins Herz geführt worden und war viel zu tief berührt, um noch etwas mit dem Kopf verstehen zu wollen.

In der gleichen Sekunde aber kam die Attacke ...

Die Worte Jesu klangen eben noch wie ein Echo in meinen Ohren nach, als ich plötzlich ein wahnsinniges Zischen – ...ZZZZzzzssSSSchh*hh* – von der Decke der Kathedrale laut auf mich herunterjagen hörte, sich unheimlich im Tempo steigernd und direkt auf mich zurasend. Instinktiv spürte ich die tödliche Gefahr und wollte mich zur Seite werfen, bevor die „wilde Bestie" in mich einschlug. Zu spät. Es geschah alles im Bruchteil von Sekunden. Wie ein Blitz zuckte ein enormes „zweihändiges Schwert" auf mich herab und spaltete mir den Kopf mittendurch, teilte den ganzen Leib der Länge nach entzwei und fuhr zwischen den Beinen wieder heraus. Das war mein Todesstoß – vernichtend war ich in *zwei* Welten gespalten.

Mit einem Schlag lag alles in Scherben. Wo war die Liebe? Wo der Friede? Eben noch hatte ich beides, und nun hatte ein Hurrikan sie im Bruchteil von Sekunden weggefegt. Meine Enttäuschung war zu gewaltig, weil genau das, was ich von Anfang an befürchtet hatte, eingetroffen war. Ich ertrug es nicht länger. Von einem Augenblick zum andern war ich blind vor Hass. Eine unglaubliche Wut, Zorn, Aggression, Enttäuschung und Gewalt gegen die Menschen um mich herum und gegen die ganze Welt erfassten mich.

Ich hätte alle Kirchenbesucher auf der Stelle umbringen können. Eine übermenschliche Kraft erfasste mich und gab mir den Gedanken ein, Edmée mit einer einzigen Hand an der Gurgel hochzuheben, sie zu erwürgen und anschließend auf dem Boden zu zerschmettern. Ich weiß nicht, was mich abhielt, es tatsächlich zu tun. Wie eine Furie wollte ich alle Leute in der Kirche niedermetzeln, ihnen ins Gesicht spucken und sie zertreten; solch eine unglaubliche Verletzung und Verachtung hatte von mir Besitz ergriffen. Und jetzt richtete sich die gleiche Macht gegen mich selbst. Panik vor dem Tod packte mich, und ich drohte zu ersticken. Wie ein Wasserfall rauschte das Blut in meinem Kopf. Das Licht in der Kathedrale färbte sich lila-rot. In meinen Ohren knisterte es wie elektrischer Strom, und um mich herum verwandelten sich die Menschen plötzlich in lauter Lügner und Heuchler. Verdammte Bande von Scheinheiligen – schrie es, brüllte es in mir! Panikartig und nach Luft schnappend, jagte ich zur Kirche hinaus – in den Tod ...

Die frische Luft draußen schärfte mein Bewusstsein wieder. Es war also doch alles nur Lüge gewesen! Hier stand ich und war auch meiner letzten Hoffnung beraubt. Hier und jetzt, auf dem Platz vor der Kathedrale, über der Stadt Lausanne war ich endgültig zum Sterben bereit. Es war der Moment der tiefsten Einsamkeit und Verlassenheit meines Lebens. Ich war buchstäblich zerschmettert und stand vor einem Scherbenhaufen. Ich verstand überhaupt nichts mehr: Hatte nicht eben Jesus zu mir gesprochen? War ich nicht schon am Ziel gewesen? Ich hatte es geglaubt; und – puff – nichts! Abgrundtiefe Bitterkeit stieg in mir auf. Plötzlich wurde ich so stark von der Sinnlosigkeit des ganzen Seins überflutet und weggeschwemmt, dass immer stärkere Todesgedanken in meinen Willen eindrangen; und dieser Wille beseitigte jegliche Abwehr dagegen. Ich machte mich auf den Weg, es waren maximal zwanzig Schritte bis zur Mauer vor dem Abgrund.

Knappe zehn Schritte trennten mich noch vom Sprung über die Mauer, hinab auf die Dächer der Altstadt. Wie oft hätte ich schon sterben sollen durch Krieg, Drogen, Kriminalität, Unvorsichtigkeit, Feuer, Abenteuersucht, Provokation ... Zwanzigmal? Fünfundzwanzigmal? Auch wenn ich immer überlebt hatte, eins wusste ich jetzt sicher: In wenigen Augenblicken war es endgültig soweit. In den nächsten paar Sekunden wird alles zu Ende sein.

Ich näherte mich der Mauer ... als wie aus dem Nichts eine ganz leise, eiskalte Stimme – ebenfalls klar und deutlich hörbar – mit verhaltenem Kichern in mein Ohr kroch: „Ha, ha, ha – he, he! – Geht's dir dreckig? Es geht dir nicht gut, was? Ganz unten?"

Völlig überrascht hielt ich inne. Was war das? Woher kam das? Es war ebenso laut und deutlich zu hören wie die Stimme vorher. Egal – weitergehen. Da kam sie wieder, die Stimme: „Mach doch, was du immer gemacht hast, wenn's dir dreckig ging! Ha, ha, ha."

Statt den letzten Schritt über die Mauer zu tun, erinnerte ich mich jetzt: Jedes Mal wenn ich „ganz unten" war, ging ich auf Jagd nach Beute. Wie ein Vampir fiel ich meine Opfer an, um ihnen die Lebenskraft, die ich selbst nicht besaß, aus ihrer Seele zu saugen. Gleich wie Heroinsüchtige sich einen Schuss setzen, schlug ich meine geistigen Vampirzähne in die Psyche der Opfer, um durch ihre Energie weiterleben zu können. Ich setzte mir dazu meine „Tarnkappe" auf; das heißt, ich beherrschte mit vollkommener Kontrolle Mimik und Gestik und gab mich als Guru, Seelsorger oder sonstiger Prophet aus. Man nahm mir meine Rolle leicht ab. Nicht umsonst hatte ich ähnliche Gurus jahrelang beobachtet. Seitdem war es mir ein

Leichtes, über Augenkontakt in die Psyche und die Seele eines Opfers einzudringen. Dort ließ ich dann den Samen des Bösen zurück – hängte sozusagen den „Fisch" an den Haken Satans. Dieser besorgte den Rest.

Mittlerweile weiß ich, dass so ein Vorgehen bei Menschen, die wirklich an Jesus Christus glauben, nicht möglich gewesen wäre, weil sie unter Seinem Schutz stehen. Aber solche Menschen hatte ich nie getroffen. Es war mit allen und jedem ein andauernder Kampf um Macht gewesen. Diese Macht über andere, besonders Mädchen, bereitete mir Lust – das war meine Droge. Dies genau schien die Stimme auch zu wissen, denn hier war sie wieder. Deutlich und klar vernahm ich: „He! Schau hinter dich! Dreh dich um, sieh!"

Die Stimme schien mich wirklich bestens zu kennen und hatte etwas auf Lager für mich. Ich wandte mich um und erblickte drei hübsche Mädchen, die vor der Kathedrale vorbeispazierten. Sofort witterte ich Beute. Wollte ich überleben, durfte ich jetzt keinen Augenblick verlieren. Sogleich schlüpfte ich in meine Tarnkappe und ging direkt auf die Gruppe zu. Mein altes Spiel begann wieder. „Katz und Maus" – zur Befriedigung der Katze. Sie zappeln lassen, um ihnen schließlich das Leben zu nehmen – ein kräftiger Biss ... und dann wegwerfen. Doch in diesem Moment war es kein Spiel mehr; es ging um Leben und Tod: entweder musste eine von den drei „dran glauben" oder ich. Als ich vor der stand, die mir am meisten gefiel, sprach ich sie an, um den nötigen Augenkontakt herzustellen und dadurch in ihre Seele hineinfahren zu können. Und da traf es mich!

Was ich im Spiegel ihrer Augen sah, war eine Enthüllung. Mit einem Mal war ein neuer Vorhang aufgegangen, der mir zwar erlaubte, auf den Grund ihrer Seele zu sehen – und zwar mit einer Klarheit wie niemals zuvor; was ich da allerdings zu sehen bekam, war nicht mehr das hübsch gekleidete Mädchen, welches vor mir stand. Es traf mich deshalb, weil meine Reaktion völlig anders ausfiel als erwartet. Ich erkannte Unzufriedenheit, Traurigkeit, Unglück und Frustration hinter dieser Maske von Make-up und hatte – oh große Überraschung – Mitleid mit dieser Seele! Wie war das möglich? Hatte Jesus doch Spuren in mir hinterlassen? Hatte ich jetzt keine Macht mehr über diese Person, alle Menschen? Ich konnte diesem Mädchen nichts mehr anhaben – eine äußerst schmerzhafte Entdeckung. Das Wissen, meine alten Kräfte verloren zu haben, mit denen ich mich zeitlebens identifiziert hatte, Kräfte, die ich als mein „Ich", mein Leben angesehen hatte und für die ich meine ganze Existenz „geopfert" hatte, ließen ein Weiterleben als *sinn*-los erscheinen. Wer war ich denn noch ohne all dies?! Was besaß ich noch? Ich hatte keinen Wert, keine Daseinsberechtigung mehr.

Selbst mein Verstand rechnete nun eiskalt: Wie sollte Folgendes möglich sein: Die eben gehörte Stimme versprach mir Glück und Befriedigung. Aber dieses Mädchen ist *un*-glücklich. Wie kann man Glück bei Unglücklichen finden? Wie kann ich Befriedigung bei Unzufriedenen und Friedlosen finden? Wie kann ich Freude finden bei so offensichtlich Freudlosen? Das war ja gar nicht logisch. Es wurde mir plötzlich klar, dass dies die Stimme des „Vaters der Lüge" gewesen sein musste, die zu mir gesprochen hatte und von der mir Maurice und Edmée erzählt hatten. Das waren die Art von Eingebungen, denen ich mein ganzes Leben gefolgt war. „Mach doch dieses, mach jenes …", immer Glück, Freude und Erfüllung versprechend und doch nie das Versprechen haltend. Jedes einzelne Mal folgte herbe Enttäuschung.

Mit dieser schrecklichen Erkenntnis sank ich plötzlich in bodenlose schwarze Tiefe; fiel und fiel … Ich glaubte rein physisch nicht zu überleben; mein Herz war einem Stillstand so nahe. Ich wurde ohnmächtig, kippte und fiel wie ein Stein zu Boden. Diesmal war es der endgültige *Gnaden*-Stoß – von wem auch immer. Was danach mit mir passierte, weiß ich nicht mehr.

Wie lange ich dort auf dem Boden gelegen hatte, kann ich nicht sagen. Die Mädchen hatten vermutlich gedacht, ich sei geisteskrank, und waren weitergegangen. Zum Glück war der Gottesdienst bald darauf zu Ende. Edmée, Maurice und ein paar andere suchten mich sofort. Was sie fanden, war ein Häufchen Elend, unfähig zu sprechen. Meine Verzweiflung war mir wahrlich anzusehen. Daher waren sie sehr einfühlsam und wirklich lieb zu mir. Allerdings war es Maurice wichtig, mich darüber aufzuklären, was soeben geschehen war.

„Du sieht nicht gerade heiter aus, Klaus. Was ist denn passiert?", fragte er auf herbe, burschikose Art, um mich ins Leben zurückzuholen.

Ich versuchte, so gut es ging, zu erklären.

„Das ist wirklich furchtbar." Maurice schien aber kein Mitleid zu haben. „Aber gewissermaßen trägst du selbst die Verantwortung dafür."

„Was! Wie denn das?"

„Klaus, was dir soeben passierte, war – sie soll ich es sagen – eine Gegenattacke Satans. Dieser hat versucht, dich zurückzuholen; der Teufel gibt nie jemanden so ohne weiteres frei; solcherart ist seine wahre Natur. Er ist ausgesprochen hinterhältig."

„Das habe ich gemerkt, das kann ich dir versichern."

„Dennoch musst du ab jetzt und dein ganzes Leben lang aufpassen; denn er wird immer wieder versuchen, dich anzugreifen und zurückzulocken. Immerhin warst du einer seiner sehr effektiven Mitarbeiter. Satan ist wie *‚ein brüllender Löwe, der umherläuft und sucht, wen er verschlingen kann'*."

Oh, wie tief hasste ich plötzlich den Teufel, diesen ehemaligen „Partner". Gleichzeitig aber hatte ich auch verdammten Respekt vor ihm und seiner unberechenbaren Macht. Welcher Mensch wollte sich rühmen, schlauer zu sein als der Teufel? Nur völlig blinde Illusionisten meinen, ihm überlegen zu sein, oder fataler noch: sie meinen, es gibt ihn gar nicht. Plastischer konnte man die Bibel wohl kaum erleben, und ich bin heute zutiefst überzeugt, dass ich *tatsächlich* gestorben wäre, hätte nicht Jesus kurz vor dieser schrecklichen Begegnung Einzug in meinen Körper und mein Herz gehalten. Ich hatte offenbar bereits unter Seinem Schutz gestanden. Was heißt Satan denn anderes als „Tod". Der Feind hatte zu mir gesprochen und auch Jesus. Genau dies hatte ich selber so gewünscht. Maurice erinnerte mich lächelnd an mein erstes Gebet, als wir zusammen waren: „Du wolltest *sicher* sein, dass es Jesus ist, der zu dir spricht."

Richtig, das hatte ich gesagt. Somit war diese fatale Begegnung auch eine Gebetserhörung gewesen. Nicht gerade die bequemste Art, Gebete beantwortet zu bekommen.

„Das Schlimmste hast du überstanden", erklärte er weiter. „Die erste Attacke ist die schlimmste", beruhigten mich die anderen und luden mich zum Essen ein.

Erst gegen Abend ging es langsam wieder „bergauf". Dennoch war ich noch immer kein Christ und schon gar nicht „von neuem geboren" ... denn noch einmal sollte fürchterliche Panik mich mit sich fortreißen.

Kapitel 19

Freiheit

Der Montag kam. Das Fest war noch nicht zu Ende. Ab neun Uhr strömten wieder mehr als tausend Menschen in die Kathedrale. Ich hatte mich mit Edmée vor dem Portal der Kirche verabredet; diesmal wussten wir beide, dass ich mit ihr hineingehen würde. Offensichtlich schien ich nun ja auch zu den „Glücklichen" zu gehören, die „zum Tisch des Herrn geladen" waren. Folglich wollte ich heute zum ersten Mal an diesem Festmahl teilnehmen. Während des Gottesdienstes war ich bei der Sache und verfolgte mit Aufmerksamkeit, was da vorne zelebriert wurde. Maurice hatte mich gestern deutlich genug gewarnt vor der Gefahr eines Gegenangriffs, und so erlaubte ich mir nicht, unkonzentriert zu sein. In dem Maße allerdings, wie der Moment näher kam, wo Brot und Wein ausgegeben wurden, wuchs auch meine Angst – zu tief saß der gestrige Schock noch in meinen Knochen. Bei dem Gedanken daran bekam ich weiche Knie.

Einerseits war ich natürlich voll freudiger Erwartung, gleichzeitig aber nahm meine berechtigte Furcht unaufhaltsam zu, dass der Teufel auch diesmal wieder versuchen würde, mich vom „Mahl an diesem Tisch" abzuhalten. Nicht ohne Grund befürchtete ich, dass er wieder irgendwo versteckt auf der Lauer lag, seinen Augenblick abwartete, um in einem Moment der Unaufmerksamkeit blitzschnell von irgendwo hervorzuschießen und wieder in mich hineinzufahren. Die Furcht ließ mich nervös auf meinem Platz hin und her rücken. Ich fühlte mich zusammengeschrumpft. Schreckliche Gedanken klammerten sich in meinem Hirn fest und ließen sich einfach nicht verscheuchen: Sicher würde er gleich wieder mit einem Trick auftauchen und … Nein, ich würde die Attacke kaum kein zweites Mal überleben. Meine Konzentration wurde jetzt vom Geschehen am Altar ganz auf meine Furcht vor dem jederzeit zu erwartenden Gegenangriff Satans umgepolt.

Das Einzige, was ich tun konnte, war, mir riesige „geistige" Boxhandschuhe anzuziehen. Soll er nur kommen!, redete ich mir ein. Ich wollte ihm einen Haken verpassen, in welchem meine ganze Wut, mein Zorn und Hass auf ihn steckte für all die Zerstörung, die er in mir angerichtet hatte. Dann hätte er vielleicht fürs Erste genug mit seinen Besuchen bei mir. Doch tief in mir wusste ich genau, dass ich das nur dachte, um mir selber Mut zu machen – zu konkret hatte ich ja gestern erlebt, wie unglaublich viel schneller und raffinierter er war als ich; als jeder Mensch überhaupt. Immer näher kam der Punkt des Abendmahls, und auf einmal hörte ich aus dem Munde Maurice Rays wieder den Satz, den ich gestern schon gehört hatte:

„Glücklich diejenigen, die zum Tisch des Herrn geladen sind."

Ich stand unter 2000 Volt. Und genau in dem Augenblick, wo ich eigentlich bereit war aufzustehen, um nach vorne zu gehen, riss mich die Panik vollends mit sich fort, weil ich überzeugt war, dass der Teufel wieder diesen Moment abgewartet hatte und jetzt kommen würde. Er musste sogar! Denn wenn ich erst einmal den „Leib Jesu" – wie eine schützende Medizin – zu mir genommen hätte, wäre ich vermutlich immun geworden gegen seine Angriffe. Das konnte Satan nicht zulassen, rechnete ich mir aus.

Mitten in diese heftige Panik und Angst kam ER – nein, nicht Satan – sondern JESUS. Überraschend und ohne dass ich nach IHM gefragt hatte, war ER da und sprach wieder klar und hörbar zu mir. Worte ewigen Lebens vernahm ich da; Worte, die ich erst lange Jahre später in ihrer ganzen Tragweite zu erfassen begann. Worte aber auch, die ich später ungezählte Male in der Bibel wieder gelesen habe. Oh, welch unbeschreibliche Gnade und Liebe! Gott *ist*. Gott ist „Gegenwart." Diese unbeschreibliche Gegenwart spürte ich nun zum zweiten Mal. Gegenwart von Liebe und Wärme, die zu unerklärlich sind, um sie in Worten mitteilen zu können. Man muss sie erfahren. ER befand sich bereits in mir und hatte gesehen, in welch innerer Schlacht ich mich befand. Eine Not, die meine Kraft bei weitem überstieg. So kam ER mir zu Hilfe mit Seiner unergründlichen Liebe, die ER erneut über mich ausgoss, um mir meine Verzweiflung, meine Zweifel und meine Angst wegzunehmen. Und wie sich in den folgenden Jahren herausstellte, galt das nicht nur für diesen Moment, sondern für den Rest meines Lebens – zumindest bis zum heutigen Tage hatte ich nie wieder Angst oder Zweifel, und Verzweiflung schon gar nicht mehr. Diese Wörter sind aus meinem Lexikon gestrichen worden in dem Moment, wo Seine nun folgenden Worte meine Angst in vollkommene Freude verwandelten. Ich hörte:

„Fürchte dich nicht!
In Meinem Namen wirst du immer stärker sein."

Augenblicklich stürzten mir Tränen aus den Augen. Es war, als ob ein Staudamm, der 36 Jahre sämtliche Tränen zurückgehalten hatte, mit aller Wucht zusammengebrochen wäre. Nun flossen und flossen die Tränen, frei, unaufhaltsam, aus mir heraus. Diese Tränen waren wie das Taufwasser meiner Wiedergeburt. Ich schämte mich nicht vor den über tausend Kirchenbesuchern. Sollten sie es doch alle sehen! Weinte ich doch vor Freude und Kraft! Begoss ich mit diesen Tränen doch den Bund, den Jesus und ich soeben besiegelt hatten. Ich gehörte ab sofort IHM, und ER wird mir dafür Seine Kraft geben – das *wusste* ich in diesem Augenblick mit ewiger Sicherheit. Was für ein Angebot! „Macht" und Stärke hatte ich doch mein ganzes Leben gesucht und alles dafür geopfert. Ab sofort sollte ich „in Seinem Namen" noch mehr davon bekommen. Dieser „Handel" fiel mir leicht; dazu konnte ich „Ja" und „Amen" sagen.

Bäche von Freudentränen flossen immer noch kräftig meine Wangen hinunter, als ich mich erhob und mit weichen Knien nach vorne zum Altar ging. Maurice zelebrierte mit fünf anderen Priestern. Als er mich jetzt kommen sah, brach er spontan aus dem offiziellen Zeremoniell aus und lief freudestrahlend auf mich zu. Vor der vollen Kirche, vor allen Leuten umarmte er mich, drückte mir einen dicken Bruderkuss auf beide Wangen, warf seine Arme gen Himmel und rief laut und sichtlich bewegt: „Alleluja!! Klaus hat's geschafft! Gepriesen sei der Herr!"

Es war zu überwältigend für Herz und Kopf, und alles überstürzte sich. Ich suchte keine Erklärungen – das war mir in dem Moment ganz egal –, denn eins wusste ich jetzt, und nur das war wichtig: dass ich ein „Herz" hatte, ein Herz, das spürte, mitlieben und mitleiden konnte. Mein gesamtes Leben war durch diese kurze Begegnung völlig neu, wunder- und veränderbar geworden.

Mit feuchtem Gesicht stieg ich die paar Stufen zum Altar hinauf, stellte mich mit einer ersten Gruppe in einen Halbkreis hinter dem Altar und empfing zum ersten Mal in meinem Leben dieses Brot, das der Leib Christi ist, und den Wein, der Sein Blut ist – Geheimnisse, die ich in diesem Moment vollkommen klar erkennen konnte. Lebensspendende Nahrung für eine ausgehungerte Seele. Eine Gnadengabe von unschätzbarem Wert – besonders im Hinblick auf meinen späteren Werdegang. Das war der wirkliche „Gnaden"-Stoß von Gott: nicht einer, der tötet, sondern einer, der mich aus dem Reich des Todes ins Leben zurückbrachte. Endlich war ich auf dem Weg zurück ins Paradies. Nun hatte ich in Jesus doch endlich den Tod besiegt. Das war es doch, was ich immer schon gewollt hatte!

Ein neugeborenes Kind, stand ich da und weinte immer noch, als rechts neben mir eine Frau etwa meines Alters meine Aufmerksamkeit anzog, weil sie anfing zu weinen, als ich ihr den Kelch weiterreichte. Ich hatte ja einen Grund für meine Tränen. Ich fragte mich, was wohl mit ihr passiert war. Als ich auf meinen Platz zurückging, folgte mir diese Frau und sprach mich an. Jeder von beiden schien noch mächtig unter dem Eindruck des gerade Erlebten zu stehen; denn beide weinten wir immer noch. Bei Gott ist nun wirklich nichts Zufall. Die Dame sah mich an und sprach: „Mein Herr, ich kenne Sie zwar nicht; aber als ich gerade neben Ihnen stand, muss etwas Außergewöhnliches mit Ihnen passiert sein."

Ich verstand nicht, inwiefern das sie betreffen konnte.

„Als Sie mir das Brot und den Kelch mit dem Wein herüberreichten, hatte ich plötzlich eine Vision. Ich konnte den Himmel weit offen sehen. Himmlische Heerscharen kündigten einen ganz großen Sieg an; Engel spielten Musik, so wunderbar, wie ich sie in meinem ganzen Leben noch niemals vorher gehört habe. Die Freude im Himmel war so unbeschreiblich groß, dass ich – bitte entschuldigen Sie – immer noch weinen muss. Was ist mit Ihnen passiert?"

Es war ihr anzusehen, wie tief sie berührt war. Erstaunt blickte ich zu ihr auf, und immer noch mit Tränen in den Augen, wie sie selbst auch, antwortete ich:

„Ich glaube, ich bin gerade Christ geworden …!"

Später bestätigten mir Edmée, Maurice und verschiedene andere Leute, dass Frau Gr. in Lausanne bekannt sei für ihre Gabe der Visionen. Visionen, welche sich bislang immer bewahrheitet hatten. Somit hatte ich gleich den ersten Beweis, einer langen Reihe von weiteren Beweisen übrigens, dass es sich bei dem, was ich soeben erlebt hatte, nicht um eine psychische Einbildung oder raffinierte Illusion gehandelt hatte. Nein, hier vor mir stand eine mir völlig unbekannte Person, die von all dem nichts hatte wissen können.

Es dauerte nicht lange, bis es mir wie Schuppen von den Augen fiel, dass der Name Jesu keine Technik darstellte oder einem Mantra gleichzusetzen ist. Ich verstand weiter, dass jedes Wort aus dem Munde Jesu eine Botschaft für die ganze Welt ist. So wie ER durch jede gute Tat, jedes Almosen, jeden positiven Gedanken zur Welt spricht, ebenso sind die persönlichen Worte, die ich aus Seinem Mund hörte, tatsächlich Worte ewigen Lebens, sogar für die ganze Menschheit bestimmt. *„Es ist uns unter dem Himmel kein anderer Name gegeben, als dieser, in dem wir gerettet werden können"*, las ich später in der Apostelgeschichte (4,12).

Hiervon kann ich nun Zeugnis ablegen, denn ER selbst hat mir Antwort gegeben auf die beiden großen Fragen der Menschheit. Das ist zum einen die Frage der Schuldvergebung, was nach der hinduistischen und buddhistischen Lehre Befreiung vom Joch des Karma und der leidvollen Reihe von Wiedergeburten hieße. *„Komm, ich habe dir alles vergeben"*: Hier liegt die Freiheit, nach der jeder Mensch sich sehnt und die nur in der persönlichen Begegnung mit Jesus vollziehbar ist.

Und zweitens, die Frage nach dem Wie: *„In meinem Namen wirst du immer stärker sein"*, bedeutet nichts anderes, als dass niemand eine Heilstechnik, ein Mantra, Yoga, irgendeine asiatische Meditation oder sonstige esoterische Techniken benötigt, um Gleichgewicht und inneren Frieden zu erlangen – ich kann das nicht deutlich genug betonen, weil ich sogenannte christliche Geistliche getroffen habe, die aus den Menschen durch Yoga, Zen und sonst was erst richtige Christen machen möchten. Diese Leute sind dann keine Hirten, sondern Wölfe. Sie sind nicht nur naiv, sondern Mitarbeiter an der Zerstörung der Offenbarung Gottes. Für diese Geistlichen genügt der Name Jesu nicht, sie brauchen unbedingt noch Zen oder Yoga dazu, weil sie Jesus nie persönlich kennen gelernt haben – statt dessen haben sie einige Semester Theologie studiert und sich Buchwissen angeeignet. Nicht dass das ganz falsch wäre; es geht nicht ohne eine gewisse Lehre, aber das Studium darf nicht das Ziel sein. Es gilt sich darum zu bemühen, Jesus in seinem Herzen von Angesicht zu Angesicht zu begegnen, als Person.

Wir wurden als Ebenbild Gottes geschaffen. Gott ist Liebe, und Liebe braucht ein Gegenüber, sonst ist sie sinn-*los*. Streben nach Harmonie und Liebe kann nur durch Gott inspiriert werden und ist nur in IHM sinn-*voll*. „Sich-selbst-werden" bedeutet letztlich nichts anderes, als zum Ebenbild Gottes zurückzufinden – jeder auf seine individuelle Art und Weise. Jeder in seinem individuellen Tempo. Jeder von seinem Startpunkt aus und mit dem ihm gegebenen „Kapital": aber unterwegs mit Jesus.

Seit dieser persönlichen Begegnung konnte ich Jesus um finanzielle, geistige, körperliche – ja selbst technische – Anliegen bitten: nichts ist Ihm zu klein oder zu groß, wenn es um den Aufbau der „Person" geht. Um einige dieser Wunder zu beschreiben, die Ihn verherrlichen, werde ich im zweiten Teil dieses Buches mehr davon berichten. Aber all diese Wunder und Geschenke kann ich als geringes Mittel auf meinem Weg zu Ihm erachten, wenn ich sie mit dem Wunder vergleiche, welches in meinem Herzen passiert war.

Wo vorher Herrschsucht, Zerstörung und Finsternis dominierten, waren durch Seine Gnade jetzt Liebe, Verstehen, Mitlieben und Mitleiden getreten. Meine Großmannssucht weicht immer mehr der Demut – das wirksamste Gegengift gegen den Stolz. Mit einem Schlag jedoch war meine Sichtweise geändert – dass dies so schnell überhaupt möglich ist, wundert mich heute noch. Hass und Verfolgung wurden durch Verstehen und Vergeben ausgetauscht. Bald darauf traf ich den katholischen Pädophilen wieder, der mich sieben Jahre vergewaltigt hatte, und reichte ihm die Hand zur Versöhnung; ich gebe zu, es war nicht gerade das Leichteste. Ich fuhr von nun an oft zu meiner Mutter nach Deutschland, und noch später fand ich auch meinen Vater in Stuttgart wieder. Beiden verzieh ich vorbehaltlos, bevor sie starben.

Wie Schuppen fiel es mir von den Augen, als ich im Laufe der Zeit die wahren Werte des Lebens entdeckte. Gott hatte aus einem Herz aus Stein ein Herz aus Fleisch gemacht. Mein alter Meister Satan hatte mein Leben zu einer verwitterten alten Ruine verkommen lassen: verdreckt, verschlammt, von Unkraut überwuchert, ohne Dach, mit löchrigem Boden. Morsch, faul und ohne Fenster. Dadurch dass ich Jesus als neuen Herrn und „Besitzer" meines „alten Hauses" angenommen habe, hat sich zunächst nicht viel verändert: nur der Besitzer hat gewechselt. Aber der neue Besitzer liebt sein Haus und Er sorgt sich um seinen Besitz, pflegt und liebt ihn. Er repariert das Dach, pumpt das Wasser aus dem Keller, setzt wieder Fenster ein, tapeziert und dekoriert, bis das Haus wieder bewohnbar wird – kurz: Er hat Liebe, Er ist Liebe. Dieses Ausmisten geschieht durch den Heiligen Geist und ist das Gegenteil von asiatischer Meditation, deren narkotische Wirkung genau vermeidet, diese Zerstörung zu sehen, indem sie der Seele ein bangloses Objekt zur Ablenkung gibt. Die Erleuchtung (Illumination), die ich in der asiatischen Religiosität suchte, findet ihre Erfüllung im Erkennen meiner verlorenen Schlachten, im Kampf gegen die Laster und Leidenschaften. Dann wirkt die Gnade und Vergebung Jesu, der genau dafür am Kreuz Sein Blut vergossen hat. Und zwar sehr persönlich und für mich. Wer hätte das gedacht!

Viele Geheimnisse des Lebens werden uns im Grunde immer unverständlich bleiben – sie sind nicht zum Verstehen gedacht. Nur wer bereit ist, das Wagnis des Glaubens einzugehen, wird „leben" lernen; nur wer sich aufmacht, den langen Weg vom Kopf ins Herz zu machen – und das ist nicht gleichbedeutend mit Verrat an seiner Intelligenz –, wird Gott treffen; in sich, in den anderen, überall – vielleicht sogar einmal in seinen Feinden. Wer den Mut hat, wie Sokrates „nichts zu wissen", das heißt, sich von all seinen Leidenschaften, Vorurteilen, seinem erlernten Wissen, seiner „Karriere" usw. zu trennen, um dies alles an Gott abzugeben, damit ER diese Energien besser verwalte und kanalisiere, der wird hören und spüren lernen, wo der Wind weht. *„Wer Ohren hat, der höre"*, steht in den Evangelien. Das sind Ohren des Herzens, das sind die Augen des Herzens. Wer den Mut hat, sie zu öffnen, wird *„Dinge schauen, die kein Auge je gesehen und die kein Ohr je gehört ..."* *„Eher geht ein Kamel durch ein Nadelöhr als ein Reicher ins Himmelreich"*: Nur wenn wir unseren Reichtum, d. h. unseren Egoismus loslassen, uns von unseren Geld-, Macht- und Sexleidenschaften trennen, öffnet sich die LIEBE, der Himmel für uns – und zwar bereits hier auf Erden. Dann werden wir aus dem Staunen nicht mehr herauskommen. Von diesen unerklärlichen Dingen, von meinem großen Erstaunen möchte ich euch im zweiten Teil des Buches berichten.

Und ich war erneut derjenige, der sich über diese Wunder wunderte ...

*Zwei Mitkämpferinnen und Mitbeterinnen
auf meinem langen Weg zu Jesus:
links Edmée, mit Dyane (Hawaii)
rechts Ursula, meine schwesterliche Freundin*

Zweiter Teil

*… Zur Liebe
wiedergeboren*

Kapitel 20

Das Ende ... ist erst der Anfang

Nach all diesen Ereignissen und 36 Jahren Flucht hatte ich natürlich gedacht, ich wäre nun am Ziel meines Weges. Bald aber wurde ich eines Besseren belehrt und erkannte, dass ich paradoxerweise erst am Anfang stand. Sämtliche Abenteuer, die ich in den Dschungeln und Asphaltdschungeln dieser Erde erlebt hatte, sind geistlich betrachtet nichts weiter als ein paar oberflächliche Erfahrungen im Vergleich zu den Gnadenbeweisen, Wundern und neuen Kämpfen, die auf mich warteten. Sie sind kaum vergleichbar mit dem großen Abenteuer echter Selbstfindung. Diese wird dann erst möglich, wenn wir Hand in Hand mit Gott gehen; wenn wir IHM *erlauben*, uns an der Hand zu nehmen. Das wiederum scheint eine Frage des Stolzes zu sein. Wer von uns kennt seinen Stolz gut genug, um ihm zu misstrauen? Wer hat Vertrauen oder Weisheit genug, sich an der Hand nehmen zu lassen? Wer wagt es, Kind zu sein und seine Begrenztheit anzunehmen? So banal es klingen mag: Wer wagt (oder glaubt), gewinnt. Er gewinnt Vertrauen, Hoffnung, Liebe – sich selbst.

Zeichen, Gebetserhörungen und wahre Wunder gehörten für die nächsten fünf Jahre zum Alltag – und zwar in solcher Fülle, dass andere Christen sich offenbar fragten, ob und wie so etwas möglich sei. Relativ häufig kamen Leute nach meinen Vorträgen zu mir und fragten, warum *sie* so etwas nicht erlebten. Als Neugeborener hatte ich leider keine Antwort auf dieses Geheimnis; es schien mir einfach natürlich, weil ich es so erlebte. Es dauerte einige Zeit, bis ich den Preis für diese Gnadengaben erfuhr: mein Ego. So wie der Teufel einst mein *wahres* Selbst verlangte für seine unerklärlichen Machtgeschenke, erwartet Gott von mir, dass ich IHM meinen Egoismus – mein *falsches* Selbst – zur Verfügung stelle, damit ER mir helfen kann, mich heilen kann. Denn „wer sich nicht selbst hasst, kann nicht mein Jünger sein ... wer sich nicht selbst verleugnet, kann mir nicht nachfolgen". Warum praktizieren das bloß so wenige Menschen, auch sogenannte Christen? Was ist geschehen? Warum beklagen sie sich, dass in ihrem Leben so wenig passiert, dass sie keine Wunder erleben? Die Antwort hängt eng mit der Tradition zusammen, in der die Leute aufwachsen und aus der sie ihre geistige Nahrung beziehen. Warum scheint die Mystik des Lebens heute so unauffindbar im Westen? Der Weg vom Kopf ins Herz scheint für viele verbaut. Von wem und warum?

Die Antwort darauf führt mich zu der Frage zurück, warum sich die Esoterik, der Buddhismus, der Reinkarnationsglaube, Sekten und Yoga heute so schnell ausbreiten. Viele Pfarrer, Pastoren, Gemeindeleiter, Seelsorger usw. können ihren Mitgliedern mangels eigener Erfahrung nichts mehr von der Mystik des Lebens mitgeben. Statt mit lebendigem Glauben, Demut und Gottesfurcht werden Gemeindemitglieder oft mit einem Schokoladenpudding-Christentum abgespeist: süßlich, leichtverdaulich und wabbelig wie das Doppelkinn mancher Kleriker. Man möge mir meine Ironie verzeihen. Die Menschen spüren aber, dass durch trockene Theologie ihr Durst nach Gott, echtem Wissen und wahrer Erfahrung nicht gestillt wird. Sie lassen sich nicht ohne weiteres abspeisen; um die Bibel zu verstehen, braucht der Mensch lebendige Vorbilder. Das ist der Moment, wo der Engel des Lichts, genannt Luzifer, in Aktion tritt.

Eingeleitet wurde diese neuzeitliche Irreführung in der Hippie-Revolution der 68-er Jahre. Antiautorität, sexuelle Zügellosigkeit, Lobeshymnen auf Drogenkonsum, die völlig pervertiert-entfesselte Rockmusik und der Kampf gegen die Kirche könnten bis heute mehr Seelen vernichtet haben als der gesamte Erste und Zweite Weltkrieg. Die Familien brechen auseinander. Die Familie ist der Kern der Gesellschaft, quasi das Atom. Bei ihrer Spaltung findet buchstäblich eine Nuklear-Explosion statt, wie man bei einer derzeitigen Scheidungsrate von vierzig Prozent unschwer sieht. Ich spreche hier als Pädagoge aus der Erfahrung mit meinen jährlich 150 Schülern. Diese „Kern"-Spaltung ist tödlicher als die Atombombe, weil Seelen für die Ewigkeit verloren gehen, indem sie Ersatz suchen z. B. in der Welt der Esoterik. Es ist bemerkenswert, dass die Praxis asiatischer Meditation nach dem Zweiten Weltkrieg in dem Maße zunahm, wie sich die Gesellschaft in ihrer Entwicklung von Gott, dem Glauben an Jesus und den Aussagen der Heiligen Schrift abwandte. Die Haschisch-, Rock- und Popkultur stilisierte die asiatische Religiosität zu einer „Neuen Göttlichkeit" empor.

Vergessen wir bitte nicht, dass Maharishi und durch ihn die ganze asiatische Religiosität erst durch die Beatles im Westen populär wurde und an Einfluss gewinnen konnte. Die Jugend, welcher seit der Hippie-„Revolution" ein echtes christlich-religiöses Gefühl immer mehr abhanden kam, wurde mit dem Ersatz eines falschen und exotischen Glaubens hintergangen, ohne dass jemand diesen fatalen Betrug bemerkte. Als entfesselte Rockmusik, Drogenkonsum und die Werbewelt in den Massenmedien etc. in all ihren Erscheinungsformen die Religion zu verdrängen anfing, wurde auch Gott sozusagen durch den Menschen ersetzt. Gott wurde überflüssig. Luzifer, der geistige Urheber dieser Umwandlung, lachte sich ins Fäustchen und setzte sich auf den Thron. Was wir heute z. B. in der *„Heavy Metal"-Musik* an Satansverehrung erleben, wäre vor vierzig Jahren als Hexenkult verbannt worden. Je mehr die inneren, christlichen Werte zerstört werden (gerade in der Werbung), desto anfälliger werden die Menschen für solch mystische Infektion. Und nicht nur die Jugend! Als die Beatles zu Maharishi Mahesh nach Indien „pilgerten", hielten sie das möglicherweise für einen Werbegag. Doch mit dem Teufel kann man nicht spielen, und diese „Pilgerreise" hat sich in den späten sechziger und siebziger Jahren in tödlichen Ernst verwandelt. Die Schlacht um Seelen ist so alt wie der Kampf zwischen Gut und Böse. Die gesamte Esoterik mit ihrem Gepäck von New-Age, Rosenkreuzer, Freimaurer, Weiße und Schwarze Magie, Buddhismus, kurz der ganze esoterische Selbstbedienungs-Supermarkt hat nur ein erklärtes Ziel: DEN vom Thron zu stürzen, dem er gehört, nämlich Jesus Christus; um sich dann selbst des Throns zu bemächtigen – nämlich der Seele des Menschen. Dabei helfen dem Widersacher Gottes ein verweichlichtes Christentum, lauwarme Christen, mehr oder weniger öffentlich homosexuelle Pfarrer und tote Gemeinden, wo die Energie in inneren Zwistigkeiten verpufft, wo jahrelang um administrative Details gestritten wird, statt sich um das Seelenheil der Menschen zu kümmern und die Botschaft Jesu zu verbreiten.

Die Menschen sind nicht dumm, sie lassen sich nicht alles blind gefallen. Sie gehen eben woanders hin, um das zu bekommen, was ihnen fehlt. Enttäuscht vom Christentum wenden sie sich dem zu, was äußerlich so ähnlich aussieht: unter anderem dem Buddhismus. Ich möchte nicht behaupten, dass Buddhismus gleich Okkultismus ist. Das wäre verkehrt und hieße ihn missverstehen. Das Positive am Buddhismus ist die Tatsache, dass er auch das Ziel hat, die „bösen Werke" *ab*-zulegen und das Leid zum Stillstand zu bringen. Was ihm fehlt, ist die Tatsache, die „guten Werke" *an*-zulegen. Christus ist so verstanden die Erfüllung dessen, was Siddharta Gautama, der Buddha, gesucht hat. Der Buddhist versucht durch das Loslösen des Geistes von visuellen oder intellektuellen Formen, also durch *totale innere Leere*, zur Befreiung von Leid zu kommen; der Christ sucht durch *totale innere Fülle* mit, durch und in Christus – „Betet ohne Unterlass!" – zu Dem zu kommen, Der verspricht: „Ich bin der Weg, die Wahrheit und das Leben; und wer zu mir kommt, der wird leben, auch wenn er gestorben ist."

Dazu aber braucht es viel, ja sehr viel Geduld, wohingegen unsere Zeitgenossen Freiheit, Frieden und sämtliche anderen spirituellen Gaben bis hin zur direkten Gottes-Schau (!) in aller Eile, mit größtem Tempo und mit Gewalt erreichen wollen. Solche Leute vergleichen gern das Gebet und östliches Yoga miteinander als „Techniken", die uns befähigen, die Schwelle zur unmittelbaren Einheit mit Gott leicht und schnell zu überschreiten. Dies ist ein großer Irrtum, vor dem ich mit allem Nachdruck warnen möchte. Wer sich *rein mental* all dessen, was er als „relativ" oder „vergänglich" ansieht, zu entledigen versucht, um seinen ur-ewigen Ursprung wiederzufinden, betreibt keine Askese, noch übt er sich in Güte, wie es der Apostel Paulus (1 Tim 4,7–10) empfiehlt. Was in so einem Zustand erlebt wird, ist höchstens die eigene Schönheit des Menschen, so wie Gott ihn „in Seinem Bilde" geschaffen hat. Man kontempliert also lediglich *in narzisstischer Weise* den Menschen, der mit Gott verwechselt wird oder der als Gott angesehen wird. Dies ist von enormer Bedeutung, denn die Tragödie liegt in der Tatsache, dass der Mensch ein Trugbild sieht, eine Art

„Fata Morgana" in der Wüste seines Lebens, das er mit einer echten Oase verwechselt. Die Konsequenz ist ein buchstäbliches Verdursten und Austrocknen – sprich Selbstauflösung – der Person.

Ich betone nochmals mit Nachdruck, dass Meditation auf innere „Leere" in meinem Fall und in einer sehr großen Anzahl von anderen Menschen, die ich kenne, dahin führte, dass diese Leere vom Feind, von den Dämonen „besetzt" wurde. Dem Widersacher Gottes wurden Tür und Tor, Herz und Seele geöffnet.

Dennoch fing ich – z. B. durch die Erfahrung des „langen Ganges", als ich meinen Körper verlassen hatte – an zu sehen, was Christus meinte, als er sagte: „Selbst die Haare auf eurem Kopf sind gezählt" und „Nichts bleibt im Verborgenen, was nicht aufgedeckt wird." Nichts von dem, was immer wir gedacht oder gemacht haben, wird jemals vergessen. Das „Buch des Lebens", unser eigenes Bewusst-Sein, zeichnet bis ins geringste Detail alles auf und wir müssen dafür die Verantwortung übernehmen. Erkennen wir unsere Schuld und verdammen wir sie zu Lebzeiten, wird uns der Richter rechtfertigen – rechtfertigen wir uns selbst, wird uns der Richter verurteilen müssen. Yoga aber und östliche Meditation – ich wiederhole mich – machen uns blind unserem Inneren gegenüber. Wir vermeiden durch Yoga allzuleicht, unser „wahres Selbst", nämlich den sündhaften Menschen zu sehen, indem wir uns „vergöttlichen". Auch wenn wir als Gottes Ebenbild geschaffen wurden, sind wir doch niemals Gott in Seiner Essenz, sondern Götter „durch Adoption"; aber bis wir dahin gelangen, bedarf es Seiner Gnade und unseres ganzen Herzens, unserer ganzer Seele und unseres ganzen Geistes. Auf diesen Weg habe ich mich ab dem gewissen Montag in Lausanne gemacht. Somit war ich wieder am Anfang.

Schnallt euch an und haltet euch fest, denn eine weitere Reise in unerklärliche und unglaubliche Erfahrungen beginnt. Hier nun ein paar Kostproben.

Kapitel 21

Schulzeit: Glauben, lernen ... Gnade

Es gibt Menschen, die gleich nach ihrer Geburt zu Waisen werden. Ich fürchte, dass es auch im Glauben ähnlich sein kann: Man wird geboren, getauft und lernt nie „seinen Vater" im Himmel kennen, weil Gottesdienst zur Routine verkommt. Ähnliches wollte ich vermeiden. Als Wiedergeborener brannte es mich unter den Nägeln, meine „Familie" kennen zu lernen. Alle hatten vom „Vater" gesprochen. Wer also war mein Vater und wie war Er?

Unmittelbar nach meiner Rückkehr in meine Wohnung sollte ich mit IHM Bekanntschaft machen. Ich hatte jetzt folgendes Problem: Ich war schon vor einiger Zeit aus der Privatschule „Institut La Gruyère" entlassen worden. „Monsieur Kenneth", hatte der Schulleiter damals kurzerhand gesagt: „Sie passen nicht in unsere Schule." Ich musste ihm sogar Recht geben; dort verkehrten die Reichen und Snobs, und dieses Image wurde gepflegt. Ich war eher der Hippie, der Außenseiter, das schwarze Schaf gewesen und hatte mich herzlich wenig um die Regeln geschert. Dadurch hatte ich mir meine Entlassung selbst eingebrockt, obgleich der Kontakt mit den Schülern ausgezeichnet gewesen war. Ohne Arbeit sein, das hieß aber in meiner jetzigen Lage, die Schweiz verlassen. Sollte ich wieder – wie bei meiner ersten Geburt – ins Unterwegs geboren worden sein, ohne festen Grund unter den Füßen, ohne Stabilität zur Entwicklung? Nein, mein neuer Vater verließ mich nicht, im Gegenteil.

Maurice hatte mich vor dem Abschied in Lausanne noch einem Mann namens Georges Rapin vorgestellt. Dieser war Leiter einer ökumenischen Gebetsgruppe in Fribourg. Mit dem Hinweis, dass ich dort „gut aufgehoben" sei, wenn der Feind mich wieder belästige, entließ er mich. „Allein", so fügte er hinzu, „kann man sich nicht weiterentwickeln; eine Gemeinde ist unentbehrlich." Immer noch „kriegslüstern" und gewappnet gegen meine „babyfaces", machte ich mich am folgenden Donnerstag abends auf den Weg in die Gruppe mit dem Namen „Maranatha". Beim Eintreffen sagte ich den Christen rundheraus, dass ich jeden umbringen würde, der den Versuch wagte, mich zu einem „babyface" machen zu wollen. Herzliches Lachen war ihre Reaktion, und dann wurde für mich gebetet: und zwar um Arbeit. Das erste „Unerklärliche" ließ nicht auf sich warten, es war zu präzise, um Zufall sein zu können.

Am Freitagmorgen klingelte das Telefon. Herr V., der Direktor des „Institut La Gruyère", war am Apparat.

„Herr Kenneth?"

„Ja!"

„Wir haben schon seit mehreren Tagen versucht, Sie zu erreichen."

„So? Warum denn?"

„Nun, äh … wir haben Sie wieder eingestellt! Sie hätten bereits am Montag unterrichten sollen. Bitte kommen Sie so schnell wie möglich. Wir erwarten Sie noch heute im Laufe des Vormittags zum Unterricht."

Ich war wie vom Donner gerührt. Das war doch wohl nicht möglich. Wie konnte derselbe Direktor, der mich vor kurzem erst als „nicht passend für die Schule" entlassen hatte, jetzt wieder einstellen? Ein Satz schoss mir durch den Kopf, den ich am Samstag in der Kathedrale in Lausanne von „diesem Redner" gehört hatte: „Der Friede des Herrn, der alles menschliche Verstehen übersteigt …" Da haben wir's! Dieser „Herr" war also mein „Vater". Es ließ mir keine Ruhe, zu erfahren, wie Herr V. diese „Einstellung" vor sich selber gerechtfertigt hatte. Noch aber saß mir der Schreck der Entlassung und das Unglaubliche der Wiedereinstellung in den Knochen und ich wartete einige Wochen.

Als ich sicher war, dass ich tatsächlich „fest" angestellt war, stellte ich ihm meine Frage: „Herr V., wie kommt es eigentlich, dass Sie mich wieder eingestellt haben?"

„Wissen Sie, Herr Kenneth, wir von der Direktion haben gleichwohl an Sie gedacht", war seine lapidare Antwort.

Ich aber dachte: „Wenn du wüsstest, mein Lieber, WER da an mich gedacht hat …" Aber das sprach ich lieber noch nicht aus.

Somit war eine erste Hürde aus dem Weg geräumt, damit ich „sesshaft" werden konnte. Das war eine Bedingung, um mich entwickeln zu können. Bald merkte ich aber, dass ich mit dem Job in dieser Schule keine Zukunft vor mir hatte, die mir Entwicklungsmöglichkeiten bot. Ich beschloss, mein Studium, welches ich in Hamburg quasi „eine halbe Minute vor Zwölf" abgebrochen hatte, nicht nur abzuschließen, sondern noch einmal ganz von vorne anzufangen; zu viel Stoff hatte ich vergessen. Ich immatrikulierte mich also in der Uni Fribourg/Freiburg, wobei mir beim Einschreiben auf dem Dekanat gleichzeitig ein Blatt unter die Nase gehalten wurde, auf dem ich durch meine Unterschrift bestätigen musste, dass ich – laut Gesetz – nach abgeschlossenem Studium *„kein Recht auf eine Arbeitsstelle"* hatte und somit die Schweiz verlassen musste. Ich war überzeugt, dass mein Vater zu gegebener Zeit schon eine Lösung für mich fände. Ich überlegte nicht lange und unterschrieb dieses Formular.

Einerseits musste ich Geld verdienen fürs Studium, andererseits wurden mir auf Dauer die täglichen 60 Kilometer Schulweg nach Greyerz zu zeitraubend, und ich machte mich auf, sowohl eine Wohnung als auch ein Stipendium in der Stadt Freiburg zu finden; dadurch könnte ich mich voll auf mein Lehrerstudium konzentrieren. In der Zeitung fand ich schon bald eine Annonce für ein kleines Appartement am Stadtrand, für sage und schreibe nur 180 Franken!

Als ich die Wohnung suchte, fand ich nicht einmal das Haus und kehrte wieder um – ich dachte mir, die Wohnung wäre eh schon längst vergeben. Unterwegs zurück in die Stadt, hörte ich an der nächsten Ampel überraschend deutlich eine innere Stimme: „Klaus, suche bitte gründlich, wie es sich gehört!"

Ich war platt. War ich dabei gewesen, schlampig zu handeln? Hatte „jemand anders" mir negative Gedanken eingegeben? O.k., ich verstand: Kehrtwende, nochmals die Straße hinauf und … tatsächlich, das Haus lag versteckt hinter Bäumen mitten auf einer Wiese – ein Traum! Als hätte man gerade auf mich gewartet, unterzeichnete ich wenig später schon den Mietvertrag. Mein neues Zuhause entpuppte sich in den folgenden sieben Jahren als wahres Paradies. So konnte ich mich als Nächstes um ein Stipendium bemühen. Einige Tage später fuhr ich zum kantonalen Schulamt.

„Guten Morgen Herr B.", sagte ich. Ich hatte seinen Namen an der Tür gelesen.

„Ja bitte, was kann ich für Sie tun?"

„Ich möchte mich gerne um ein Stipendium bewerben."

Er griff in seine Schublade und reichte mir ein Antragsformular. Ich füllte es gleich aus und gab es ihm zurück. Es las es durch und meinte dann: „Tut mir leid, Herr Kenneth, aber wir können Ihnen kein Stipendium gewähren. Sie erfüllen leider nicht die nötigen kantonalen Bedingungen."

Das war ein Schlag. Ich fuhr nach Hause. Was konnte ich tun? Täglich nach Greyerz weiterfahren und wertvolle Zeit verlieren? In dieser Zeit fing es richtig an, dass ich Jesus als „Vater", Freund und Ratgeber erkannte. Er hatte sicher eine Lösung.

„Jesus, was meinst Du, was ich jetzt tun soll?", fragte ich Ihn am Schreibtisch sitzend, als ich keine Idee mehr hatte.

„Geh noch einmal hin", hörte ich kurz und bündig. Dialog beendet.

„Wie bitte? Habe ich Dich richtig verstanden?" Er blieb stumm. Also machte ich mich ein zweites Mal auf den Weg.

„Entschuldigen Sie bitte, dass ich Sie noch einmal belästige, Herr B.", sagte ich, „aber ich hatte den Eindruck, dass ich noch einmal nachfragen sollte. Könnte es sein, dass noch etwas unklar ist an meiner Lage? Bitte versuchen Sie doch, ob es nicht noch eine andere rechtliche Möglichkeit gibt, damit ich ein Stipendium bekomme."

„Ich habe es Ihnen bereits gesagt, es ist nicht möglich. Ich kann Ihnen gerne ein Darlehen anbieten. Dieses müssten Sie innerhalb einer festgesetzten Frist zurückzahlen. Mehr kann ich nicht für Sie tun." Das war es mit Sicherheit nicht, was ich wollte.

Wieder zu Hause, bekam ich Zweifel und folgender Dialog fand statt:

„Hallo, Jesus – bist Du da?"

„Ja."

„Könnte es wohl sein, dass Du Dich vertan hast? Ich verstehe nicht, warum ich heute wieder abgewiesen wurde. Hast Du Dich getäuscht?"

„Nein."

„Was soll ich bitte als Nächstes tun, um an ein Stipendium zu kommen?"

„Geh noch einmal hin."
„Was??! Das kannst Du nicht von mir verlangen. Die werden mich für blöd halten! Dann bekomme ich erst recht kein Geld. Unmöglich."
„Hast du kein Vertrauen zu Mir?"
„Na ja, wenn Du es so siehst ..., gut, dann gehe ich eben nochmals hin."
Es war mir unverständlich, wie Er in so trockenem Ton etwas von mir verlangte, was offenbar keinen Sinn machte. Mit ziemlich gemischten Gefühlen und einem dicken Fragezeichen über meinem Verstand betrat ich bald darauf wieder das Büro des Herrn B.
„Sorry, dass ich schon wieder auftauche. Aber – sagen Sie – sind Sie wirklich ganz sicher, dass ich kein Anrecht auf ein Stipendium habe? Es muss eine Möglichkeit vorhanden sein. Irgendwie bin ich der Überzeugung, dass ich den Anspruch auf ein Stipendium habe. Ich kann Ihnen das auch nicht näher erklären."
„Sie sind ein seltsamer Vogel", meinte er, bückte sich zur Seite, zog die Schublade seines Schreibtisches auf, entnahm ihr ein dickes Gesetzbuch und schlug es auf. Mit dem Finger zeigte er mir nun einen Abschnitt, und ich las mit eigenen Augen, dass ich als „Ausländer" keinen Anspruch auf ein Stipendium hätte. Es bedurfte keiner weiteren Erklärung mehr.
„Ich kann Ihnen aber doch helfen", fuhr er weiter. „Fragen Sie doch beim DAAD nach." Das war der Deutsche Akademische Auslandsdienst. „Die gewähren auch Stipendien."
„Und wo finde ich den? Hätten Sie eventuell die Adresse?"
Er hatte und schrieb sie mir auf. Guter Dinge machte ich mich auf den Weg nach Stuttgart. Ich fand das Gebäude, betrat das Büro, erklärte meine Situation und bat um ein Antragsformular.
„Oh ja, natürlich können wir Ihnen helfen. Als Deutscher im Ausland haben Sie Anrecht auf ein Stipendium. Bitte füllen Sie dieses Blatt aus."
Glücklich reichte ich Minuten später den vollständigen Antrag zurück und war dabei, das Büro zu verlassen. Alles schien in Ordnung.
„Hallo! Bitte ... einen Moment noch."
„Ja, was gibt's?"

„Ich habe eben beim Durchlesen Ihr Alter gesehen. Wir vergeben die Stipendien nur bis zum Alter von 30 Jahren. In Sonderfällen bis zu 35 Jahren. Sie sind aber 36 Jahre alt. Es tut mir leid. Wir können Ihnen somit kein Stipendium gewähren."

Bombe! Peng! Traum zerplatzt.

Was sollte das Ganze? War das Gottes Fürsorge? Ließ Er mich die 700 Kilometer umsonst machen? Ich war sauer und enttäuscht, als ich müde wieder zu Hause ankam. Der alte Dialog fing wieder an.

„Jesus. Ich bin stinksauer!!! Warum spielst Du mit mir? Wo bist Du?"

„Ja, hier bin ich. Was möchtest du?"

„Du weißt genau, was ich jetzt denke, nicht wahr? Und Du verstehst mich auch, oder?"

„Ja."

Ich war wirklich wütend. Warum war Jesus immer nur so kurz angebunden und schien so unberührt teilnahmslos! Wo ich doch allen Grund zum Zorn hatte – ER hatte mich enttäuscht. Da ich aber niemand anderen um Rat fragen konnte, blieb mir nur die Möglichkeit, Ihn noch einmal um Beistand zu bitten.

„Was, bitte, soll ich jetzt machen? Hast Du einen Vorschlag?"

„Ja. Gehe noch einmal aufs Amt."

Ich dachte, ich höre nicht recht! Das musste ich falsch verstanden haben …

„Jesus, ich glaube, Du spinnst – sorry, es ist mir so rausgerutscht – aber Du täuschst Dich. Die geben mir kein Stipendium, das weißt Du doch."

„Willst du mir vertrauen oder nicht?", kam es fordernd zurück.

„Gott-o-Gott, Du verlangst viel von mir. Es ist unmöglich. Wie werde ich dastehen? Sie werden mich auslachen. Gut, ich gehe nochmals hin, aber diesmal kommst Du mit. Einverstanden?"

Keine Antwort mehr. Muss ich beschreiben, wie ich mich fühlte, als ich beim folgenden Mal das Büro betrat? Vielleicht war es Ihm nicht so wichtig, wie ich vor den anderen dastand, sondern wie ich vor Ihm dastand. Als ich die Tür öffnete, sagte ich in meinem Herzen: „Jesus, bitte nach Dir …"

„Guten Morgen, Herr B., ich weiß, Sie halten mich jetzt für verrückt, aber ich habe immer noch das Gefühl, dass ich von Ihnen ein Stipendium bekommen soll." Ich erklärte ihm, was in Stuttgart passiert war. „Ich weiß auch nicht, was ich Ihnen noch erzählen könnte ... Sie brauchen Ihrer Kommission ja nicht unbedingt zu sagen, dass ich Ausländer bin; oder lassen Sie sich sonst was einfallen, Entschuldigung für mein Drängen." Mir fiel jedenfalls nichts mehr ein. Damit verließ ich den Raum.

Einige Tage später kam ein Brief mit der offiziellen Bestätigung für ein Stipendium!

Durch meinen *Gehorsam* begriff ich, dass „der Friede Gottes, der alles *Verstehen* übersteigt ..." (Phil 4,4) kein Bibelspruch war, sondern Leben.

Nicht lange danach half mir mein neuer Vater, mein zerbrochenes Leben weiter aufzubauen, indem ich Dinge studieren und lernen konnte, mit denen ich zeitlebens große Mühe hatte. Doch als Sportlehrer kam ich um diese nicht mehr herum. Abstrakte Mathematik und Physik waren mir in der Schule ein ewiger Horror. Nun aber kam ein Jahr Studium der Physiologie auf mich zu, und Gott erreichte es – fast hätte ich gesagt, „weiß Gott wie" –, dass Er mir geradezu Freude an diesem „verhassten" Fach verschaffte. Für mich Unvorstellbares war geschehen, als ich das Examen bestand. Ein anderes Examen allerdings kostete mich am Ende meines Studiums weitaus mehr Nerven als alle anderen Fächer: Anatomie. Nicht dass mir der Stoff nicht gefallen hätte; ganz im Gegenteil: ich fand Anatomie sogar hochspannend. Aber Gott machte dieses Examen zu einem weiteren Prüfstein meines Gehorsams und Glaubens. Das war wesentlich schwieriger als das bloße Lernen des Stoffes. Und das kam so:

Nach Abschluss des Studienjahres hatte uns Professor P. eine Liste mit 80 Themen verteilt; aus diesen bestand das Examen. Sechs Fragen wurden hieraus ausgewählt – eine pro Note. Um nicht durchzufallen, musste man also mindestens vier richtig beantworten. Bald darauf bekamen die Studenten per Post die Vorladungen zum Examen, Datum, Ort und Zeit. Die große Zeit der Revisionen begann und ich versank nächtelang in Skripten, Büchern, Heften ... Mir blieben noch zwei Tage bis zum besagten Samstag. 50 der 80 Fragen hatte ich bereits gründlich vorbereitet. Am Donnerstagabend, als ich mein Lernmaterial auf dem Schreibtisch vorbereitete, um die letzten 30 Themen in Angriff zu nehmen, ging es los. Mitten im Lernen hörte ich in meinem Kopf:

„Suchet zuerst das Reich Gottes, alles andere wird euch hinzugegeben werden."

Ich konzentrierte mich weiter auf meine Anatomie und versuchte das Gehörte zu ignorieren. Ich hatte keine Zeit, um abgelenkt werden. Da kam es noch einmal: „Suchet *zuerst* das Reich Gottes, und alles andere wird euch hinzugegeben werden!" Es klang diesmal drängender, und ich hielt inne mit meinen Beschäftigungen. Erst jetzt wurde mir klar, dass wieder etwas im Gange war „da oben".

Ich tat so, als ob ich nichts gehört hätte und tauchte pflichtbewusst wieder in meine Bücher ein. Aber es war nichts zu machen; da war sie wieder, die Stimme, und bestand darauf, gehört zu werden: „Suchet zuerst das Reich Gottes, und *alles andere* wird euch hinzugegeben werden!" Widerstand war offenbar zwecklos.

„O.k., Jesus, ich verstehe, dass Du das bist. Aber bitte könntest Du mich jetzt in Ruhe lassen, Du siehst, ich habe viel zu lernen."

Er ließ nicht locker: „Suchet zuerst das Reich Gottes, alles andere wird euch hinzugegeben werden!" Die Betonung lag auf „alles andere" und „hinzugegeben". Meine Leitung war ziemlich lang, ehe ich merkte, dass es um mehr ging als Anatomie und Konzentration.

„Jesus, Du kannst einem ganz schön auf die Nerven gehen mit deiner Beharrlichkeit. Was willst Du denn, das ich tue?"

Stille. Nichts kam. Das war wieder typisch Er. Ich dachte also nach. Die Worte „zuerst" und „alles andere" schienen Seine Botschaft zu sein, und ich interpretierte sie so, dass ich zuerst Sein Reich suchen sollte – also heute Abend noch, vor der Anatomie. Wo war das? Ach so, am Donnerstag war ja abends immer die Gebetsgruppe „Maranatha", von der ich Teil war seit meiner Bekehrung. Ich beschloss, trotz „Zeitmangel" wenigstens eine Stunde dorthin zu gehen, um dann schleunigst die „verlorene Zeit" wieder aufzuholen mit Lernen. Ich fuhr schnell in die Stadt, war kurz vor Beginn der Gebetszeit in der St. Josephs-Kapelle und begrüßte George Rapin: „Salü, wie du siehst, bin ich hier."

Er sah mich verdutzt an und gab zurück: „Was ist denn das für eine seltsame Begrüßung?"

Ich erzählte ihm, was vor einer halben Stunde passiert war, und George meinte daraufhin: „Wenn ich es richtig verstehe, sollst du nicht nur eine Stunde hier bleiben, sondern bis zum Ende. Ich glaube, es handelt sich hier um einen Glaubensakt."

„Was ist denn das?"

„Nun, das bedeutet, dass du heute nichts mehr lernst und statt dessen auf Gott vertraust. Blind. Versuche nicht, das zu verstehen, es geht nicht. Das ist ein Glaubensakt."

„Und meine Vorbereitungen?"

„Genau darum scheint es zu gehen – lass Gott machen und vertraue auf Ihn."

Zu meinem Schreck erinnerte mich George an den morgigen Abend in Payerne, wo er wohnte und seit langem einen „Zeugnis-Abend" für mich organisiert hatte. Tagsüber konnte ich nicht lernen, da ich eine Stellvertretung in der Schule hatte und nicht vor dem Abend zum Lernen kam. Diese Zeit würde mir also auch noch fehlen. Das konnte ich mir beim besten Willen nicht leisten.

„George, den Vortrag morgen Abend musst du unbedingt absagen!"

„Das geht doch nicht, Klaus. Es kommen viele Menschen, und ich habe Zusagen von Bekannten aus Neuchâtel, Bern und der ganzen Umgebung, die extra kommen, um dich zu hören. Nein, nein, das ist unmöglich. Nein, Klaus, es ist ein Glaubensakt, das sehe ich nun ganz klar."

Ich hatte offenbar keine Wahl. Alle Auswege waren versperrt, und ich kannte meinen Vater gut genug, um zu wissen, dass Er immer alles so arrangierte, dass die Dinge unzweideutig waren.

„Einverstanden, aber ihr versprecht mir, am Samstagmorgen beim Examen für mich zu beten, ja?"

„Versprochen."

Ich blieb an diesem Abend bis 23 Uhr, hielt meinen Vortrag am Freitagabend, kam nicht vor Mitternacht nach Hause und war am Samstag um neun Uhr in der Universität. Mein Herz klopfte, als ich den Saal betrat. Vor mir saß der Prüfer, ein deutschsprachiger älterer Professor. Neben ihm saß Professor P., ein Grieche, der das Jahr Anatomie auf Französisch unterrichtet hatte. Auf einem kleinen Tisch rechts neben mir lagen zirka zwanzig kleine Zettel mit je sechs Fragen – Schrift nach unten. Bevor ich zugriff, drehte ich mich mit dem Rücken so hin, dass mir die Möglichkeit blieb, unbemerkt den Zettel zu tauschen, falls ich darauf eine von den dreißig nicht studierten fände. Und das war prompt der Fall! Mein Blick sondierte in Eile die Fragen, und ich war geschockt ... Ich hatte mir ausgerechnet, dass Gott dafür sorgen würde, einen Zettel nur mit den Fragen zu ziehen, die ich vorbereitet hatte. Meine Rechnung ging leider nicht auf. So musste ich meine Zuflucht zum Schummeln nehmen. Indem ich den Zettel eben wieder bei den anderen verschwinden lassen wollte, hörte ich hinter mir die äußerst strenge Stimme des Herrn Professor P.:

„Heerrrrr Kenneth!" Ich zuckte zusammen. „Es ist Betrug, was Sie da machen. Wie können Sie es wagen, ein Examen auf diese Art bestehen zu wollen!"

Zack. Mein Herz war in der Hose – nein, in Australien. Ich dachte an alles, nur nicht an Gott. Sein ganzes Leben hindurch hatte der „alte Klaus" nur gelernt, zu lügen und zu betrügen. Prüfung war gleichbedeutend mit Schummeln. Betrug hieß Ausschluss vom Examen, und das war gleichbedeutend mit einem Jahr Wiederholung. Mist aber auch! Ich war überzeugt, durchgefallen zu sein: das Ende *vor* dem Anfang. Wenigstens musste ich mir diesmal nicht Faulheit vorwerfen. Das Stimmungsbarometer war auf null Grad gesunken.

Und mit strenger Miene befahl Professor P.: „Geben Sie diesen Zettel, den Sie in der Hand halten, dem Herrn Professor G.!"

Ufff – noch einmal gerettet. Aber was sollte ich tun? Ich hatte eindeutig Fragen auf dem Zettel gesehen, die ich nicht vorbereitet hatte. Die Angst bei den drei Schritten bis vors Pult der beiden Professoren genügte, um meine Zuflucht ein weiteres Mal zu Satan zu nehmen. Der „alte Klaus" ließ sich nicht so leicht besiegen und ich legte mir die nächste Lüge zurecht. Ich rechnete: Der Grieche hatte auf Französisch unterrichtet und sprach sicher nicht Deutsch; der Prüfer aber ist deutschsprachig. Ich reichte ihm also das Blatt und log: „Herr Professor, ich sehe auf diesem Zettel Fragen, die wir in unseren Vorlesungen nie durchgenommen haben. Das hier muss ein Zettel vom vorigen Jahr sein."

Jetzt war wirklich die Hölle los. Der Grieche hatte jedes Wort verstanden und explodierte: „Herr Kenneth! Was erlauben Sie sich eigentlich! Das ist eine bodenlose Frechheit. Sämtliche Fragen habe ich behandelt" … und so weiter.

Ich fiel ins Bodenlose, wünschte mir, ich hätte lieber die restlichen dreißig Fragen gelernt, und hörte nichts mehr. Mir wurde schwarz. Mein Examen konnte ich vergessen. Die Stimmung war nun auf minus 15 Grad gesunken, so kalt war es plötzlich im Raum. Erst jetzt fiel mir ein, dass ich gehorsam „zuerst" das Reich Gottes gesucht hatte, statt Anatomie zu pauken. Nachdem ich sozusagen „meine" Möglichkeiten verspielt hatte, war jetzt Gott an der Reihe, „alles andere hinzuzugeben" – eben mit Seinen Möglichkeiten. Außerdem wurde ja anscheinend für mich gebetet. In diese Gedanken hinein überkam mich plötzlich innerer Friede und ich war wieder die Ruhe selbst.

Der Prüfer sah auf den Zettel und stellte die erste Frage. Die hatte ich gelernt und konnte sie ohne Zögern beantworten.

Bereits bei der zweiten Frage haperte es. Ein Schema des menschlichen Gehirns lag auf dem Blatt vor ihm und die diversen Zentren waren durch Zahlen angegeben. Er deutete mit einem Bleistift auf eine bestimmte Zahl: „Sagen Sie mir bitte, um welches Zentrum handelt es sich hier?"

Alles was ich darüber wusste, war die Tatsache, dass sich diese Frage bei den dreißig nicht geübten auf meinem Vorbereitungsblatt befunden hatte. Das war nicht viel und vor allem keine Antwort wert. Aber genau jetzt kam Gott mir zu Hilfe! Der eben noch so wütende Professor P. war wie umgewandelt. Er machte eine so ruckartige Bewegung nach vorne, dass er meine Aufmerksamkeit auf sich zog. Ich sah zu ihm hinüber und bemerkte, wie er seine linke Hand an sein linkes Ohr legte; die Seite, die dem Prüfer abgewandt war. Er konnte es also nicht sehen. Dieses „Handanlegen" machte er gleich noch ein paar Mal. Dazu sprach er laut in den Raum hinein: „Hören Sie gut die Frage, Herr Kenneth, *hören* Sie gut!"

Ich begriff die Botschaft. Kurz und trocken antwortete ich: „Es ist das Hörzentrum."

„Ja, richtig", bestätigte der Prüfer und zeigte auf die nächste Zahl: „Und hier, was haben wir hier?"

Das Spiel ging weiter. Mein Professor deutete mit seinem Zeigefinger mehrmals auf sein Auge und zog an seinem Unterlid. Alles klar!

„Herr Professor, hier handelt es sich um das Sehzentrum."

„Ja, gut. Sie haben sich gut vorbereitet", lobte er mich.

Ab diesem Moment half mir mein Professor jedes Mal, wenn eine aus den dreißig Fragen dran war, und am Ende hatte ich das Examen mit 5,5 von 6 Punkten bestanden. Dennoch atmete ich erleichtert auf, als ich den Raum verließ. Wie viel Nerven hatte mich das Unerklärliche gekostet, und Gott hatte mich bis zuallerletzt auf die Folter gespannt. Es wäre wesentlich leichter gewesen, mich durch gute Vorbereitung auf mich selbst zu verlassen. Der Reichtum eines vollständigen Gottvertrauens, der Stolz eines – in den meisten Fällen verkehrten – Selbstvertrauens und überhaupt die derart reale Präsenz Gottes in allen Lebenslagen wären mir ohne diesen Glaubensakt aber verborgen geblieben. Konnte man Ihn noch besser kennen lernen als durch Gehorsam Seinem Wort gegenüber?

Dieser Gehorsam sollte sich aber nach den Schlussexamen an der Uni noch wesentlich mehr auszahlen. Ich habe weiter oben erwähnt, dass ich bei meiner Immatrikulation auf dem Dekanat der Uni ein Formular unterschrieben hatte, welches besagte, dass ich kein Recht auf Ausübung einer Arbeit in der Schweiz hätte. Damit waren mir offiziell die Zukunftsaussichten meines Studiums und späteren Berufs verbaut. Doch ich wusste: Gott verlangt Gehorsam, und es führt nur zum Zweifel, zu fragen, ob Sein Plan mit meinen Vorstellungen deckungsgleich ist. Vergangenes war vergangen, und die Zukunft konnte ich nicht wissen, da ich kein Prophet bin: Somit blieb mir nur die Gegenwart. Und diese hieß: Lehrerstudium. Durch weitere Überlegungen, ob sinnvoll oder nicht, wollte ich mich nicht verunsichern. So tat ich, was mein Vater von mir verlangte.

Als fast 40-jähriger Student mit meiner reichen Lebenserfahrung, erlaubte ich mir des öfteren, mehrere Professoren der Literatur mit ihrem reinen Buchwissen aus der Sekundärliteratur eines Besseren zu belehren. Auch manche Vorlesung durfte ich anstelle des Pädagogikprofessors halten. Nach einigen Jahren erhielt ich mein Lehrerdiplom und bewarb mich um eine Stelle. Ich hatte zwar „kein Recht auf eine Stelle", aber es war mir nicht verboten, mich zu bewerben. Da wir am Ende des Studiums – soweit ich gehört hatte – 64 Studienabgänger waren und es nur vier Lehrerstellen gab, hatte ich natürlich keinen Erfolg. Trotzdem behielt ich meinen inneren Frieden. Gott würde schon wissen, was Er mit meinem Studienabschluss anfangen konnte. Er hatte ja immer etwas auf Lager. Mein Vertrauen war sogar noch gewachsen.

Schulen und Uni schlossen, die Ferien hatten angefangen. Ich war gerade dabei, meine Sachen für einen Evangelisations-Urlaub in Sizilien zu packen, als das Telefon klingelte.

„Herr Kenneth?"

„Das bin ich. Ja, bitte?"

„Könnten Sie bitte sofort bei mir vorbeikommen?"

„Wer sind Sie, und wo ist das?"

Name und Adresse wurden mir durchgegeben. „Worum handelt es sich bitte?"

„Das kann ich Ihnen nicht am Telefon sagen, bitte kommen Sie gleich her."

Zehn Minuten später betrat ich das Zimmer des Direktors einer Sekundarschule, von der ich nicht einmal wusste, dass sie existierte.

„Schön, dass Sie gekommen sind. Bitte nehmen Sie Platz. Ich muss Sie bitten, alles was ich Ihnen jetzt sage, als ‚streng vertraulich' zu behandeln."

Das klang alles sehr seltsam, wenn nicht gar geheimnisvoll. Ich war gespannt, weil es wieder mal „typisch" nach dem Vater „roch".

„Unser Deutschlehrer ist verschwunden."

Da ist Gott am Werk, schoss es mir sofort durch den Kopf.

„Wie bitte? Habe ich Sie richtig verstanden? Was soll das bedeuten?"

„Es ist so: Herr S. kommt seit längerem nicht mehr in den Unterricht. Ich habe bei ihm zu Hause angerufen; auch seine Familie vermisst ihn seit einiger Zeit."

Das hörte sich ja wirklich mysteriös an.

„Der Grund warum ich Sie her gebeten habe, ist folgender: Sollte Herr S. bis nach den Sommerferien nicht wieder aufgetaucht sein, wären Sie, Herr Kenneth, bereit, seine Stelle zu übernehmen?"

„Oh, natürlich gerne." Ein Hoffnungsschimmer.

„In Ordnung, ich werde Sie vorerst als Ersatz einstellen. Sollte Herr S. während oder nach den Ferien doch plötzlich wiederkommen, so muss ich Sie wieder entlassen, das müssen Sie wissen. Herr S. ist nämlich nominierter Staatsangestellter und somit unkündbar."

Lieber ging ich dieses Risiko ein und hatte möglicherweise für eine oder zwei Wochen einen Job und Geld als gar nichts. Ich war einverstanden und unterschrieb den Vertrag.

Am nächsten Tag fuhr ich mit meinem Freund und Musiker Gaby nach Sizilien, wo wir uns am Strand um die jugendlichen Drogengeschädigten kümmerten und ihnen dabei von Jesus und der Bibel als „festem Grund" unter ihren Füßen erzählten. Mitte August erfuhr ich per Telefon, dass ich in der Schule erwartet würde, und fuhr zurück nach Freiburg. Herr S. war tragischerweise von einer der hohen Brücken gesprungen und hatte so seinem Leben ein Ende gesetzt – was immer der Grund gewesen sein mag. Gott sei seiner Seele gnädig! Tatsächlich hatte man inzwischen den Körper meines „Vorgängers" gefunden. Dieses Unglück benutzte Gott, um mir eine Tür zu öffnen, in der Schweiz sesshaft zu werden. Nur so konnte ich mich im Glauben entwickeln und nach und nach die Arbeit für Ihn aufnehmen – Arbeit in der Schule, Arbeit im persönlichen Glauben und Arbeit in der Evangelisation. Und das Wunder kam nach drei Jahren, als ich meine Nominierung einreichte: Ich wurde angenommen! Trotz deutschem Pass, trotz Unterschrift im Dekanat und trotz gesetzlicher Barrikade. In der Offenbarung steht das, was ich eigentlich selbst hätte schreiben können: *„Wenn Gott eine Tür öffnet, kann niemand sie zumachen, und wenn Gott eine Tür schließt, kann niemand sie aufmachen"* (Offb 3,7–8).

Kapitel 22

Frohe Pfingsten

Gott ließ mich nie mehr allein. Und dies spürte ich noch persönlicher in Basel, wo ich sonntagsabends ziemlich regelmäßig an den charismatischen Jugendgottesdiensten teilnahm. Dort war es lebendig und ansprechend und voll mit flotten jungen Menschen. Aber nach den Predigten fühlte ich manchmal, dass ich immer noch ein ziemlich übler Mensch war. Herz und Gedanken waren alles andere als gereinigt. So wurde mir eines Abends während der Predigt von Johannes Czwalina das Herz immer schwerer, und ich wollte verzagen unter der Last meiner Vergangenheit. Ich fühlte mich plötzlich wieder gebunden. Trauer überkam mich und ich war nahe dran, die Kirche zu verlassen, als Johannes plötzlich im Gebet innehielt. Seine Stimme hallte durch das Mikrophon und ich hörte: „Heute Abend ist ein junger Mann hier, der sich schwer an seine Vergangenheit gebunden fühlt und von ihr erdrückt zu werden meint. Jesus lässt dieser Person jetzt sagen, dass sie ohne Angst in die Zukunft schauen und sich ganz frei fühlen darf."

Während ich diese Worte hörte, spürte ich körperlich, wie sich dicke schwere Ketten, die sich um mein Herz gelegt hatten, wie von selber lösten und klirrend zu Boden rasselten. Ich fühlte mich wie in die Luft erhoben vor Leichtigkeit und wunderte mich dabei noch, wie Ketten, so groß wie Ankerketten eines Ozeanriesen, überhaupt in meiner Brust Platz gehabt hatten. Ich hatte Tränen des Glücks in den Augen. Gott liebt Sein Geschöpf und sorgt für es.

Als Jesus die Erde verließ, versprach er, den Menschen Seinen Beistand zu lassen. Es ist die so lebensspendende Inspiration des Heiligen Geistes, die den asiatischen Religionen leider unbekannt ist, da alle Gedanken und Inspirationen durch Meditation auf innere Leere narkotisiert werden. Daher fragten mich die Christen immer wieder, ob ich denn schon den Heiligen Geist empfangen hätte. Wie konnte ich das wissen? Und wer war dieser Heilige Geist überhaupt? Ich hatte keine Antwort. Gott aber hatte längst wieder einen Plan für mich. Was diesmal auf mich wartete, war nicht gerade leicht – um nicht zu sagen: Es war schon wieder verdammt schwer.

Unsere Gebetsgruppe „Maranatha" aus Fribourg lud mich ein, gratis mit nach Strassburg zu kommen. „Pfingsten über Europa" zog Ende Mai um die 30 000 Menschen an und war eine Riesenorganisation. Die Fahrt, die enorme Hitze des Tages und das endlose Warten auf die Verteilung der Unterkünfte kostete besonders die älteren Leute die letzten Energiereserven. Ich erlebte, wie durch das Gebet neue Kraft in die müden Glieder einströmte, und empfand allein so etwas als ein Wunder. Doch für mich persönlich sollte es Pfingsten erst am folgenden Tag werden.

Meine Geschichte hatte sich schnell herumgesprochen und war schon sehr oft durch Radio Claropa über Radio Luxemburg, Radio Monte Carlo und viele andere Radiostationen verbreitet worden. Die Reaktionen der Hörer waren so stark, dass ein kleines Büchlein mit meiner Geschichte gedruckt wurde und starken Absatz fand. Zu oft hatten mich Organisatoren eingeladen, mich bedient und gar angehimmelt, und ich war mir längst nicht mehr der Tatsache bewusst, dass ich mich über die anderen gestellt hatte. Was waren die anderen schon – immerhin hatte Jesus persönlich zu mir gesprochen! All dieser Stolz war unmerklich in mich eingeschlichen. Ich kam mir daher recht bedeutend vor und es schien mir nur normal, dass ich meinen Platz während der Plenumsversammlungen auf der Ehrentribüne hatte – mitten unter den Hauptrednern, Bischöfen, Kardinälen und Würdenträgern wie Kardinal Suenens, Thomas Roberts, Daniel Ange usw.

Zu diesem Stolz gesellte sich noch eine andere mehr als bedenkliche Haltung aus meiner Vergangenheit, derer ich mir genau so wenig bewusst war. Ich hatte meiner Ansicht nach nie zur „dumpfen Masse" des Volkes gehört. Ich war schlauer und genialer als meine Mitmenschen. Folglich war es unter meinem Niveau, bei der Essensausgabe hier in Strassburg in der Warteschlange mit Tausenden von Menschen zu stehen. Ich war bislang jedes Mal fünf Minuten vor Ende der Veranstaltungen aufgestanden und saß längst am Tisch, während die „armen" anderen draußen in der heißen Sonne schmorten, bis sie an der Reihe waren. Raffiniert, nicht? Freitag und Samstag klappte meine Taktik wunderbar. Aber am Pfingstsonntag schien der Heilige Geist von diesem „stolzen Klaus" genug zu haben. Beim Aufwachen schien mir die warme Sonne ins Gesicht, und während meines Morgengebetes überraschte mich der Gedanke, dass ich immer noch als Großmaul wichtig tat und mich als Chef aufspielte. Seltsam, seltsam, dachte ich mir. Das passt eigentlich nicht zu einem Christen, und es war mir klar: Heute reihst du dich mit dem Fußvolk ein und sitzt auch bei der Masse unten im Saal. Ich freute mich geradezu darauf. Wie hatte ich nur vorher können …?! Ab heute wollte ich ein wirklich netter und anständiger Junge sein – eben ein echter Christ.

Theorie und Realität. Als ich mich der Absperrung für die Ehrentribüne näherte, zog mich eine unmerkliche Kraft in die „falsche" Richtung. Rechtfertigende Gedanken bombardierten mich: „Du bist besser, du bist wichtiger, du hast viel gelitten und verdienst den besseren Platz, du wirst dort inmitten der Masse erdrückt werden, dort riecht es übel und es ist heiß, du wirst ohnmächtig werden …"

Ehe ich die Versuchung durchschaut hatte, war ich mit Hilfe meiner Gitarre bereits durch die Absperrung. Erleichtert setzte ich mich auf meinen „Ehrenplatz". Noch merkte ich das Ganze nicht so recht; zu groß war meine Routine. Doch die Erinnerung an meine Entscheidung heute früh, mit der Masse zum Essen zu gehen und nicht vorher den Saal zu verlassen, war noch nicht verblasst.

Und dann die Überraschung, als einer der Sprecher laut aussprach, was ich längst gedacht hatte: „Liebe Brüder und Schwestern, es ist ziemlich unangenehm für den Redner, wenn die Leute schon vor Ende des Vortrages anfangen, sich gegenseitig über die Knie zu steigen, und dadurch Unruhe und Unaufmerksamkeit stiften. So kann der Heilige Geist nicht wirken. Seid ihr einverstanden, dass wir alle zusammen sitzen bleiben, bis der Schlusssegen gesprochen wird?"

Lauter Beifall war die deutliche Antwort. Ich staunte nicht schlecht, wie das mit meinem eigenen Vorhaben übereinstimmte. Ich saß da und war aufmerksam – bis etwa fünf vor zwölf. Dann grummelte etwas in meinem Magen. Zuerst nur leicht. Doch ich war entschlossen! Drei vor zwölf kam der Angriff dreimal stärker ... uff, ich schwitzte auf einmal, mein Kopf fing an, sich zu drehen ... und aahh, zwei Minuten vor zwölf wurde das Blei in meinem Bauch unerträglich, es fraß sich fest, Gedanken krallten sich an mich und ließen nicht mehr locker. Ich glaubte todsicher in den nächsten zwei Minuten zu verhungern, wenn ich nicht sofort etwas in den Magen bekäme. Wenn ich so lange in der Warteschlange stehen müsste, würde ich draußen in der Hitze einem Sonnenstich erliegen – nein! Diese Vorstellung gab mir den Rest. Alles wurde zu unerträglich, und die Angst vor Hungertod und Hitzschlag hoben mich von meinem Platz hoch.

Ich versuchte auf Zehenspitzen durch die Reihe zu schleichen und ging – wie lachhaft – geduckt, um bloß nicht in meiner vollen Größe gesehen zu werden; dabei war meine Gitarre ein noch größerer Blickfang als ich selbst ... Glühend heiß vom schlechten Gewissen bewegte ich mich Richtung Ausgang und hoffte, dass alle zigtausend Menschen in der Halle Erbarmen mit mir hätten, der ich so kurz vor dem Tod stand. Aber ach – Misere! –, auf halbem Weg zwischen Tribüne und Seitenausgang reagierte die Riesenmenge auf den Einzigen, der sich wieder nicht an die Regel hielt, und begann zu zischen und sogar zu pfeifen ... 5000 Menschen allein direkt neben mir! Ich war der einzige von 30 000, der es gewagt hatte. Man stelle sich die Schande vor, die über mich hereinbrach – ich verließ den Saal im Delirium. Oh, hätte sich doch nur die Erde geöffnet und mich verschluckt! Die Scham war zu unerträglich.

Und das Essen erst: Es hatte weder Geschmack, noch sättigte es mich. Es muss ein surrealer Anblick gewesen sein. Völlig allein saß ich in einer enormen Halle vor Tausenden von leeren Stühlen und zitterte und bebte innerlich.

Und dann kam Satan wieder und klagte mich an: „Verschwinde von hier, du Schwächling, du bist nichts wert!"

Ich musste ihm Recht geben. Ich war nichts wert, dreimal nichts mit meinen guten Vorsätzen ... Ha, ha, es war zum Heulen, wie null ich war. Alles war in mir zusammengebrochen. Peng! In Luft aufgelöst.

„Du willst doch nicht behaupten, dass du ein Christ bist, oder?"

Satan hatte schon wieder recht.

„Du bist nicht würdig für diese Leute!", klagte er mich weiter an.

Wie es doch stimmte, was er sagte!

„Fahr nach Freiburg zurück und bleib diesen reinen Menschen fern. Du gehörst nicht zu ihnen."

Sein Wunsch war mir Befehl und ich machte mich auf den Weg. Ich nahm meine Gitarre und wollte nach Hause zurück. Ich floh vor diesen Christen, denn ich war keiner von ihnen. Da ich kein Geld und kein Auto hatte und noch nicht einmal den Weg aus der Stadt wusste, weil ich doch gratis eingeladen worden war, blieb mir nur die Flucht weg von den Messehallen und in die Stadt. Ich nahm meine Gitarre mit, sie hatte mir in den einsamen Momenten meines Lebens immer Trost gespendet. Ich irrte ziellos durch die Stadt, und zum ersten Mal in meinem Leben blieb die Gitarre trostlos und stumm. Ich war verzweifelt und ruhelos und quälte mich während vier Stunden auf der Suche nach einem Ort, wo ich Ruhe finden könnte. Aber so einen Ort fand ich nicht: Musik, Alkohol, Drogen, Ausschweifung, Reisen, Philosophie ... was auch immer, sie boten mir keinen Fluchtweg mehr an, ich hatte ja schon alle Fluchtmöglichkeiten hinter mir und wusste, dass es Sackgassen waren. Ich war innerlich völlig zerrissen.

Und dann passierte das Unerwartete! Ich glaube, das war meine Taufe mit dem Heiligen Geist. Ich *erkannte* auf einmal! Ich erkannte, dass außerhalb der christlichen Welt, die ich eben verlassen hatte, kein Trost, keine Ruhe, kein Frieden zu finden war. Es blieb nur noch eine einzige Alternative: die *Umkehr*! Ich musste dorthin zurück, von wo ich weggelaufen war. Bei diesem Gedanken stürzten Bäche von Tränen aus mir heraus und ich wurde ganz, ganz klein. Im Angesicht meiner Schwäche hatte mich mein Leid mehr gelehrt als alle Morallektionen oder sozialen Verhaltensregeln. Sichtbar erst geworden durch den Heiligen Geist. Es stimmt schon: Die Christen sind nicht besser als die anderen Menschen. Aber sie haben es besser. Sie haben den Beistand des Heiligen Geistes. Satan war dabei, mich zu zerstören – ja sogar mit der Wahrheit! Aber durch das, was passiert war, und mit Hilfe des Heiligen Geistes machte Gott daraus eine wirklich verändernde Selbsterkenntnis. Selbstzerstörung wich durch SEINE

Anwesenheit dem Selbst-Aufbau. So also sah mein neuer Meister aus, der mich liebte. Der Heilige Geist ist der wirksamste Pädagoge, den es gibt. Und Seine Arbeit ist billiger als die von Psychologen, Psychotherapeuten oder Sozialarbeitern.

Nach diesen schweren Stunden wusste ich, was zu tun war. Ich musste um Vergebung bitten und umkehren. Es fiel mir jetzt nicht mehr schwer, Jesus zu sagen, dass ich nicht viel wert war, und Ihn zu bitten, mich noch einmal anzunehmen; Ihn zu fragen, ob Er mich trotz allem wieder bei sich aufnehmen würde... Genau das tat ich. Ich kehrte auf das Messegelände zurück und erfuhr prompt die nächste Überraschung. Genau in dem Moment nämlich, wo ich die Türklinke der Messehalle hinunterdrückte und die Halle betrat, hörte ich – dazu noch aus dem Mund eines deutschen Redners – die Worte: „... den Heiligen Geist kennen, das bedeutet, seine eigene Sünde zu erkennen." Unfasslich! Ich machte einen Luftsprung vor Freude, hatte ich doch soeben die Bestätigung dafür bekommen, dass der Heilige Geist bei mir Einzug gehalten hatte. Aus der Tiefe meines Herzens entfuhr mich ein lautes „Halleluja!" Es war tatsächlich Pfingsten. *„Selig die Trauernden, denn sie werden getröstet werden"* (Mt 5,4).

Es möge nun keiner glauben, damit wäre die Sache abgeschlossen gewesen. Im Gegenteil, jetzt kam die praktische Seite dran. Es ist ja nichts Neues, dass man mir immer alles zweimal sagen musste. Die härtere Lektion folgte am Tag nach meiner Rückkehr.

In meinem Auto fand ich am folgenden Morgen einen alten Kostenvoranschlag für die Versicherung: Eine Tür, so war da zu lesen, war aufgebrochen worden und die Reparatur würde sich auf ca. Fr. 600,– belaufen. Diesen Betrag würde ich erhalten, wenn ich die Reparatur selber ausführte. Da ich Geld immer gebrauchen konnte, kam „dem alten Klaus" gar nicht in den Sinn, dass die ganze Geschichte getrickst war und nicht der Wahrheit entsprach. Sieh an, dachte ich mir, als ich den leicht vergilbten Zettel liegen sah – eine alte Sache, die ich endlich erledigen könnte. Als guter Christ wird jetzt nichts mehr aufgeschoben. Kurz darauf stand ich im Büro meiner Versicherung.

„Guten Morgen. Ich habe hier eine Rechnung über einen Schaden. Mein Auto wurde aufgebrochen und das Schloss musste ersetzt werden. Hier ist die Bestätigung der Werkstatt."

„Lassen Sie mal sehen."

Ich reichte das Blatt über den Tresen; die Dame betrachtete das Blatt.

„Geht in Ordnung, wir werden Ihnen den Betrag überweisen."

„Danke schön. Auf Wiedersehen."

Ich wandte mich um und ging auf die Tür zu und wollte eben den Raum verlassen, als die Sekretärin mich noch einmal zurückrief. „Hallo! Bitte entschuldigen Sie. Bitte kommen Sie noch einmal."

Ich bekam einen Schreck; aus welchem Grund wusste ich nicht einmal.

„Ja, was gibt's?"

„Ich sollte noch wissen, wann Ihnen der Schaden entstanden ist."

Ich hatte Angst, kein Geld zu bekommen, wenn die Geschichte schon zu lange her war. In dem Moment fuhr Satan blitzschnell in mich hinein und ich log: „Nun, äh ... hm, das war vor ein paar Tagen erst."

„Gut", sagte sie und notierte das Datum auf ihre Schadensmeldung.

„Also, auf Wiedersehen."

„Auf Wiedersehen auch."

Wieder ging ich Richtung Tür und war eben dabei zu verschwinden, als ich nochmals die Stimme der Sekretärin hinter mir hörte: „Monsieur!"

Ich erstarrte. Was war jetzt wieder?

„Bitte kommen Sie doch noch einmal her."

Ich näherte mich ihr, und sie sah mir direkt in die Augen, als sie sagte: „Könnten Sie mir bitte erklären, wie es kommt, dass Sie mir gerade dieses Datum gesagt haben – und eben las ich auf dem Kostenvoranschlag, dass Ihnen der Schaden schon vor ein paar Monaten entstanden ist?"

Ich war wie angewurzelt. Eine Bombe explodierte in meinem Gewissen, und augenblicklich war mein Mund wie zugeschweißt. Das längste Schweigen aller Zeiten folgte. Ich wurde rot wie eine Tomate und wünschte, der Boden unter mir möge sich doch öffnen und mich verschlucken. Mir war heiß und schwindlig, und ich konnte weder sprechen noch mich von der Stelle bewegen. Peinliche Schande über Schande, während die Angestellte immer noch auf eine Erklärung von mir wartete und mich zu allem Unglück dabei fixierte. Mir fiel nichts ein, was ich hätte sagen können, absolut gar nichts. Auf deutlichere Art hätte mir niemand meine Sünde vor Augen führen können.

Jetzt wurde das unheimliche Schweigen selbst der Sekretärin zu peinlich, und sie sagte: „Ich sehe, Sie sind etwas verwirrt. Nehmen Sie doch bitte das Formular mit nach Hause und schicken Sie es dann mit der Post zurück."

Ich torkelte aus dem Büro ... Zu Hause angekommen fiel ich auf die Knie vor Jesus und weinte bitterlich. „Jesus, ich bin unverbesserlich. Ich bin ein Haufen Mist. Ich verdiene Deine Verachtung."

„Ich verachte dich aber nicht."

„Jesus, Du hast doch gesehen, was passiert ist! Es war mir so peinlich. Wie soll ich mich aus dieser Situation wieder herausmanövrieren?"

„Du sollst dich nicht manövrieren. Die Wahrheit manövriert nicht."

„Was soll ich dann tun? Ich bin ratlos."

„Sag die Wahrheit."

„Waaaas!? Das kannst Du nicht von mir verlangen. Das schaffe ich niemals."

„Ich weiß."

Die Vorstellung, einem Pastor etwas zu beichten, lag im Bereich des Möglichen, aber zu einer Sekretärin beichten gehen zu müssen, war mir unvorstellbar.

„Liebst du die Wahrheit? Liebst du Mich?"

„Das weißt Du doch ..."

„Dann weißt du auch, was du zu tun hast."

Das Herz wurde mir schwer. So musste ich denn einen Handel mit Jesus machen. Ich schlug Ihm vor: „O.k, ich werde es tun, aber Du musst mit mir kommen."

„Versprochen!"

Fast die ganze Woche lange brannte mir mein Herz, und ich versuchte alle möglichen Ausreden und Erklärungen zu erfinden – nichts half. Wahrheit blieb Wahrheit. Ich schob „mein

Gericht" hinaus bis zum letzten Moment; bis ich freitags am Nachmittag keine Wahl mehr hatte und in die Agentur zurückkehrte. Bevor ich aber die Tür öffnete, sagte ich wieder: „Bitte, Herr Jesus, nach Ihnen."

Die Sekretärin saß an ihrem Schreibtisch und kam zum Tresen, als sie mich sah: „Guten Tag, aha, Sie sind selbst gekommen."

Ich war sicher, sie wusste aus Erfahrung, dass viele Leute regelmäßig Versicherungsbetrug begingen. Vielleicht war es dieser Gedanke, der mich inspirierte, „anders" zu sein als die Betrüger – eben ein Christ. Ohne lange Umschweife zu machen, reichte ich ihr das Formular zurück und meinte: „Sie können jetzt von mir denken, was Sie wollen, aber dieser Antrag ist eine Lüge gewesen. Ich habe kein Anrecht auf das, was da drin steht. Es tut mir leid, und ich bitte Sie um Entschuldigung. Zerreißen Sie einfach das Papier."

Ufff, es war heraus, und ich war um einige Zentner leichter geworden. Dabei sah ich, wie mein Gegenüber derart erstaunt war, dass sie Mühe hatte, ihr Erstaunen unter einer „Maske der Reglosigkeit" zu verbergen. So etwas war ihr vermutlich noch nie passiert. Aber das war *ihre* Angelegenheit. Ich atmete wieder die Luft der Freiheit nach dieser außergewöhnlichen Beichte. Mit Jesus ist buchstäblich alles möglich. Und im Laufe der Jahre knöpfte Er sich meinen Stolz, Egoismus, die Vorurteile, Zorn und eine Leidenschaft nach der anderen vor, die aus einem frei geschaffenen Menschen einen Sklaven gemacht hatten. Ein radikaler Prozess, der bis an mein Lebensende weitergehen wird.

Der Heilige Geist kommt oft überraschend und legt sich mit dem „alten Menschen" in uns an. Wo Routine mich längst blind gemacht hatte, führte Er mir mit aller Deutlichkeit mein Abweichen vom Weg Gottes vor Augen. Als meine Freundin (Schwester) und ich auf der Fahrt von Südfrankreich in die Schweiz zurück eine Autopanne hatten, passierte es schon wieder. Wir hatten es eilig, erwartete uns doch Maurice Ray für den Abend in Lausanne. Mitten zwischen zwei Dörfern im Süden riss das Kabel des Gaspedals und der Motor heulte auf. Wir ließen uns in eine Werkstatt ins nächste Dorf schleppen – ein Ein-Mann-Betrieb. Umringt von kaputten Fahrzeugen und wartenden Kunden, von denen jeder zuerst an die Reihe kommen wollte, sah uns der Mechaniker mit grimmigem Gesicht an; *wir* hatten ihm gerade noch gefehlt. Kleinlaut bat ich ihn, unsere Lage beschreibend, nur „schnell" unsere Panne zu beheben, als erstes – vor den anderen. Die Explosion mit Wutausbruch, die folgte, war von tonnenschweren Flüchen begleitet. Und wir mögen uns zum Teufel scheren!

„Fahr selber zur Hölle!", dachte ich. „Dort ist dein Platz, du Grobian, du elender."

Ich war natürlich fürchterlich frustriert, weil ich nicht bekam, was ich wollte, und weil ich befürchtete, es heute nicht mehr bis nach Lausanne zu schaffen, als plötzlich der Heilige Geist über mich kam und mir klar machte, was ich soeben eigentlich gedacht hatte. Das war alles andere als ein christlicher Wunsch meinerseits gewesen, und ich korrigierte mich sofort: „In der Hölle ist dieser arme Mann ja schon durch seine Arbeit, bei der jeder der Erste sein möchte und ihm das Leben buchstäblich zur Hölle macht." Als mir das klar wurde, drehte ich den Spieß um. „Ich wünsche dir den Himmel", betete ich für ihn und: „Mögest du Frieden und die Ruhe des Himmels finden." Das Wunder geschah.

Wenige Augenblicke später kam er zu uns ans Auto und bat mich, die Haube aufzumachen. Wir arbeiteten schimpfend und schnaubend, verärgert über die Autohersteller, die eine derart komplizierte Kabelführung erfunden hatten, dass es anderthalb Stunden Arbeit für zwei Personen brauchte, um einen simplen Gaszug zu ersetzen. Mit öligen Armen und schwarzen Gesichtern tauchten wir nach getaner Arbeit schwitzend und lachend unter der Kühlerhaube auf und freuten uns, es schließlich geschafft zu haben.

Der Mann war völlig verändert, und staunend hörten wir: „So was Kompliziertes habe ich noch selten erlebt. Das war eine glatte Herausforderung an mich, und jetzt habe ich eh schon so viel Zeit mit euch verbracht, dass es mir gerade egal ist. Ich schenke euch meine Arbeitszeit. Es ist gratis."

Nicht genug damit. „Wartet bitte noch eine Sekunde", bat er.

Er verschwand hinter der Werkstatt und kam nach ein paar Minuten wieder mit einem großen Plastiksack, den er uns reichte. Große, dunkelrote, leckere Kirschen lachten uns an.

„So, nehmt das als Wegzehrung mit auf die Fahrt in die Schweiz." Er strahlte. „Die sind von meiner Frau, aus unserem Garten."

„Mein Gott, wie groß bist Du!" *„Bittet, und es wird euch gegeben werden ...",* die Bibel war ein so lebendiges Buch. Wie lange wird es noch dauern, bis ich aufhöre, so kleingläubig und ängstlich zu sein! Der Abschied konnte herzlicher nicht sein, und selbstverständlich kamen wir rechtzeitig bei Maurice Ray in Lausanne an.

Kapitel 23

Oh Wunder!

Ein neugeborenes Kind bekommt viele Geschenke. Es blieb mir weiterhin unerklärlich, warum bei mir alles so gut anwendbar war, was in der Bibel stand. Es war einfach so. Weshalb klagten so viele Christen mir ihr Leid, dass bei ihnen so gar nichts von der Gnade Gottes sichtbar würde? Ich hatte mein Leben Jesus einfach radikal übergeben und fing an zu verstehen, dass ich mich zwar „bekehrt" hatte, aber dass ich diese „Bekehrung" quasi täglich neu mit Leben erfüllen musste. Es schien nicht zu genügen, sich „einmal" zu bekehren und danach ein U-Boot-Christ zu werden, der nur zweimal im Jahr auftaucht in der Kirche, an Weihnachten und Ostern. Mein Vater erfüllte mit göttlicher Pädagogik Seinen Plan für mein Leben; und das wurde im Alltag sichtbar. *„Bittet, und es wird euch gewährt werden ..."* Das erlebte ich und hätte diesen Satz selber in die Bibel geschrieben, stände er nicht schon dort. In großen wie in kleinen Dingen machte ER sich sichtbar für mich. ER war in jedem Moment des Tages anwesend, und es war nur natürlich, dass ich die ganze Welt an diesem unerklärlichen Glück teilhaben lassen wollte. Es genügte mir nicht, Gott nur für mich persönlich zu erfahren, sondern ich wollte selber aktiv sein und mit allen Gaben, die Er mir geschenkt hatte, Zeugnis für Ihn ablegen. Da ich immer schon Musiker gewesen war, wollte ich nun für Ihn singen und ein Musikalbum herausbringen. Doch hatte ich nicht einmal eine anständige Gitarre, um dieses Vorhaben auszuführen. Ich bat also Jesus um Hilfe. Nicht lange danach klingelte es an der Haustür. Ich staunte nicht schlecht, als ich öffnete.

„Hallo Dyane, wo kommst du denn her?" Meine Freude war riesig.

Dyane war eine rassige junge Frau aus Hawaii, mit der ich mich 1977 während einer Dschungeltour im Norden Thailands angefreundet hatte. Eine Zeit lang hatte ich davon geträumt, ganz nach Hawaii zu ihr zu ziehen, aber meine Bekehrung hatte alle Pläne verändert. Da stand sie nun plötzlich vor meiner Tür!

Nachdem wir es uns im Zimmer gemütlich gemacht hatten erklärte sie: „Ich hatte auf einmal das dringende Bedürfnis, dich zu besuchen. Und außerdem weiß ich, dass du gerne singst. Also habe ich dir als Geschenk eine Gitarre mitgebracht." Mir blieb der Mund offen stehen. Sie hielt mir den braunen Gitarrenkoffer entgegen.

„Öffne ihn." Das musste sie nicht zweimal sagen.

Mein Herz schlug höher, als ich eine „Ovation Classic" herausnahm. Ein sehr teures Instrument, welches unerreichbar weit über meinen finanziellen Möglichkeiten gelegen hätte. Aber offensichtlich war der Himmel doch nicht so unerreichbar, denn hier stand ich und hielt aus den Händen Dyanes eine „Gebetserhörung" in meinen Händen – Halleluja! Womit der Weg ins Tonstudio möglich wurde. Ich fragte die besten Musiker in weitem Umkreis an, ob sie bereit wären, für Gott gratis ihre Zeit zu opfern. Ich bekam keine einzige Absage. Stück um Stück, Monat um Monat vervollständigte sich mein Traum: Jesus meine Stimme zu geben.

Das Ende der Aufnahmen kam und damit verbunden die sehr hohe Rechnung für die Studiokosten und den Tontechniker. Allein dieser deichselte es so hin, dass die Summe auf knapp ein Drittel zusammenschrumpfte. Der Rest kam ebenso auf fast übernatürliche Art. Da lud mich zum Beispiel Frau Ria B. zum Spaziergang durch ihren Wald bei Zürich ein und hielt mir plötzlich eine Packung Zigaretten hin: „Bediene dich, Klaus." Sie klopfte gegen die Schachtel, und ich sah etwas Längliches herausrutschen. Ich sah nicht genau hin und steckte es in meine Tasche. Wir gingen weiter, sprachen, beteten. Erst im Zug nach Freiburg zurück, griff ich in meine Hosentasche und fand dort vier 500-Franken-Scheine, säuberlich mit einem Gummiband zu Zigarettengröße gerollt. Andere Summen fand ich in anonymen Kuverts in meinem Briefkasten. Auf den Rappen genau konnte ich alle Kosten bezahlen. Mein erstes Album mit zwölf Liedern sah mit Gottes Hilfe das Licht der Welt. Sein Titel war mir von Anfang an klar: Es war die zwei Millionen Kilometer lange Reise „*Vom Kopf ins Herz*", die ich da in Vers- und Liedform vertont hatte. „From Head to Heart" erzählt vom beschwerlichen Weg aus der Hölle, besingt die Reise vom Regen in die T(r)aufe. Danach ließen Konzertauftritte auch nicht lange auf sich warten.

Ein Studienkollege hatte in Sion eine Großveranstaltung organisiert und lud mich zum Mitmachen ein. Hundert Musiker, Komponisten, ein Ballett wirkten mit. Live aufgezeichnet von Radio Suisse Romande, sollte es am 31. Dezember zu Silvester ausgestrahlt werden. Mehr als tausend Zuschauer füllten die Halle. Eines meiner Lieder beschreibt meinen langen Weg zu Jesus, und diese Botschaft wollte ich den Zuhörern vermitteln, ohne als Christ „bemitleidet" zu werden. Der Song war zusammen mit dem Radio-Orchester Genf gut eingeübt. Bei der Generalprobe allerdings ging so ziemlich alles daneben: die Gitarre ließ sich nicht stimmen, die Tonmisch-Anlage setzte aus, tote Lautsprecher, plötzlich heftige Rückkopplungen ... ich war nervös und wütend und wir mussten die Proben abbrechen. Meine Spannung stieg merklich an, und in diesem Zustand fieberte ich dem Abend entgegen. Ich hatte mir extra eine Gebetszeit vor meinem Auftritt reserviert, als der Hauptorganisator mir eine Kamera in die Hand drückte und mich bat, die offiziellen Fotos der Show zu schießen. Das hatte mir gerade noch gefehlt. Diese doppelte Last bewirkte, dass ich anfing mich zu verlieren – und eine halbe Stunde vor meinem Auftritt wirklich verloren war. Ich drückte den Fotoapparat einer Freundin mit ein paar Erklärungen in die Hand und rannte hinunter in die Garderobe. Ich wollte zumindest noch einmal schnell den Text „durchchecken" und stellte mit Entsetzen fest, dass mir nicht ein einziges Wort meines Textes mehr einfiel. Total blockiert. Mir wurde schlecht. Die Hände zitterten, und ich konnte nicht einen sauberen Akkord greifen.

In meiner Verzweiflung verkroch ich mich in einen dunklen unbenutzten Raum und betete zu Jesus. Ich schrie: „Jesus, ich kann nicht auftreten. Du siehst, wie nervös und blockiert ich bin."

Da geschah etwas ganz Wunderbares. Plötzlich war Jesus anwesend, bei mir im Raum, und Er antwortete mir: „Ja, ich weiß."

Diese Antwort hatte etwas derart Beruhigendes in sich, dass ich bis in die tiefste Faser meines Seins wusste: Er weiß alles, Er hat mich verstanden, Er lässt mich nicht allein. Doch ich klagte weiter: „Jesus, es geht wirklich nicht, ich kann nicht singen. Ich habe keinen Mut, so auf die Bühne zu treten."

„Für *wen* singst du?"

Die kurze Frage löste eine Lawine aus. Es fiel mir wie Schuppen von den Augen: *Ich* wollte der Star sein, alle Ehre für mich, für Klaus Kenneth – aha!

„Du hast Mir doch dein Leben gegeben. Oder hast du dich jetzt anders entschieden?"

Mein Gott! Alle Ehre für mich? War ich zum Lügner geworden, wenn ich „Halleluja" gesungen hatte? Gott wollte nicht, dass ich zum Lügner wurde. Doch es gab noch ein Problem.

„Aber …, Jesus, ich kann den Text nicht mehr auswendig."

Wie soll ich es beschreiben – plötzlich stand ich vor Ihm und Er forderte mich auf, *Ihm* den Text vorzutragen. Mir schlotterten die Knie – jedes Wort vor dem König der Könige aufsagen und den Inhalt vor Ihm verantworten! Während ich also anfing, spürte ich, wie sich jedes Wort in den Windungen meines Gehirns eingravierte; es war wie die Nadel, welche die Rillen einer Schallplatte ritzt. Ich stand auf und stieg die Treppe hinauf ins grelle Scheinwerferlicht, die Gitarre unterm Arm. Eben kamen die Ballettmädchen die Treppe herunter und riefen mir zu: „Hey, Klaus! Wach auf, du bist dran. Du bist soeben angesagt worden." Vielleicht habe ich verschlafen und ruhig ausgesehen, aber innerlich war ich hellwach. Der da auf der Bühne stand, war nicht mehr „ich". Der da im grellen Scheinwerferlicht vor einer riesigen schwarzen Wand aus Menschen sang, war vollkommen ruhig und sang SEINE Botschaft, ohne danach den Beifall zu hören, als er sich – fast wie in Trance – von der Bühne zurückzog. Überzeugt, dass diese „Love-Message" nicht nur Unterhaltung für das Publikum war, sondern etwas, was der Zuhörer in seinem Herzen mit nach Hause nehmen konnte – ein Stückchen Hoffnung.

Diese und ähnliche Phänomene kamen mir ein wenig vor, als wolle Gott mir mit aller Deutlichkeit zeigen, dass ich nichts verpasst habe, als ich bei meiner Bekehrung die spirituellen

Lager wechselte. Er hatte das größere Angebot und die bessere soziale Schicht: Engel statt Dämonen dienten mir jetzt; wenngleich Gott die Entscheidungen traf, wann und wo er dieses oder jenes Phänomen einsetzte. War etwas wirklich in Seinem Sinne, so standen mir alle Wege und Türen offen. Sogar Staatsgrenzen – bis an einen Punkt, wo Er mich sogar wieder *unsichtbar* werden ließ. Und dies gleich zwei Mal:

Ich hatte in Porrentruy, nahe der französischen Grenze, einen Zeugnisabend. Von Belfort und Montbéliard war eine Gruppe Franzosen gekommen, um mich zu treffen. Sie hatten von mir gehört und wollten mich als Redner für den nächsten Tag – in Frankreich. Leider hatte ich keinen Pass bei mir, was ihr Projekt verunmöglichte. Doch sie drängten und meinten, es wäre wichtig.

„Wisst ihr, probieren geht über studieren. Lasst uns doch einfach die 15 Kilometer zur Grenze fahren. Es ist ja kein großer Umweg."

Einen Versuch war es wert. Gesagt, getan. Meine Freunde hatten mich samt Gitarre und Verstärker in ihr Auto umgeladen. Gegen Mitternacht kamen wir an die Landesgrenze. Ich stieg aus dem Wagen und ging zum Zöllner.

„Guten Abend. Ich hätte eine Frage und eine Bitte."

„Worum geht es?"

„Haben Sie morgen Nachmittag Dienst?"

„Ja. Warum?"

„Nun, die Lage ist folgende: Diese Leute dort möchten gerne, dass ich in ihrer Gemeinde in Belfort einen Vortrag halte morgen früh. Nun habe ich aber keinen Pass bei mir. Da Sie mich jetzt sehen und kennen, wäre es möglich, dass Sie mich morgen ohne Pass in die Schweiz zurückkommen lassen? Sie sehen ja, ich bin nicht illegal."

„Tut mir leid, das kann ich nicht. Ohne Pass kann ich Sie nicht in die Schweiz einreisen lassen." Sein Gesicht verhärtete sich.

„Bitte! Wo ist denn das Problem?"

Es war zwecklos, und alles gute Zureden half nichts. Ein gut funktionierender Funktionär.

„Ich möchte jetzt mit Ihnen eine Wette machen", fuhr ich fort. „Ich werde die Schweiz verlassen und mit Gottes Hilfe wieder zurückkommen." Ich spürte, dass Gott mir die „Erlaubnis" gab, so zu sprechen. Ich war weder provokativ noch hochmütig. Es sollte eine Herausforderung an sein Herz sein.

„Nun, ich kann Sie nicht daran hindern, die Schweiz zu verlassen – aber seien Sie sicher, wenn ich Sie morgen sehe: ich werde Sie nicht ins Land lassen. Außerdem könnte es sein, dass die Kollegen am französischen Zoll Sie auch nicht ohne Pass durchlassen."

„Ich wünsche Ihnen eine gute Nacht – und bis bald."

Ich wunderte mich selbst, woher ich die Kraft und Sicherheit bekam, so aufzutreten. Der französische Zöllner gab uns einen Moment später mit Handzeichen zu verstehen, wir sollten durchfahren. Wir mussten nicht einmal anhalten.

Der Sonntag war ein Tag der Gnade. Um die 600 Menschen waren im Saal, und Gott wirkte außerordentlich segensreich. Viele Herzen öffneten sich an diesem Morgen für die Botschaft des Evangeliums. Danach wurde ich zum Essen eingeladen, und anschließend brachten mich meine Freunde wieder zur französischen Grenze. Mein Herz klopfte schon fester, als wir den Schweizer Zoll vor uns sahen. Und da stand er tatsächlich, der Beamte von gestern Nacht! Er ließ uns anhalten und näherte sich dem Fahrer.

„Ihre Pässe bitte. Würden Sie bitte alle aussteigen!"

Schweigend sahen wir uns an. Ich saß hinten, zwischen zwei Begleitern. Sie erhoben sich und verließen den Wagen. Als ich nur noch allein drin saß, sagte mir plötzlich eine Stimme: „Bleib sitzen!" Das tat ich. Was nun geschah, war umwerfend. Der Beamte hatte die Pässe der anderen kontrolliert und näherte sich wieder unserem Auto, blickte durch das Fester ins Innere des Wagens – aber er sah mich *nicht*! Es waren weder abgedunkelte Scheiben, noch konnten Lichtreflexe die Sicht behindern. Ich war schlichtweg nicht sichtbar für den Zöllner. Dabei saß ich völlig normal auf der hinteren Bank. Es war, als säße ich hinter einer Spiegelwand, von der aus ich den schüttelnden Kopf des Zöllners beobachtete, dem vermutlich unlösbare Fragen durch den Kopf gingen. Meine vier Freunde stiegen ein, und wir fuhren zu der Stelle, wo ich mein Auto gelassen hatte. So einfach kann es gehen, wenn Gott etwas beschlossen hat. Mein Teil der Aufgabe bestand quasi nur darin, Vertrauen in Ihn zu haben. Und – weiß Gott – das hatte ich. Indem Er mich unsichtbar machte, wurde Er sichtbar.

Nicht viel anders war es, als ich bald darauf wieder Mutter Teresa von Kalkutta traf. Sie war zu einem Vortrag in die Kathedrale nach Lausanne gekommen. Dass dieses Gotteshaus meine Heimat war und ich zu ihm eine ganz besondere Beziehung hatte, brauche ich nicht extra zu betonen. Mutter Teresa hatte mir damals viel von Maria erzählt und wie sehr sie mich schützen würde durch ihre Fürbitte bei ihrem Sohn. Ich hatte damals nicht wirklich verstanden, was sie damit meinte. Mir schien der Zeitpunkt gekommen, wo ich ihr ein paar Fragen darüber stellen konnte, und außerdem hatte ich – voller Freude – einen Bericht meines Zeugnisses für sie vorbereitet, damit sie selber lesen konnte, wie ich inzwischen Christ geworden war. Als ich in Lausanne ankam, durfte ich nicht erstaunt sein, festzustellen, dass Mutter Teresa völlig abgeschirmt war von Sicherheitsbeamten; sie befand sich genau in dem Raum, wo ich einst mit Maurice meinen Exorzismus gemacht hatte. Es ging um mehr als nur ein paar journalistische Fragen, die ich ihr stellen wollte. Ich wollte „meine Mutter" sehen, und das in doppeltem Sinn: Sie war die erste Mutter gewesen, die ich als solche im Leben empfunden hatte, und sie war die Person, die mir vielleicht weiterhelfen konnte, meine Mutter im Himmel – die Mutter Jesu – kennen zu lernen; das hatte sie mir schon damals in Kalkutta empfohlen. Als ich den Aufwand an Sicherheitsbeamten sah, nicht nur vor der Tür, sondern schon vor dem Garten, schien mir der Zugang zu ihr unmöglich. Gott aber öffnete mir schon wieder die Tür.

„Geh einfach durch zu ihr" – mehr hörte ich nicht; und ich folgte der Anweisung. Die Posten schienen mich nicht zu sehen, obgleich ich ganz normal aufrecht ging. Keine verbietende Bewegung zu mir hin, keine Fragen, wer ich sei, kein Versperren des Weges. Als ob ich unsichtbar wäre. So kam ich an drei oder vier Absperrungen vorbei und stand plötzlich vor Mutter Teresa. Sie unterbrach ihr Gespräch und wandte sich mir zu.

„Guten Tag, Mutter."

„Hallo, es ist schön, dass du gekommen bist. Was kann ich für dich tun?"

„Erinnerst du dich noch an mich?"

„Oh ja natürlich." Ich war erstaunt. Das, nach so vielen Jahren!

„Hier, ich habe das für dich vorbereitet", womit ich ihr mein schriftliches Zeugnis in die Hand gab.

Sie sah es aufmerksam an. „Ich werde es später lesen. Jetzt habe ich keine Zeit dafür, ich muss gleich nach draußen gehen."

„Danke. Ich freue mich, dich wieder getroffen zu haben."

Ich verließ den Raum und ging in die Kathedrale, die überquoll von der Menschenmenge, die gekommen war, um Mutter Teresa zu hören. Da fiel mir auf einmal das Wichtigste ein, das ich vergessen hatte, sie zu fragen. Ich ging noch einmal hinaus – und als ob ich wieder unsichtbar wäre, durchschritt ich die Sicherheitszone vorbei an den Beamten, als wären sie allesamt stumme Statuen. Nochmals stand ich vor ihr und bat um Auskunft:

„Du hast mir damals in Kalkutta von Maria erzählt, sie wäre unser aller Mutter und würde mich schützen, wenn ich sie nur anrufe. Könntest du mir das bitte noch einmal näher erklären? Ich habe das nie verstanden."

„Oh Klaus, das ist nicht etwas zum ‚Verstehen', das ist wie ein Geheimnis. Das wirst du nicht mit dem Verstand erfassen können. Das musst du einfach tun."

„Wie meinst du das?"

„Nun, bete einfach zu ihr."

„Wie denn und was denn?"

„Mach es so wie ich. Ich werde dir jetzt das Gebet sagen, das ich selbst täglich bete. Praktiziere es, und du wirst erkennen, was für eine Liebe und Kraft von ihrer Fürbitte ausgeht. Mein persönliches Gebet ist sehr kurz. Es geht so: ‚Mary, Mother of God, be Mother to me and lead me to your Son' (Maria, Mutter Gottes, sei mir Mutter und führe mich zu Deinem Sohn). Denke nicht darüber nach, sondern tu es."

„Und wenn ich es nicht schaffe? Reicht es nicht, Jesus im Herzen zu haben? Viele Christen sagen, Maria wäre unwichtig und man dürfe nicht zu ihr beten. Das wäre sogar Götzenkult."

Sie lachte herzhaft – worüber auch immer … „Sorge dich nicht, ich verpflichte mich hiermit, jeden Tag für dich zu beten."

Mein Herz jubelte über solchen Beistand. Ich hatte das Gefühl, eben sei für mich im Himmel ein Konto eröffnet worden, auf das wir beide nun regelmäßig einzahlen würden. Und einmal mehr erfuhr ich, dass Gott uns Seine ganze Kraft und Macht verleiht, wenn es darum geht, den Weg zu Ihm zu finden. Auch die Macht, unsichtbar zu werden für andere.

Die Kathedrale hier schien überhaupt ein schicksalsträchtiger Ort für mich zu sein. Es war nicht erstaunlich, dass mich Gott im Laufe der Zeit zu all jenen Personen führte, die auf meinem Weg zu Ihm eine persönliche Bedeutung gehabt hatten. Wiederum in der Kathedrale in Lausanne traf ich an meinem Geburtstag eine Person, die einen wichtigen Einfluss auf meine Öffnung für das Christentum gehabt hatte. Vor meiner Abreise nach Südamerika hatte mir meine Freundin das Buch „Das Kreuz und die Messerhelden" mit auf die Reise gegeben. Bei der Lektüre staunte ich nicht schlecht, dass solche Menschen Christen geworden waren. Hauptfigur in diesem spannenden Bericht war ein Bandenführer namens Nicky Cruz, und er war alles andere als ein Babyface. Mit Nicky saß ich nun hier – wieder in der Kathedrale –, und wir tauschten unsere Gefühle und Erfahrungen aus. Unser Dienst war der gleiche, das sahen wir beide. Als neue Brüder beteten wir zusammen für unsere Aufgaben.

Dienst aber nicht nur durch Worte, sondern auch durch Musik. Wieder in Lausanne wurde ich eingeladen, ein Wochenende zusammen mit Leon Patillo, dem Keyboarder des weltberühmten Musikers Carlos Santana, zu gestalten. Auch er war Christ geworden und zählte mit Sicherheit ebenfalls nicht zu den Babyfaces. Hier lernte ich noch einen Bruder kennen, der auf mächtige Art seine Gaben in Gottes Dienst gestellt hatte. Ich war glücklich, wirkliche Brüder in meiner neuen Familie zu wissen, die alle am gleichen Ziel mitarbeiteten: Menschen, die ziellos lebten, Hoffnung zu machen und Richtung anzubieten. In diesem Sinne fand ich es persönlich als große Ehre, dass ich mit meinen Liedern sogar am legendären Jazz-Festival in Montreux auftreten durfte – und zwar auf dem Gospel Boat. Ich fragte mich nicht länger, warum die anderen Christen sich immer beklagten, keine Zeichen von IHM zu bekommen. Ich suchte keine Erklärungen, sondern die Gegenwart Gottes zu jeder Stunde des Tages; in meiner Seele, meinen Gedanken und meinem Herzen; und dies teile ich bis heute mit meinen Brüdern und Schwestern, damit auch sie täglich einen Neubeginn mit Ihm machen können. Das ist meine Antwort auf ihre Fragen. So oft hörte ich in den letzten Jahren: „Dich hat Gott geschickt" oder „Du kommst im richtigen Augenblick"; manchmal sogar, wenn ich nur scheinbar zufällig irgendwo erschien. So erlebten andere Gott durch mich, ohne dass ich es bewusst suchte – während ich durch die anderen Gott nahezu jede Woche erleben durfte. Immer war es ein Austausch. Je kleiner ich wurde, desto wirkungsvoller schien Gott durch mich wirken zu können. Kein Bereich und keine soziale Schicht war ausgenommen.

In Bern traf ich eines Tages Grete B. Sie lud mich zum gemeinsamen Gebet in ihr Haus ein. In einem einführenden Gespräch hörte ich, dass ihr Mann Chef eines hohen Regierungsamtes in Bern war. Er genoss diplomatische Ehren und die Zeitungen schrieben viel über seinen Einsatz. Doch aus dem Munde seiner Gattin klang alles ganz anders: „Jedes Mal, wenn E. auf Dienstreise geht, so weiß ich inzwischen mit Sicherheit, vergnügt er sich dort mit anderen Frauen. Sein Verhalten ist abscheulich und er vergisst, dass er eine Frau und Kinder zu Hause hat. Oft genug sind seine Dienstreisen nur Vorwand, damit er seine Freundinnen im jeweiligen Land besuchen kann."
Was für eine Anklage. Amtsmissbrauch! Wir beteten oft und lange zu Gott, damit Er diese unwürdige Situation bereinige. Im Januar 1987 stand es dann in allen Zeitungen: Der einst Gefeierte wurde zum Gefeuerten. Dienstenthebung und Disziplinarverfahren folgten. Gottes Mühlen mahlen langsam ...

In einem umgekehrten Fall hatte ich das Buch eines hochrangigen und einflussreichen Schweizer Diplomaten, des Botschafters Dr. S., gelesen und konnte mich dabei des Eindrucks nicht erwehren, dass dieses Buch das unvollständige Ergebnis einer sehr ernsten Suche darstellte, die sein Autor in Tibet unternommen hatte. Mir fiel auf, dass entscheidende Elemente der Wahrheit fehlten, die der Autor offensichtlich noch nicht gefunden hatte. Die Antworten, die der Schreiber auf seiner Suche nicht gefunden hatte, konnte ich in der Präsenz Jesu leicht erkennen.

Ich brannte darauf, mit ihm darüber sprechen zu können. Diese Gelegenheit bot sich, als ich mit diplomatischen Freunden zu einer Ersten-August-Feier in die Botschaft eingeladen wurde. Schon kurz nach unserer Begrüßung setzten wir uns an einen Tisch und begannen ein so intensives Zweiergespräch, dass er offenbar binnen zwanzig Minuten sämtliche Gäste und Ehrengäste vergessen hatte. Es war schon erstaunlich, dass wir so absorbiert waren, dass er sich zum Verabschieden seiner Gäste kaum erhob, sondern nur kurz aufblickte und mit dem Kopf nickte.

Unsere spirituelle „Zweisamkeit" dauerte bis ein Uhr morgens, und dann hörte ich wörtlich aus seinem Mund: „Der Himmel hat Sie geschickt!"

Ich war glücklich, dies zu hören.

„Seit so langer Zeit habe ich die Antwort auf dieses bestimmte Problem gesucht und nicht gefunden."

Gott hatte ihm durch dieses Gespräch die Antwort gegeben. Erst bei unserer nächsten Begegnung verstand ich, warum. Ich muss aus Diskretionsgründen schweigen. E. schien so zufrieden zu sein, dass er mir daraufhin das „Du" anbot! Gott ist grenzenlos.

Auf wunderbare Weise arbeitete Gott auch einen noch unverdauten Teil meiner Vergangenheit auf: Mir war einst in Südfrankreich in der Camargue ein folgenreiches Missgeschick passiert. Mitten in der unbewohnten Wildnis des „Etang de Vaccarès" hatte ich durch den Einfluss Satans und aufgrund des heftigen Mistrals den Wohnwagen meiner Freundin restlos zerstört. Da ein Rad inklusive der Bremstrommeln zerbrochen war, blockierte ich dabei unglücklicherweise die Straße. Sämtliche Fahrzeuge mussten aufgrund des Unfalls fünfzig Kilometer Umweg fahren, denn niemandem gelang es, das Ungetüm von der schmalen Straße weg zu hieven. Zu allem Unglück wurde es auch noch Nacht. Da stand ich nun allein auf der Straße mit meinem Monster. Mir wurde mulmig, weil ich erstens eine Gefahr für den Verkehr darstellte und zweitens weit und breit keine Schlafgelegenheit war. Da sah ich weit hinten im Gelände ein Licht. Ein trocken gelegter Pfad führte ein paar Kilometer durch Sumpf und Schilf. Dort lag eine Vogelwarte. Gott sei Dank brannte vor dem Haus eine Glühbirne und ich fand den Eingang. Da es keine Glocke gab, betrat ich einfach das Haus und die Küche. Von dort hatte ich Stimmen gehört. Und dann das Wunder.

„Hallo Klaus! Wo kommst *du* denn her?", klang es mir entgegen.

Es war unfasslich. Da saß Aude, eine alte Freundin aus Fribourg, am Tisch und war am Nachtessen. Sie arbeitete seit einem Jahr in dieser abgelegenen Station! Mir fiel ein Stein vom Herzen. Aber Wunder Nummer Zwei folgte gleich nach der Mahlzeit. Ich hatte sämtliche Autofriedhöfe und Werkstätten zwischen Nîmes und Arles durchforstet, um ein Ersatzrad für dieses seltene Vehikel zu finden. Das Modell des Wohnwagens war zu alt, und ich hatte nirgends etwas Passendes finden können. Und just hier draußen, wo sich Fuchs und Hase gute Nacht sagten, stand hinter dem Haus ein altes rostiges Auto – Modell 1949 –; und siehe da: das Rad passte an den Wohnwagen! Ich war eine Tonne leichter und konnte noch in der Nacht – dank der Hilfe der Ornithologen – meine Irrfahrt fortsetzen. Wo aber sollte ich das Wrack abstellen? Nach etwa zehn Kilometern fand ich ein Bauernhaus, wo noch Licht brannte.

„Guten Abend. Entschuldigen Sie die späte Störung." Ich erklärte meine missliche Lage. Die junge Dame war einladend und mir fast etwas zu freundlich, als sie mir vorschlug, das Ding in dem riesigen Schuppen neben der Farm unterzubringen – solange ich nur wolle. Dann klang es schon fast anbiedernd: „Du kannst die Nacht gerne hier bei mir verbringen, wenn du willst." Huch, oh Schreck!

Ich schaltete auf Fluchtreflex. So etwas wollte ich nun doch nicht. Ich ahnte zu Recht, dass es sich hier draußen, so ganz allein, um ein „besonderes" Haus handelte. In aller Eile rangierte ich mein Ungetüm und verließ diesen heißen Ort.

Zehn Jahre später erst erlebte ich in Ars (Nähe Lyon, Frankreich) die wundersame Fortsetzung. Ich nahm unter 5000 Menschen an einer Versammlung teil, zu Ehren des heiligen Pfarrers von Ars. Ich erlebte die wunderbare Heilung von sieben Personen, die im Namen Jesu aus ihren Rollstühlen aufstanden und gehen konnten. So etwas mit eigenen Augen zu sehen ist eindrucksvoll. Aber es war nicht dieses Wunder, das mich betraf. Es war auch nicht mein alter Traum, wieder mit „meinen" Zigeunern, zu denen ich mich zählte – wie damals zu den Indianern, weil sie zu den Verfolgten gehörten –, stundenlang Zigeunerjazz in ihren Wohnwagen zu spielen, wo das Leben im Rhythmus der Gitarren pulsierte. Nein, für mich bestand das Wunder darin, dass eine Zigeunerin jetzt den Wohnwagen betrat, in dem ich eben Gitarre spielte, und sich niederließ, um uns zuzuhören. Sie hatte ein sehr ausdrucksvolles Gesicht. Sie gefiel mir und wir kamen ins Gespräch.

„Salü."

„Bonjour – ich habe hier gute Musik gehört, da wollte ich ein bisschen reinschauen und mich dazusetzen, wenn es euch nicht stört."

„Kein Problem." Und ein wenig später: „Wie heißt du denn?"

„Nerthe."

„Das ist aber ein seltener Name. Wo kommt der denn her?"

„Für Zigeuner ist das kein seltener Name. Aber woher kommst du denn?"

„Ich komme ursprünglich aus Hamburg, wohne aber seit langem in der Schweiz."

„Ach, aus Hamburg? Ich traf vor vielen Jahren mal einen jungen Mann, der aus Hamburg kam."

„So, so. Und du, Nerthe, wo wohnst du?"

„Im Süden."

Da ich Südfrankreich sehr gut kannte, wollte ich es genauer wissen.

„In der Camargue", fuhr sie fort. „Ich hatte dort einst ein ‚mas', ein großes Bauernhaus. Aber jetzt aber wohne ich in Nîmes."

„Und wo ist dein Bauernhaus?"

„Da kann ich dir nicht erklären. Es liegt weit abseits von jeglichem bewohnten Gebiet. Das kennen kaum die Leute, die dort in der Region wohnen."

„Sag es mir trotzdem – ich kenne die Camargue ziemlich gut." Ich beharrte darauf; die Erinnerung an die Camargue lebte noch in mir. Ging es ums bloße Gespräch? Solcherlei Ausfragen war nie meine Art gewesen.

„Ich wohnte lange im Naturpark des Vaccarès-Sumpfes, zwischen dem Leuchtturm ‚Gacholle' und ‚Le Paradis', südlich von ‚Tour du Valat'. Aber das sind keine Orte, es sind nur Höfe. So was kannst du unmöglich finden."

Ich wurde plötzlich sehr aufmerksam und hatte eine bestimmte Vorahnung: „Tour du Valat ist doch ein Ornithologenzentrum, nicht wahr?"

„Woher kennst du denn das?"

Ich erzählte ihr von der Misere, die ich in dieser Gegend mit meinem Wohnwagen hatte, und wie jemand auf wunderbare Weise damals ein Rad gefunden hatte, damit ich weiterfahren konnte. „… und dann bin ich in der Dunkelheit noch ein Dutzend Kilometer weitergefahren, bis ich an ein …"

„… Bauernhaus gekommen bist", unterbrach sie mich, „wo eine junge Dame dir Einlass gewährt hatte und du dein verdammtes Ungetüm von Wohnwagen endlich loswerden konntest …"

Wir lagen uns spontan in den Armen und priesen Gott: Beide waren wir inzwischen gläubige Christen geworden, und Gott führte uns hier in Ars zusammen, zwischen 5000 Menschen, in einem Zigeunerwohnwagen, als Bruder und Schwester im Glauben. Halleluja. Alles, jedes Detail wollte Jesus geregelt wissen, damit die Vergangenheit keinen von uns mehr in Gedanken einholen konnte. Was Er einmal angefangen hat, will Er auch zu einem guten Ende bringen.

Nerthe

Kapitel 24

Geld

Als Lehrer verdiente ich zum ersten Mal im Leben regelmäßig Geld. Auch mit 42 Jahren war es nicht zu spät, mit der Arbeit anzufangen, und ich verdiente nicht schlecht. Geld stand diesmal auf Seiner Erziehungsliste. Wieder mischte sich Jesus in diese neue Erfahrung ein, und mein Gehorsam sollte sich auszahlen. Ich kannte Jesus gut genug, um zu wissen, dass er meistens in den unmöglichsten Situationen kam, in Momenten, wo ich am wenigsten mit Ihm gerechnet hätte – oder gerade deshalb. Ein Bereich nach dem anderen fiel Ihm „zum Opfer", ja musste Ihm geopfert werden. Kurz: Seine Pädagogik war umwerfend. Geld, so hatte ich gedacht, wäre meine eigene Sache. Weit gefehlt! Als ich Ihm mein Leben übergeben hatte, galt das wohl für sämtliche Bereiche. Das führte Er mir in den folgenden Herbstferien auf überraschende Art vor Augen:

Ich wollte mich auf Mallorca eine Woche von allen Aktivitäten zurückziehen. In Spanien gibt es billig Alkohol, und ich trank dann und wann gerne noch ein Glas Gin Tonic oder Cola Whisky; nicht zum Berauschen – die negative Erinnerung an frühere Exzesse reichte mir. Ich hatte vor ein paar Minuten mein Hotelzimmer verlassen und war mit einer leeren Colaflasche auf der belebten Strandpromenade unterwegs zum „Supermercado", um mir eine Flasche Gin zu besorgen. Ich genoss die frische Brise und den Ausblick auf das Meer und war in Gedanken beim Gin, den ich gleich genießen könnte. Da kreuzte ER wie aus „heiterem Himmel" meinen Weg.

Deutlich hörte ich im Inneren Seine Stimme: „Wohin gehst du?"

Seine kurze und prägnante Art zu sprechen war typisch. Nie ein Wort zuviel. Das erforderte völliges Mitdenken und ließ keinen Raum für Zweideutigkeiten. Ich war viel mehr ein Typ des Verhandelns.

„Nun, das siehst Du doch. Ich gehe zum Supermarkt, Gin kaufen", sagte ich und war immer noch am Weitergehen.

„Klaus!!"

Seine Stimme klang wesentlich eindrucksvoller. Ich blieb stehen, um mich besser auf das Gespräch konzentrieren zu können.

„Ist denn da etwas Falsches dran?", fragte ich fast etwas verlegen.

„Nein." Es klang dennoch so, als ob Er nicht wollte, dass ich weitergehe.

„Jesus", fuhr ich fort, „würdest *Du* keinen Gin trinken?"

„Darum geht es nicht."

„Worum dann? Sag es mir bitte."

Er blieb still. Kein Wort kam mehr, und ich schaute in die Luft, ob Er mich von dort oben beobachtete. Die Leute sahen mich komisch an und dachten sich vermutlich ihr Teil. Eines schien klar: Ich sollte nicht weitergehen. Das ist gar nicht so einfach, wenn man erst einmal Lust auf etwas hat. Aber ich stellte meinen Gehorsam vor meine Lust und machte kehrt. Er würde mir schon zeigen, was er damit bezweckt hatte. Vertrauen musste ich haben, das wollte Er vielleicht; aber das hatte ich. Es dauerte nur ein paar Minuten, bis ich – ohne es zu merken – ins Fahrwasser Seines neuen Plans einlenkte. Ich kehrte ins Hotel zurück, stellte die leere Colaflasche auf den Nachttisch und ging wieder hinunter, um an den Strand zu gehen. Doch es kam anders.

An der Hotelbar sah ich zwei schicke junge Damen stehen, die etwas tranken. Ich sprach sie mit dem Hintergedanken an, sie mit Jesus bekannt zu machen. Nachdem ich erzählt hatte, wie Jesus in mein Leben gekommen war, folgte mit Mady, der älteren von beiden, ein besonders langes und tiefes Gespräch. Wir beschlossen, das Abendessen zusammen in einem Restaurant zu nehmen, und gingen ins Dorf.

Gegen Ende der Mahlzeit schlug Mady vor: „Klaus, warum holst du nicht deine Gitarre und spielst uns etwas vor?"

„He, wir sind hier in einem öffentlichen Restaurant, das darf ich nicht so ohne weiteres."

„Frag doch den Wirt, ob er was dagegen hat."

Ich stand auf und schlug dem Chef die Sache vor. Dieser war so begeistert, dass er sofort zur Musikbox lief und den Stecker herauszog.

„Nein, nein", rief ich hinter ihm her, „jetzt noch nicht. Erst wenn wir ganz mit dem Essen fertig sind, und dann muss ich noch meine Gitarre holen."

Eine halbe Stunde später packte ich das Instrument aus dem Koffer und begann zu spielen. Offensichtlich gefiel es dem Wirt, denn kurz darauf kam er mit einem Tablett und vollen Gläsern und stellte sie auf unseren Tisch.

„Für euch alle, und zwar gratis. Das geht aufs Haus!", schmunzelte er.

Drei große Gläser, voll mit ... Gin! Ich hatte doch nichts gesagt, woher wusste er? Ich spielte weiter, und offensichtlich gefiel es auch den Leuten an den Nachbartischen, denn einige von ihnen kamen nun an unseren Tisch.

„Wir würden gerne mit euch dabei sein. Könnten wir nicht die Tische alle zusammenrücken?" Gesagt, getan.

Die gute Stimmung steckte mich selber an, und ich spielte auf Wunsch Stück für Stück, wie eine Musikbox. Nach einer Weile stand ein älterer Herr auf – Hans V., ein Richter aus Essen – und ging zum Tresen. Als er zurückkam, hatte er eine Flasche in der Hand und stellte sie auf den Tisch. Der Inhalt: Gin! Ich wollte ja nicht betrunken werden, und so teilte ich den Gin frei an alle Gäste aus. Inzwischen war die Stimmung im Lokal derart gestiegen, dass immer mehr Leute kamen. Unserem Wirt klingelte die Kasse und jubelte das Herz. Bis irgendwann sein Nachbar kam, um nach dem Grund für die hiesige Stimmung und Ansammlung von Leuten zu sehen. Er kam auf mich zu und fragte mich, ob ich bereit wäre, wenn ich hier fertig gespielt hätte, auch in seinem Restaurant Musik zu machen. Ich versprach es ihm und wechselte später das Etablissement. Die Dinge wiederholten sich auf erstaunliche Weise und – kaum glaublich: der Gin floss massiv und gratis; anders kann ich es nicht ausdrücken. Ich hatte nur noch darauf zu achten, dass sich niemand betrank, sonst wäre Sein Fest entartet. Gott gibt nicht nur großzügig, nein, Er gibt im Überfluss! Das sollte ich jetzt gleich merken, denn mitten in die gute Stimmung hinein kamen zwei Schottinnen und baten mich, nach Abschluss hier auch bei ihnen in der Schottischen Bar aufzutreten. Auch wenn meine Fingerspitzen langsam weh taten, dachte ich noch lange nicht an ein Ende und spielte bis zwei Uhr morgens, umringt von großzügigen Gönnern, die dafür sorgten, dass die ganze Kundschaft reichlich versorgt wurde: mit Gin!! Nicht ein einzige Mal hatte ich das Wort Gin jemandem gegenüber erwähnt. Nur Einer wusste es: DER da oben.

Seine Lektion war mir längst klar. Jesus hatte sicher nichts gegen Gin. Er hatte jedoch mein Bewusstsein dafür geweckt, dass auch mein Geld Ihm gehört. Ich war nicht Besitzer, sondern Verwalter des Geldes, welches mir durch Seine Gnade zufloss. Ich lernte nun, die Verantwortung zu übernehmen für jeden Betrag, den ich ausgab – und daran hat sich bis heute nichts geändert. Diese Lektion wurde besonders im Hinblick auf später sehr wichtig, als der Herr mich brauchte, um in Kenia die „König Salomon Akademie" ins Leben zu rufen, für die Chancenlosen des Lebens; oder im zerbombten Serbien Kirchen und Waisenhäuser zu unterstützen; für arme Christen in Palästina und wo immer gerade Not am Mann war. Nur wenn wir im Kleinen treu sind, übergibt uns der Herr auch größere Projekte. Das gilt auch für den Erlös aus dem Verkauf dieses Buches. Gott hat bereits einen Plan.

Die Vermählung mit dem Dämon Mammon vertreibt Gott von seinem Platz in uns. Es hätte meine Seele erwürgt, meinen Blick an einem prall gefüllten Bankkonto zu weiden, solange es Menschen gibt, die in großer Armut leben oder sogar verhungern. Ich war nie reich gewesen und hatte nie gelernt, mit größeren Summen umzugehen. Keinesfalls war ich in Sicherheit vor der Gefahr, wie mancher Lottomillionär das Geld zu verschleudern. Aber auch auf diesem Gebiet hat mich Gott rechtzeitig geschützt durch Sein Entgegenkommen auf der Strandpromenade. Ich hatte verstanden, dass mich nur das reich macht, was ich von Herzen weggebe; dass mich das arm macht, was ich für mich selber behalte; sprich Egoismus in Form von Eitelkeit, Kleidung usw. Wie sehr war ich Ihm dafür dankbar! War ich nicht selber vor Gott ein Bettler, der von Ihm Almosen bekam? Diese Almosen durfte ich nicht für mich behalten. Der Geber und der Nehmende stehen beide in der Schuld Gottes; ob ich etwas gebe oder etwas bekomme: beides

Mit Mady und Nathalie auf Mallorca

kommt von Gott. Schließlich kommen wir nackt in diese Welt und verlassen sie auch wieder so. Alles was wir daher zu Lebzeiten erhalten, kommt durch Gott. Gibt er uns Reichtum, so um uns zu testen – und wohl dem, der das weiß. Gesegnet ist, wer die Armen zu seiner „Familie" zählt.

Viele Leute sagen immer: Wenn ich erst einmal reich bin, kann ich mit dem Geld viel Gutes tun. Sie täuschen sich selbst. Ein Heiliger der frühen Kirche, Johannes Klimakus, sagte: „Liebe für das Geld fängt damit an, dass man glaubt, damit Gutes tun zu können, und endet mit Hass gegenüber den Armen." Ich empfehle diesen Menschen, die Reichen als Modell zu nehmen. Sie wären nicht anders! Wir müssen nicht erst eine Menge Geld anhäufen, um Almosen geben zu können, denn das „Königreich Gottes kann für zwei Kupfermünzen" gekauft werden. Jedes unserer Almosen dient uns (!) zur Abzahlung unserer Sündenschuld. Ich habe Mönche kennen gelernt, die sogar sehr hohe Geldbeträge abgelehnt haben mit dem Hinweis: „Ich brauche nicht viel von diesen Dornen – sie stechen fürchterlich."

Aufbau der KSA (King Solomon Academy) in Kenia

Alle Banken versprechen uns hohe Renditen, wenn wir unser Geld in Aktien oder Obligationen bei ihnen anlegen. Egal aber, wie hoch unser Konto am Ende unseres Lebens sein wird: wir können nichts mit ins Jenseits nehmen.
Doch – halt, halt! Wir können! Jeden Euro, jeden Franken, den wir von Herzen an die Armen verteilt haben, wird zum Investment für ‚drüben'. Das ist die beste Rendite, die wir schöpfen können. Und wer dieses Geheimnis zu Lebzeiten einmal verstanden hat, der investiert ein Optimum, denn dieses Geld können wir *wirklich* mit hinübernehmen.

Kapitel 25

Fasten

Als Nächstes stand mir eine Osterlektion bevor. An Karfreitag hat Jesus am Kreuz sein Leben gegeben, für meine Schuld, damit ich frei sein konnte. Wovon? Frei von unreinen Gewohnheiten, von Leidenschaften, von Abhängigkeiten, mit einem Wort: von Sünde. Diese hat nichts mit Moralismus zu tun, Sünde ist Selbstzerstörung. Jede Erneuerung ist ein Kampf gegen eine ganz bestimmte Abhängigkeit. Eine meiner größten Leidenschaften ist das Essen. Zweifellos war mein Appetit mehr Herr und Meister als alles andere – ich fürchte, sogar mehr als Jesus. Ich brauchte nur ein bestimmtes gutes Essen zu sehen, sofort meldete sich die Lust. Die Entschuldigung, als Kind mehrmals dem Tod durch Verhungern nahe gewesen zu sein, war als Selbstrechtfertigung nicht länger akzeptabel. Jesus wollte nicht meine Vergangenheit zementieren, sondern mich in die Dynamik der Gegenwart hineinnehmen (1 Kor 9,27). Ich musste meine Essgewohnheiten verändern, ehe sie mich veränderten. Völlerei steht nicht in den Zehn Geboten, das scheint ein Grund dafür zu sein, dass die Bevölkerung im Westen immer schwer(fällig)er wird.

Seit einigen Tagen schon beschäftigte ich mich mit dem Fasten, weil ich eine alte Freundin getroffen hatte, die mich zu einem exzellenten Essen eingeladen hatte; dabei hatte ich das Gefühl gehabt, „auf Reserve" zu essen. Fasten wollte ich mich nie recht trauen, zu tief steckten alte Gefühle und Erinnerungen in mir. Doch am Karfreitag entschloss ich mich spontan – zu Seiner Ehre –, den Kühlschrank nicht zu öffnen, zumindest kein Frühstück einzunehmen; aber dann glitt die Idee immer fester in mich hinein, und plötzlich stand mein Entschluss fest: Ich würde den ganzen Tag über fasten. Ich wollte auch sicher sein, dass es nicht aus egoistischen Gründen geschieht: um schlank zu bleiben oder so was. Das erste Mal im Leben würde ich 24 Stunden nichts essen: „Neuland", das mir Angst machte. Aber ich wurde zu einem Osterlager nach Biel eingeladen, und im Kreise der anderen würde ich Kraft schöpfen, um möglichen Verlockungen zu widerstehen …

Im Lager der Bibelgruppe angekommen, habe ich Kopfweh, verspüre große Müdigkeit und werde von Angst attackiert. Je größer mein Hunger, desto tiefer wird mein Gebet. Ich weiß jetzt auch, dass ich kein Nachtessen nehmen werde, und gehe diskret nach nebenan, während die Gruppe isst. Die Überraschung: Bei der anschließenden Vollversammlung gibt jemand bekannt, dass am Karsamstag – am folgenden Tag – offiziell ab dem Frühstück gefastet werden soll. Ich habe einen kleinen Schock und tröste mich mit dem Gedanken, dass dies nicht mir gälte; *ich* hatte das Fasten ja dann schon hinter mir. Trotzdem, nach einem guten und reichlichen Frühstück … vielleicht schaffe ich es ja doch? Die ganze Nacht hindurch habe ich Angst vor dem Karsamstag und verspüre die unglaubliche Macht des Hungers. Meine Gedanken bombardieren mich, dass ich es nie und nimmer schaffen und bald vor Hunger zusammenbrechen würde. Es ist hart, und ich bete viel: „Herr, Dein Wille geschehe, und lass es mich bitte wissen, ob ich noch einen Tag dazugeben soll." Bis zum Frühstück kommt keine Antwort. Somit setze ich mich an den Tisch; schweigend, hungrig, heißhungrig. Mmmh! Der Kakao duftet in meiner Nase. Ich streiche Butter aufs Brot und lege alles bereit auf meinen Teller. Nach nunmehr 36 Stunden ohne Essen freue ich mich auf dieses Frühstück!

In diesem Moment bittet Denise noch um eine letzte Chorprobe vor dem Essen. Wir wollen im Gottesdienst, der in einer Stunde beginnt, singen. O.k., ich stehe noch einmal auf – nicht allzu willig – und wir üben. Als wir endlich fertig sind, sitze ich als erster am Tisch – ungeduldig auf das Tischgebet wartend, um endlich meine vorbereiteten Schnitten zu „verschlingen". Doch da ruft mich plötzlich der gelähmte Walle zu sich an sein Bett. Er kann sich nicht bewegen und will etwas mit mir besprechen. Da ich ihn sehr gern mag, fällt es mir leicht, mich ein zweites Mal von meinem Teller zu trennen. Walle bittet mich, nach der Messe vor der ganzen Gemeinde mein Konversions-Lied „I tried it" zu singen. Ich erschrecke vor dieser Bitte, sage ihm zuliebe aber zu. Jetzt aber nichts wie zurück an den Tisch, wo die anderen bereits am essen sind. Doch – oh Schreck – das sitzt doch glatt einer auf „meinem" Platz, vor „meinem" gemachten Teller und isst „meine" belegten Brote – was für eine Respektlosigkeit, was für ein Egoismus! Gerade will ich loslegen und schimpfen, wer es wage, wer so blind sei und nicht sehe, dass dies ein vorbereiteter Platz sei …, als ich sehe, dass die Person ihre Hand voll in die Butter auf dem Brot hält und alles abtastet: Es ist Ruedi! Und Ruedi *ist* blind! Er war später gekommen als die anderen, weil er durch seine Blindheit nicht so schnell ist. Jetzt glaube ich zu begreifen … Bis Lisi mir bestätigt: sie habe Tischdienst gehabt und habe sich verzählt. Wir sind 25 im Lager, aber sie habe aus Versehen nur für 24 gedeckt; und am Tisch gibt es überhaupt nur 24 Plätze. Daher habe sie Ruedi an den leeren Platz geführt. Sie habe sich nichts dabei gedacht.

Aber ich denke mir jetzt etwas dabei: „Danke, Jesus, für das Zeichen!" Nun war alles klar. „Aber, Jesus, ich schaffe es nur mit Deiner Hilfe." Trotzdem musste ich dreimal schlucken. Die einsetzende körperliche Schwäche und die Angst bei dem Gedanken, in wenigen Augenblicken ausgehungert vor der großen Gemeinde in der Kirche singen zu müssen, schnürten mir die Kehle vollends zu. Der Teufel bestürmte mich, dass ich zu schwach sei zum Singen, dass ich es nicht überleben würde, ich solle doch essen, es wisse ja sowieso keiner, was ich mache; ich solle wenigstens eine Tasse feinen Kakao trinken, und so weiter. Je mehr er mich angriff, desto fester band ich mich an den Heiligen Geist. Je lauter der Magen grummelte, desto inniger wurde mein Gebet zu Jesus. Ich vertraue auf Ihn – Er gab mir die Weisung, Er wird mir auch die nötige Kraft zur Erfüllung geben.

Welche Versuchung nach dem Frühstück! Als alle aus dem Raum sind und die Kakaotöpfe so allein auf dem Tisch stehen, die Zopfschnitten mich aus den Brotkörben anlachen: und niemand würde mich sehen … Doch ich warte auf die Erlaubnis von „oben". Die kommt nicht. Angst, Druck und Hunger wollen mich lähmen. Ich nehme die Gitarre und übe für nachher: Muskelschwäche will mich entmutigen, ich fühle mich fast zu schwach, um die Akkorde zu drücken, als Lisi mit einer dicken Marmeladenschnitte, als Entschuldigung für den Platz-"Raub" von vorhin, zu mir kommt – mir läuft das Wasser im Munde zusammen, aber ich bedanke mich und antworte lächelnd: „Vielleicht später". Mein Lächeln muss etwa so „freundlich" ausgesehen haben wie das eines chinesischen Tempelhundes. Da geht sie wieder. Meine neue Hoffnung ist der für Mittag angesagte Fruchtsaft. Da hätte Gott wohl nichts dagegen, zumal ich bisher auch nichts getrunken habe. Ach, was wären wir ohne Hoffnung! Doch zunächst gehen wir zur Bibelstunde und in den Gottesdienst.

Ich bin unruhig und habe außer meinem Zementmagen noch Lampenfieber. Ich verschwinde kurz aus dem Raum, um noch einmal Gitarre zu üben – aua!, mir tun richtig die Muskeln weh. Und der Feind stürmt weiter: „Klaus, du bist viel zu schwach! Gib auf! Du schaffst es niemals!" So gehe ich wieder zurück und versuche während des Gottesdienstes der Attacken des Feindes Herr zu werden. Satan bedrängt mich immer heftiger: „Klaus, du bist zu unrein, um Zeugnis abzulegen!" Von allen Seiten fühle ich mich bedroht: „Klaus, du bist zu schüchtern, lass es! Das kannst du nicht tun. Die Menschen hier sind nicht gut für dich, sie sind zu alt für deine Musik. Sie werden deine Musik nicht akzeptieren in ihrer Gemeinde. Du bist viel zu schwach und wirst nicht vor ihnen stehen und singen können. Du bist zu unwürdig. Das hier ist eine Sekte, die wollen dich einkassieren ..." So ging das volle 45 Minuten, bis ich ganz klein und mickrig in eine Ecke gedrängt war und ich innerlich laut nach Jesus rief: „Rette mich!" Ich hoffte, der Pfarrer würde mich vergessen, oder so was. Aber Jesus, das wusste ich auch, würde mich nicht im Stich lassen, auch wenn ich Ihn jetzt gerade weder sah noch spürte. Ich sagte Ihm: „Ja, ich weiß, dass ich unwürdig bin und dass ich nichts kann, aber zu Deiner Ehre will ich trotzdem singen, und ich bin bereit, vor der ganzen Gemeinde in Ohnmacht zu fallen vor Schwäche – ja, tot umzufallen für Dich, Jesus – aber wenigstens habe ich es versucht." In genau diesem Moment hatte ich den Sieg!

Schlagartig war ich leicht und mein Hungergefühl war wie weggeblasen. Ich konnte es zuerst kaum glauben und suchte in meinem Körper herum, ob diese Drangsal und Quälerei eventuell gleich wiederkäme. Nichts dergleichen. Es blieb ruhig. Die Begebenheit mit dem blinden Ruedi war mir nun Bestätigung und machte mir sogar Mut. Nur wenige Augenblicke später wurde mein Name angekündigt. Halleluja! Wie leicht alles ging. Ich konnte von der Liebe Gottes sprechen und singen.

Noch war nicht aller Tage Abend; tatsächlich wurde ich am Nachmittag gebeten, von Biel nach Bern zu fahren, um jemanden abzuholen. Unterwegs kam Satan wieder und meinte: „Klaus, du bist doch zu schwach, um konzentriert Auto fahren zu können." Richtig! Vorbei an Essreklamen, Konditoreien, einladenden Supermärkten: das war nicht gerade das Leichteste. „Geh doch schnell was kaufen – sicherheitshalber! Es sieht dich jetzt keiner. Du bist ja jetzt nicht im Lager und damit nicht der Regelung unterworfen." „Spezialaufgaben verdienen besondere Ausnahmen!" „Klaus, morgen gibt es bestimmt nichts Gutes zum Essen, und außerdem hast du vorher deinen Fruchtsaft verpasst." „Statt dessen schicken sie dich nach Bern, um Fritz abzuholen. Sie nutzen dich nur aus." „Los, halt schnell an, es ist nur gerecht, solange die anderen ihren Saft trinken." Ich verstand, warum man Satan ein Biest nennt.

Aber ich stand unter dem Schutz dessen, der stärker ist als Satan. Im Namen des Allerhöchsten wehrte ich die Versuchungen ab. So konnte ich sogar tatsächlich einen Supermarkt betreten, um für Fritz einzukaufen, konnte ihm später Tee machen, konnte die ganze Gruppe darauf mit der Gitarre animieren: der Hunger wurde mir nicht mehr zur Falle. Das Spießrutenlaufen war offensichtlich überstanden und ich dachte an die Irrfahrten des Odysseus: Lebensmittelgeschäfte waren meine Sirenen. Gehorsam gab mir die nötige Kraft. Nach 50 Stunden hatte ich immer noch Ruhe im Körper – oh, wie war mein Herz voll! Doch das größte Geschenk von Gott wartete noch auf mich. Mittlerweile hatte ich keinen Tropfen Wasser und keinen Bissen feste Nahrung zu mir genommen.

Für meinen Einsatz hoffte ich auf eine besonders große Osterüberraschung von Gott. Vielleicht ein besonders feines Frühstück am Ostersonntag oder so Ähnliches. Wieder einmal lief mir das Wasser im Munde zusammen. Jesus, von den Toten auferstanden, und Klaus mit seiner Erwartung: ja, das sollte ein Mahl werden. Dann war Ostern. Das Frühstück kam – doch, oh weh! Eine einzige Frustration. Weder hatte ich Appetit, noch war es in irgendeiner Weise eine spezielle Freude oder Erfahrung. Ich aß sogar noch länger, als ich Hunger hatte, immer in der Hoffnung, dass doch irgend etwas Besonderes kommen musste. Musste! Aber es passierte überhaupt nichts. Fast niedergeschlagen beendete ich die Mahlzeit. Schade, dachte ich ...

Dann fuhren wir zum Ostergottesdienst nach Twann, in die Gemeinde des Pastors David McKee, einem Freund. Ich war aufgeregt, weil ich ihm spontan vorgeschlagen hatte, dass unsere Gruppe für die Gemeinde das „Halleluja" singen könnte. Wir hatten es zuvor geübt. David wollte die Antwort dem Heiligen Geist überlassen. Während der Predigt kündigte er uns und seiner Gemeinde von der Kanzel aus die Zustimmung an. Ich spürte frischen Geist und freute mich; doch das war „es" noch immer nicht. Erst im Moment des Abendmahles passierte das lang Ersehnte. Ich erinnerte mich an meine Bekehrung in Lausanne und fragte – wie ich es seitdem immer tat –, ob ich „geladen" sei zum Mahl des Herrn. Hier kam die Frohe Botschaft. Plötzlich war Jesus wieder da und sagte:

„Ich kenne dich. Ich liebe dich. Jetzt sollst du die wahre Mahlzeit bekommen, die ich für dich bereitet habe."

Endlich begriff ich, dass meine Erwartung rein körperlicher statt geistiger Natur gewesen war. Ich hatte auf Vergängliches gehofft, während mir Jesus ewige Speise anzubieten hatte. Auf einmal musste ich weinen, tief ergriffen vor Freude und Liebe, mit der Jesus mich immer wieder führte und mich Seine Liebe spüren ließ. Es wollte gar nicht mehr aufhören, und ich erhob mich – wie damals in der Kathedrale in Lausanne – vor allen Menschen, um Leib und Blut Christi zu empfangen. Fast erstickte ich vor Freude! Ich glaube, niemals im Leben hat mir ein Mahl so köstlich geschmeckt wie dieses Ostermahl. Nie war ich so vollständig gesättigt und befriedigt. Und dazu noch übervoll des Heiligen Geistes. Oh Jesus, Du bist so wunderbar! Und ich bin ein so kleingläubiger Rechner, der es gar nicht verdient, dass Du zu ihm kommst. Verzeih mir; aber ich liebe Dich trotz meinem ganzen inneren Müll.

Doch Satan gab sich noch nicht geschlagen. Sofort versuchte er, die empfangene Gnade zu zerstören. Im Lager zurück war hektischer Lärm, Blabla, Diskussionen; und bei den gemeinsamen Gebeten hatte ich den Eindruck, sie seien geplant, auswendig gelernt, kalt und ließen dem Heiligen Geist keinen Aktionsraum. Kurz: es war alles andere als spirituell oder österlich. Ich dagegen stand doch unter der Gnade und war Tieferes und Besseres gewohnt. Überhaupt war ich „besser" als all die anderen, wie Satan mir eingab.

„Klaus, du passt wirklich nicht hierher zu diesen geschwätzigen Leuten." Die Stimme wurde deutlicher: „Geh weg. Verlasse diesen Ort! Du hast viel Arbeit zu Hause, verschwende nicht deine Zeit mit diesen unreifen Menschen."

Ich glaubte der Stimme und war plötzlich zerrissen. Ich war mir nicht mehr sicher. Ich litt an diesem Ort und war überzeugt, das Leiden käme von der Gruppe. Ich verstand überhaupt nichts mehr und fing tatsächlich an zu packen. Ich fühlte mich extrem unwohl – das Gegenteil vom Morgen! Ich irrte im ganzen Haus umher, um einen stillen Ort zum Beten zu finden, im Keller, unter dem Dach … Als sich die Gruppe zum Gebet versammelte, trieb es mich geradezu hinaus: Ich wollte und konnte nicht wieder „Blabla-Gebete" hören. Ich fühlte mich fürchterlich allein und einsam hier.

Endlich fand ich ganz unten in der Küche ein paar Freunde, die Dienst hatten: Kongo, Patrizia, Fränzi … und dort war Stille. Ich klagte ihnen mein Leid, und Kongo (alias Markus Flückiger) reagierte richtig: „Kommt, lasst uns beten."

Wir verloren keine Zeit. Ich bat Jesus in Stille: „Bitte schicke mir Klarheit. Was ist los mit mir?"

Und Er zeigte es. Was ich allerdings zu sehen bekam, war einer der größten Schocks überhaupt. Stolz! Jesus zeigte mir meine Überheblichkeit. Ich war zu „gut" für die anderen. Ich war speziell. Und wenn sie nicht so waren, wie ich sie gerne gehabt hätte, wollte ich dann Gott überhaupt noch dienen? Ich bekam einen Riesenschreck. Möge der Herr mir diese Schande vergeben!

Und er hat mir vergeben, indem er mir viele neue Brüder und echte Schwestern mit auf den Weg gegeben hat. Halleluja.

Kapitel 26

Wüste

„Was schleppst du denn da für eine Nutte an?", fragte mich der Pastor mit so lauter Stimme, dass E., um die ich mich seit einem Jahr im Gebet und Gespräch kümmerte, es nicht überhören konnte; wie geschickt von ihm! Das Mädchen, derentwegen ich eigentlich zu diesem Pastor gekommen war, damit sie ihr Leben Jesus übergeben konnte, um Heilung zu finden, zuckte schockiert zusammen. Ehe sie noch Gelegenheit gehabt hätte, die Kirche Christi kennen zu lernen, war sie auch schon wieder draußen, enttäuscht, verurteilt und zerhackt. Aber ich war es nicht weniger. Es stimmte schon: Hot Pants passten nicht unbedingt in ein Gemeindezentrum, aber das hätte sie später von selbst erkannt. Ihre Verurteilung durch den Pastor bestätigte ihre Abneigung gegen die „Pfaffen". Ich brauchte ein weiteres volles Jahr, um E., die als junges Mädchen jahrelang von ihrem Vater sexuell missbraucht worden war, davon zu überzeugen, ihr Vertrauen dennoch in die Gemeinschaft der Gläubigen zu setzen. Alle Menschen, Pastoren wie Fußvolk, seien Sünder und hätten Schwächen, erklärte ich ihr. Was ich in mühevoller Kleinarbeit aufgebaut hatte, war mit einem Schlag von diesem „Diener Gottes" zunichte gemacht worden. Ja sogar mein eigenes Bild, das ich von den Klerikern hatte, kam bedenklich ins Wanken. *„Nicht jeder, der zu mir sagt: Herr! Herr!, wird in das Himmelreich kommen"* (Mt 7,21). Es war mir klar, dass wir das Himmelreich nicht mit schönen Worten auf der Zunge erlangen, sondern wir gewinnen es nur mit unserem Herzen. So wie unser Herz ist, sind auch unsere Worte und Taten. Alles hängt vom Herzen ab, denn ein Herz, in welchem Jesus wohnt, kann nicht heucheln und verurteilen.

Hier schien erneut die Antwort auf die mir oft gestellte Frage zu liegen: „Warum passiert bei mir einfach nichts, wenn ich bete?" Weil diese Menschen nur gelernt hatten, mit ihren Lippen zu beten; aber in ihren Herzen hatten sie keine Gottesfurcht. Sie beteten nicht aus dem Herzen. Derlei Pastoren waren verwandt mit den Pharisäern, die öffentlich „astrein" waren und beteten, aber zu Hause, in ihren eigenen vier Wänden, ließen sie die Maske fallen und sündigten; schlimmer noch: in ihren Herzen verurteilten sie die „Schwachen". Unter solchen Bedingungen kann logischerweise nicht viel passieren, wenn man Gott anruft. Es ist leichter, sich hinter dem Gesetz zu verstecken und auf die Gesetzesbrecher mit dem Finger zu zeigen, als einen ehrlichen Blick in den Spiegel zu werfen. Vor sich selber Theater zu spielen, wo es keiner sieht, lohnt sich nicht.

Die Zeit kam, wo die Gnade Gottes langsam eine andere Form annahm. Schwerere Zeiten schienen bevorzustehen. *„Glücklich diejenigen, die nicht sehen und dennoch glauben ..."* Gott Vater ließ von nun an die Hand des Kindes öfters los, damit das Kind von alleine laufen lerne. Wenn Jesus mein Modell war, so musste ich bald feststellen, dass Er auf die Welt gekommen war, um zu dienen, nicht um zu herrschen; Er hatte seinen Schülern die Füße gewaschen! Auch diese Lektion brauchte ich. Meine Ex-Frau und Schwester brachte es auf den Nenner, als ich mich über die lärmenden und schnatternden Christen beklagte, die alle vom Essen profitiert hatten, aber den Abwasch für 80 Leute die anderen machen ließen – und die anderen: das war ich allein!

„Klaus", sagte sie, „viele Leute kommen hierher und führen zahlreiche theologische Gespräche. Das ist nicht von großem Nutzen für sie. Du spülst statt dessen das Geschirr. Die ersteren lassen sich bedienen, sie tun nichts, während du den anderen *dienst*. Das ist göttlich." Ich war überzeugt und verrichtete meinen Dienst ab sofort ohne Murren.

Seit meiner Bekehrung lebte ich so hoch im Himmel, dass ich mir anfangs gar nicht vorstellen konnte, dass es auch Christen gab, die zwar wichtige Ämter bekleideten oder bekannte Theologen waren, die aber keinen Glauben hatten.

Auf einem Flug nach Jerusalem bekam ich die nächste „spirituelle Ohrfeige" von sogenannten guten Christen. Wir waren alle Pilger in einer EL-AL-Maschine nach Tel Aviv. Unterwegs zu einem Pfingst-Treffen.

„Achtung, Claudine!", rief ich und zog am Ring einer Bierdose, indem ich auf sie zielte. Aber Claudine und auch Nathalie, die neben ihr saß, duckten sich blitzschnell und ließen sich zur Seite fallen. Ich hatte die Dose ordentlich geschüttelt, und nun zischte das Getränk mit heftigem Überdruck heraus, über Claudines Sitz hinweg und – ach du Schreck! – direkt ins Gesicht und auf die Kleider von zwei älteren Damen, die hinter Nathalie saßen. Klatsch! Der Schock war perfekt, und unser übermütiges Lachen machte schlagartig der Betroffenheit Platz. Dass ich soeben Mist gebaut hatte, war mir auch klar, aber die Reaktion der beiden Frauen verschlug mir die Sprache noch mehr.

„So etwas tun Christen nicht!", riefen sie bös indigniert aus. Ich dachte, ich höre nicht recht. Was hatte das mit Christsein zu tun? Mussten Christen immer mit ernsten Grabesmienen herumlaufen, um der Welt das Jammertal vorzuführen? Durften Christen keinen Spaß machen?

Als ich tags darauf in Begleitung von zwei leitenden Christinnen zu einer Konferenz durch die Altstadt von Jerusalem ging, sahen wir im Halbdunkel des Bazars einen knöchrigen alten Blinden mit durchlöchertem Leibchen schwitzend und unrasiert auf uns zukommen; zu Jesu Zeiten musste es nicht viel anders ausgesehen haben. Hinter diesem Menschen trabte ein Esel, der eine vielleicht einen Meter hohe Strohlast auf dem Rücken transportierte.

Betroffen rief die eine meiner beiden Begleiterinnen aus: „Oh, sieh mal, der Arme!"

„Ach, das ist ja schrecklich! Furchtbar, wie kann man nur …!", bestärkte die zweite.

Und ich: „Ja, es ist schrecklich, dass es heutzutage noch so arme Menschen gibt, wie diesen da."

„Von wem sprichst du?", fragte die erste.

Ich deutete auf den Blinden.

„Nein, wir meinen den armen Esel, der diese qualvolle Last zu tragen hat."

Ich war wie vom Blitz getroffen. Wer war blinder, die Damen oder der Blinde? Was sind gewisse Schweizer doch für tierliebe Menschen!

Eines Tages bekam ich Besuch von Todd Burke, Autor des Buches „Anointed For Burial" („Und wird leuchten wie die Sonne"). Todd war ein von Gott berufener Mann, der geradezu Unglaubliches erlebt hatte und für Jesus in Kambodscha Pionierarbeit geleistet hatte. Wir waren voneinander beeindruckt und spürten, dass wir ähnliche Dienste hatten. Daher bat mich Todd, in Fribourg/Freiburg Pastor einer Art „Zweigniederlassung" der großen amerikanischen Mutterkirche zu werden. Ich war geehrt und wollte gerne um Antwort darüber beten. Wie sollte ich aber als unerfahrener Neugeborener eine Gemeinde leiten? Mir wurde klar, dass ich hier einer „Versuchung" ausgesetzt war, die Schaden in meiner Seele angerichtet hätte. Wer von beiden war der Unerfahrenere? War das typische amerikanische Show-Evangelisation mit Stars und Finanz?

Es dauerte nicht lange, und ich wurde von Andersdenkenden verleumdet: da sollte ich einem jungen Mädchen ein Kind gezeugt und sie dann zur Abtreibung bewogen haben. Ich hatte das Gefühl, man wolle mir die Haut über die Ohren ziehen. Unwahrheiten wurden verbreitet und einiges mehr – von Seiten der Christen! An der katholischen Freiburger Universität wurde ich öffentlich vom ganzen Hörsaal ausgelacht, als ich Herrn A., der die befreiende Wirkung der „Sophrologie" verkündete, mit der „befreienden Wirkung" der Anwesenheit Gottes in den Herzen der Menschen entgegentrat. Ach, was war ich doch für ein armer Naivling in ihren Augen. Aber in der gleichen Universität wurde ja auch von manchen Yoga als der einzig wahre Weg angeboten, um ein besserer Christ zu werden. Spott, Gelächter, Verachtung, Verleumdung und Mitleid erntete ich immer wieder.

Das tat nicht weniger weh als die Erfahrungen mit der „katholischen Polizei", wie ich sie nannte, mit der ich immer wieder in Konflikt kam bei großen Treffen in Paray-le-Monial, Lisieux oder Ars. Diesen Gläubigen schien nicht der Inhalt ihres Glaubens wichtig, sondern die äußere Form. Mit vielen Gläubigen konnte man etwa so gut kommunizieren wie mit einem Panzer oder einem Blechschild. Bei meiner Teilnahme an den katholischen Massentreffen in Frankreich traf ich besonders häufig auf letztere Spezies. Das konnte dann folgendermaßen aussehen:

Hatte ich zum Mittagessen eine Kinderportion bekommen und bat um etwas mehr Nachschlag, wurde das verweigert. Einmal verwechselte ich Eingang und Ausgang eines Riesenzeltes, weil beide Frontseiten offen waren. Ich hatte nur einen Fuß in den Eingang hineingesetzt und durfte diesen Fuß nicht wieder zurückziehen! Der Türhüter zwang mich, mich durch das erdrückende Gedränge der Menschen bis zur anderen Seite hindurchzuquetschen. Ich war vom Schlag getroffen ob solch unsinniger Dummheit. Als ich meine besten Freunde, die Zigeuner, besuchen wollte, wurde mir der Zutritt verwehrt mit der Begründung, ich sei doch kein Zigeuner. Das schlug dem Fass den Boden aus! Waren es doch gerade andere Leiter gewesen, die mich zu den Zigeunern gebracht hatten, um bei ihnen Zeugnis zu geben. Mit Madoun, Nina und ihren Söhnen und Töchtern hatte ich die brüderlichsten Beziehungen und wurde in ihren Wohnwagen immer empfangen wie ein Sohn! Fast alle Zigeuner kannten mich entweder persönlich, durch mein Zeugnis oder weil wir zusammen Gitarre gespielt hatten. Und erst die Chorproben – das war mit am absurdesten. Der Chef des Orchesters zwang uns zu unzähligen Proben, nur um dann hinterher allein, ohne Ton- und sogar Liedangaben ins Mikrophon zu singen. Das Orchester schwieg! Auch nach der zehnten Aufforderung, doch bitte „mit" dem Orchester zusammen zu arbeiten, blieb er taub. Es war grotesk, wie er sich selbst in Szene setzte. Suchte ich zu bestimmten Zeiten Stille und wollte allein sein, erschienen plötzlich eine Art „Spione", die mich fast gewaltsam zu dieser oder jener Versammlung schleppen wollten. Dieses Herrschen statt Dienen, diese Theorie statt Taten, dieser Stumpfsinn statt Liebe trieben mich weg von diesem Ort der Zeloten, und ich floh in Gottes Arme. Ich klagte IHM mein Leid: „Herr, was ist das? Ich weiß ja, Dein Heiliger Geist zerbricht manchmal etwas in mir. Doch hier geht es nicht mehr um Demut, nicht wahr? Jesus, diese Katholiken zerreißen, zermalmen und zerstampfen. Soll ich wirklich noch hier bleiben?"

Hatte Mutter Teresa nicht immer gesagt: „Nicht zwingen – gewinnen!" Es waren mir Lehren großer Enthaltsamkeit, ihnen nicht den Hals umzudrehen. Ich merkte schnell, dass es auch heute noch gebürtige Pharisäer gibt, die Leid verbreiten, bis man es kaum noch aushält. Über sie beklagte ich mich nun bei Jesus: „Herr, warum lässt Du solche Monster auf die Menschheit los? Siehst Du nicht, wie sie mich und Dich – im Namen der Christenheit – verleumden und fertigmachen?"

Weil mein Herz wirklich brannte vor Schmerz, kam die Antwort auch schnell: „Ja, ich sehe es."

„Also – solche Leute gehören in die Hölle, weil sie alles Lebendige erwürgen mit ihren Regeln! Man müsste sie umbringen, weil sie so viel Leid verbreiten!"

„Möchtest du sie gern umbringen?"

„Ja!"

„Mir haben sie nicht nur Leid zugefügt. Sie haben mich sogar umgebracht. Und ich liebe sie immer noch."

Es bedurfte keiner weiteren Worte mehr – Jesus hatte mir den Mund verschlossen. Eine Gänsehaut kroch mir den Rücken hinauf und Tränen liefen die Wangen hinunter, als ich meine hässliche Reaktion erkannte. Statt ihnen zu vergeben, wollte ich sie ausmerzen. Mein Lernpensum war unerschöpflich.

Dieses Pensum beinhaltete unter anderem, Pfr. R. zu verzeihen, der mich sieben Jahre lang missbraucht und gequält hatte. Das gehörte nicht gerade zu den leichtesten Übungen – aber eines Tages stand ich vor seiner Tür und reichte ihm die Hand zur Versöhnung.

Gleich nach meiner Bekehrung hatte ich mit meinem Bruder Lothar über Jesus und den Glauben gesprochen. Bei allen unseren Begegnungen wiederholte er mir immer einen ähnlichen Satz: „Mutters Gegenwart in meinen Gedanken erwürgt mich." Bis er tatsächlich erstickte – er, der Arzt war. Gott sei seiner Seele gnädig. Sein Tod war mir eine Warnung. Ich hatte so gründlich genug von der okkulten Macht, die meine Mutter auf alle ausübte, dass ich nun jede Gelegenheit nutzte, um sie in Deutschland zu besuchen. Sie war alt geworden, und mein Wunsch war, ihr nicht nur zu vergeben – das hatte ich längst getan –, sondern ihr die Tür zum Paradies öffnen zu helfen. Eines Tages klingelte ich an ihrer Tür.

„Wer ist da?", klang es misstrauisch von innen her.

„Dein Sohn Klaus."

Ich kam relativ schnell auf den Punkt zu sprechen, der mir am Herzen lag: „Mutter, du wirst auch nicht jünger, und irgendwann wirst du vor dem Heiland stehen und Ihm Rechenschaft ablegen müssen für dein Leben. Wie gefällt dir dieser Gedanke?"

„Ach, lass mich doch damit in Ruhe. Ich habe keine Angst. In der Gemeinde wollen sie mich zwar schon lange nicht mehr, aber ich bin katholisch und glaube an den Papst."

„Der Papst wird dich aber nicht erretten, wenn du im Jenseits ankommst."

„Jetzt fängst du schon wieder damit an! Lass mir doch meinen Glauben. Meinst du, dein Glaube wäre besser?"

Die Taktik, sein Gegenüber in theoretische Diskussionen zu verwickeln, kannte ich selber gut genug von früher her. Darauf ging ich gar nicht erst ein, sondern schlug vor: „Komm, lass uns beten."

„Mach du das; ich weiß nicht, was ich sagen soll."

Ich rief Jesu Namen an und bat IHN, ihr Herz zu öffnen, damit ER auch sie befreien könnte. Ein Jahr, zwei Jahre, drei Jahre betete ich für sie und mit ihr um die Rettung ihrer Seele. Es hagelte fürchterliche Angriffe ihrerseits, die in teils lästerlichen Hässlichkeiten ihren Ausdruck fanden. Sie griff mich auf allen Ebenen an. Sie konnte binnen Sekunden derart ihr Gesicht entstellen, dass einem fürchterlich Angst werden konnte. Wenn sie gar nicht mehr weiter wusste, schrie sie: „Verschwinde von hier, lass mich allein! Lass mich endlich in Ruhe."

Sie wirkte gequält wie von Geistern, und ich erinnerte mich, wie ich einmal im Namen Jesu einen Besessenen von seinen Geistern befreien durfte. Er hatte Schaum vor dem Mund und lag winselnd und gekrümmt in einer Ecke. Ich hatte damals nicht zu ihm als Person gesprochen, sondern mich direkt an die Geister gewandt, die ihn gefangen hielten – und Jesus hatte geholfen. Je wuchtiger nun meine Mutter nach mir „schlug", desto mehr – so bemerkte ich – verlor sie ihr Gleichgewicht und fiel nach vorne: direkt in meine Arme, in mein Herz. Das schien sie langsam zu spüren. Ich reagierte nie auf ihre Taktik, ich agierte. Ich ließ sie die Liebe Jesu durch mein Herz spüren. Nach Jahren erreichte ich, dass sie bereit war, bei Maurice Ray in Lausanne einen Exorzismus zu machen. Meine nächste große Prüfung konnte beginnen.

Ich lud sie in die Schweiz ein und rief bei Maurice an, um einen Termin zu vereinbaren. Er freute sich über die Begegnung mit meiner Mutter, die auf Deutsch stattfinden sollte. An besagtem Tag fuhr ich mit dem Auto Richtung Lausanne, während meine Mutter still neben mir saß. Für meinen Geschmack zu still. Irgendwie spürte ich eine beklemmende Ruhe. Sie schien sich auf etwas zu konzentrieren und ihr Gesicht versteinerte sich. Da – plötzlich kracht es – ein Knall, der Motor des Autos macht beängstigende Geräusche und der Wagen will sich kaum noch vorwärts bewegen; mitten auf der Autobahn hinter der Stadt Bulle. Wie eine Betonstatue sitzt meine Mutter mit hartem Blick neben mir. Sie sagt kein Wort. Wäre nicht Jesus in mir, ich bekäme Panik vor diesem Blick. Mit Mühe schafft es der Wagen bis zur nächsten Ausfahrt, aber der Motor ist „außer Gefecht". Von einem nahen Bauernhof rufe ich Maurice an, um unsere Verabredung abzusagen. Am Blick meiner Mutter erkenne ich sofort, mit wem ich es wieder einmal zu tun habe. Über Landstraßen zuckeln und ruckeln wir bis nach Freiburg zurück. Die Werkstatt stellt mir einen Mietwagen zur Verfügung, und danach mache ich mit Maurice Ray einen neuen Termin für den nächsten Tag ab.

Es war zwecklos, mit meiner Mutter über die Kräfte zu sprechen, die durch sie gewirkt hatten. Ich kann bis heute nicht sagen, ob sie sich dieser Mächte je bewusst gewesen war und sich an ihre körperliche Verfassung erinnerte, wenn sie wieder in ihren Normalzustand zurückfiel. Aber es dauerte nicht mehr als ein paar Stunden, als „sie" schon wieder zuschlug. Wir schliefen schon, da weckte mich ein seltsamer Telefonanruf.

„Klaus Kenneth, könntest du bitte dringend zu mir kommen."

„Wer sind Sie, oder wer bist du?"

Ich hatte keine Ahnung, wer da anrief. Ein Kolumbianer namens Hernan, der Ex-Mann meiner Bekannten A., mit der ich viel um Hernans Seelenheil gebetet hatte. A. hatte mir häufig erzählt von seinen transzendental-meditativen Machenschaften. Ich hatte Hernan – er war Psychologe – nie getroffen und fand es ziemlich unverschämt, dass er um diese späte Zeit noch anrief. Andererseits war es die Gelegenheit, auf die ich lange gewartet hatte, mit ihm ein Gespräch führen zu können.

Ich fragte daher: „Was gibt es denn? Ist es wirklich so dringend?"

„Das kann ich nicht am Telefon erklären. Aber es ist sehr wichtig. Bitte komm schnell."

Als wäre ein Feuer ausgebrochen. Er beschrieb mir den Weg zu seiner Wohnung, und ich fuhr los. Ich hatte große Erwartungen. Vielleicht brauchte er dringend geistlichen Beistand? Es war mysteriös. Umso mehr war ich erstaunt, als er mir beim Eintreffen banal eröffnete: „Ich habe hier ein paar technische Texte, die ich vom Spanischen ins Deutsche übersetzen muss. Bitte hilf mir bei der Übersetzung. Das muss in sechs Wochen fertig sein."

Es handelte sich um Traktoren und Landmaschinen. Das war alles andere als spirituell, und ich war zornig über sein Täuschungsmanöver. Es war eine Frechheit! Ich begriff, was A. mit „seinen Machenschaften" gemeint hatte. Dennoch wollte ich ihn mit seinen Texten nicht sitzen lassen und überlegte, dass dem anderen „dienen" immerhin ein Zeugnis für Christi Liebe ist und für später eine Tür öffnen könnte. Wir arbeiteten bis nach Mitternacht, als ich mich einige Stunden später reichlich ausgelaugt auf den Heimweg machte. Seltsam, seltsam, was da heute alles passiert ist, ging es mir durch den Kopf. Mitten in diese Gedanken hinein knackte es heftig unter dem Auto. Eine unglaubliche Kraft drückte plötzlich den Mietwagen auf den Boden. Mit lautem Krachen brachen die Federung oder alle vier Radaufhängungen gleichzeitig! Das Blech der Karosserie schürfte über den Asphalt und hinterließ mit erschreckendem Lärm einen Schweif von Funken. Auto Nummer zwei hinüber! Das durfte doch nicht wahr sein! Zweifellos war meine Mutter wieder aktiv geworden. Als ich endlich übermüdet zu Hause ankam, hatte sie auch noch die Tür verschlossen. Ich musste läuten.

„Wer ist da?" Als wüsste sie das nicht!

„He, was ist los? Warum schließt du neuerdings die Tür ab?"

Ihre Stimme war nicht mehr die gleiche. Es war überhaupt nicht die Stimme meiner Mutter, die mir jetzt – um einige Tonlagen höher – antwortete: „Man hat mir gesagt, ich darf niemanden hereinlassen."

„Wer hat dir das gesagt?", bestand ich darauf zu erfahren.

„Das darf ich dir nicht sagen", wimmerte es leise.

Dann verschwand sie und ließ mich vor der versperrten Tür stehen. Ich hämmerte gegen die Tür. Nichts. Es war nahezu gespenstisch, und ich war gezwungen, über das Dach zu meinem offenen Küchenfenster zu klettern, um in meine eigene Wohnung zu gelangen. Es war unglaublich! Als ich sie zur Rede stellte, tat sie völlig naiv, so als wüsste sie von nichts. Sie lehnte jede Verantwortung ab.

„Warum hast du mir nicht geöffnet?"
„Ich durfte nicht!"
„Wer hat dir das verboten?"
„Ich hab's dir schon gesagt, ich darf es nicht sagen."
„War denn jemand hier in der Wohnung, als ich weg war?"
„Ja. Aber ich darf darüber nichts sagen."
Aus! So war es immer.

Ich hatte berechtigte Befürchtungen, sie wäre imstande, den Zug zum Entgleisen zu bringen, als ich am nächsten Tag zwei Billette nach Lausanne kaufte. Es schien mir unerlässlich, einen Exorzismus mit ihr durchzuführen. Per Bahn kamen wir schließlich sicher bei Maurice an, und er betete, sprach und erklärte lange, was nun folgen würde. Teilnahmslos ließ sie alles mit sich geschehen; ihr Gesichtsausdruck blieb unergründlich. Maurice band im Namen Jesu die bösen Mächte und zerstörerischen Kräfte in ihr, während sie bewegungslos dasaß. Nach einer Stunde war alles vorüber, und nachdem wir in guter Stimmung zusammen zu Mittag gegessen hatten, nahmen wir den Zug nach Freiburg zurück. Plötzlich spürte ich wieder dieselbe fremde Anwesenheit, die einem die Luft abschnitt. Es wurde kalt und ich konnte sehen, wie sich das Gesicht meiner Mutter in eine giftige satanische Maske verwandelte – welch ein Horror!

„He, he, he ..." kicherte es gepresst aus ihrer Lunge. „Ihr habt wohl gedacht, mich zu kriegen?"

Es war wirklich zum Angst bekommen, was ich da sah.

„Aber ich hab euch alle reingelegt. Ihr kriegt mich nie!"

Kalte Schauer liefen mir den Rücken hinunter. Das war nicht mehr meine Mutter, die diese Worte sprach. Sie war von Beruf Schauspielerin gewesen, und kraft ihrer Erfahrung und Geister hatte sie uns die ganze Zeit etwas vorgespielt. Sowohl Maurice als auch ich waren auf ihr Spiel hereingefallen. Es war zum Verrücktwerden! War ihr denn selbst im Namen Jesu nicht mehr zu helfen?

„Was ist bloß los mit dir? Willst du denn niemals frei werden? Siehst du nicht, worum es geht?"

„Doch sehr wohl." Die Spannung in ihr ließ nach. „Aber Herr Rey ist evangelisch! Der Katholizismus ist die einzige wahre Religion. Dein Herr Maurice kann mir nichts anhaben mit seinem Unglauben."

Es war zum Verzweifeln, zu erleben, was ein solcher „Vatikanismus" bei manchen Menschen für einen Schaden anrichten konnte.

„Würdest du denn von einem katholischen Geistlichen einen Exorzismus annehmen?", fragte ich weiter. Sie bejahte. Weiß Gott, welches Spiel sie jetzt wieder mit mir spielen wollte. Immerhin kostete es ab diesem Moment noch ein volles Jahr an Fürbitte, bis sie zu einem neuen Versuch bereit war. Maurice hatte mir die Adresse eines katholischen Kollegen in Feldkirch in Österreich besorgt. Ich fuhr also nach Deutschland, um meine Mutter mit meinem neuen Auto abzuholen. Kein Aufwand war mir zu groß für ihr Seelenheil. Während der Fahrt sprachen wir viel miteinander und ich war guter Dinge. Vielleicht zu sehr! Ich war dabei, Satan zu vergessen ob unserer guten Laune, die sie mir offenbar nur wieder vorspielte, denn – so unglaublich es klingen mag – nur fünf Kilometer vor Feldkirch, wieder mitten auf der Autobahn, hörte ich ein hässliches Klirren und Rattern an meinem linken Vorderrad, und – zack – blockierte es vollständig!! Wir saßen fest. Wäre nicht Jesus in mir gewesen, ich glaube, ich wäre aus der Haut gefahren. So aber stieg ich nur aus dem Wagen und begann die Achse, die Leitungen, die Bremsbacken und Verschraubungen unter großer Gefahr auf der Autobahn soweit wiederherzustellen, bis wir notdürftig weiterfahren konnten. Ich schaffte es endlich bis zur angegebenen Adresse, und der katholische Geistliche öffnete uns die Tür. Er sah uns misstrauisch an, schien aber von unserer Echtheit nach einer Weile überzeugt, und als ich ihm die Grüße von Maurice überbrachte, taute er vollends auf.

Er holte eine Reihe von Gegenständen: Bilder, Weihwasser, Weihrauch, Stola und Gewänder und begann meiner Mutter den katholischen Exorzismus zu erklären. Ich beobachtete sie diesmal genau. Sie wirkte entspannter, offen und aufmerksam, das konnte ich sehen. Anscheinend hatte sie Vertrauen zu diesem Priester und ließ ihn gewähren. Sie wiederholte sogar die Absagungsgebete, um die er sie bat. Alles verlief ohne ihren

Widerstand. Endlich fiel mir ein Stein vom Herzen, und eine schier unglaublich lange Geschichte nahm nun einen anderen Verlauf. Es ist wahr: Wenn ein Baum über siebzig Jahre lang in eine bestimmte Richtung gewachsen ist, kann man ihn nicht einfach geradebiegen – er würde brechen. Und so war es auch bei meiner Mutter; immer wieder einmal kam ihre alte Verhaltensweise zum Vorschein; aber war es bei mir nicht ähnlich gewesen damals? Doch häufiger bemerkte ich Veränderungen, die in ihr stattfanden. Wir konnten jetzt zusammen beten, und der Rest lag in Gottes Hand. Ganz warm aber wurde unser Verhältnis zeitlebens nicht mehr, und es mag kein Zufall sein, dass ich im Moment ihres Todes an einem Ort war, der weiter nicht entfernt sein konnte von ihr: durch ein Fax erfuhr ich in Australien von ihrem Hinscheiden. Allein hatte sie gelebt, allein war sie gestorben, und allein wurde sie beerdigt, ohne einen einzigen Gast – sie, die einst ein hochgefeierter Opernstar gewesen war. Nicht einmal mein Bruder kam zu ihrer Beerdigung. Was für ein Leben im Leiden! Gott möge ihrer Seele gnädig sein.

Meinen Vater, der zeitlebens nichts mit der Kirche am Hut hatte, fand ich in Stuttgart wieder, und auch ihm berichtete ich viel von Jesus und Seiner Gnade. Er meinte lapidar, es genüge, katholisch getauft worden zu sein, und er brauche keine Kirche. Nichts, aber auch gar nichts brachte ihn von seinem Vorurteil ab, nach dem Tod sei sowieso alles aus und vorbei. Viel hatte ich für ihn gebetet, damit er vor seinem Tod seine Sünden bekennen könnte. Umso mehr freute ich mich, als er an einem Ostersonntag „aus Versehen" in den Genuss der Sündenvergebung kam. Ich hatte mit der ganzen Kraft meiner Liebe und Überzeugung versucht, ihn in den katholischen Ostergottesdienst einzuladen. Er weigerte sich vehement und blieb zu Hause, während ich allein in die Messe ging. Als ich zur Mittagszeit nach Hause kam, lief der Fernseher, und genau in dem Moment, als mein Vater das Zimmer betrat, gab der Papst vom Vatikan aus seinen Ostersegen „Urbi et Orbi" und sagte dazu, dass dieser auch über das Medium Radio und Fernsehen gültig sei. Ein dankbares Halleluja entfuhr meinem Herzen. Mein Vater meinte darauf trocken: „Da hast du's! Was brauche ich schon die Kirche! Es geht ja auch so." Es war in den paar Jahren bis zu seinem Tod unmöglich, eine wirkliche Beziehung zu ihm herzustellen. Zu sehr war er Gefangener seiner selbst und seiner Egozentrik. Ich hatte ihm verziehen und liebte ihn, aber er konnte nie lieben. Bis auch er bald darauf starb. Möge seine Seele Frieden finden.

Mein Leben in der „Wüste" erfuhr an einem anderen Pfingstfest vorerst seinen Höhepunkt. Mit zwei Schwestern im Glauben, Mady (Mallorca!) und Priska, fuhren wir in Madys Peugeot tausend Kilometer bis nach Lisieux und Baycux in der Normandie. Unser Ziel: „Pentecôte des Pauvres", Pfingsten für die Armen und Clochards aus ganz Frankreich. Fünftausend Leute, vornehmlich Landstreicher, Junkies und am Rande der Gesellschaft lebende Individuen, waren gekommen, um von Jesus Christus ein Stückchen Hoffnung oder Kuchen und Suppe abzubekommen. Man hatte mich als Redner vorgeschlagen und beim Eintreffen wurde mir gesagt, ich bekäme rechtzeitig Nachricht, wann ich mein Zeugnis vortragen sollte. Beim Gang durch das Camp traf ich auf Daniel Ange, der mich in Strassburg schon durch seine Persönlichkeit beeindruckt hatte.

„Salü Daniel." Ich ging auf ihn zu. „Ich freue mich, dich hier wiederzutreffen. Ich glaube, ich kann viel lernen vor dir. Zum Beispiel Demut …"

„Nein Klaus, wenn jemand etwas lernen kann, dann bin ich es – und zwar von dir." Seine Demut war entwaffnend.

Wir sprachen noch eine Weile, dann war es Zeit, die Zelte aufzubauen. Blauer Himmel, warmer Sonnenschein. Ich freute mich, hier zu sein und bald zu den „Armen" sprechen zu dürfen. Das änderte sich jedoch schnell. Gott war kein Gott der Theorie – zumindest nicht für mich. Zeitlebens ging es mir um das Sein, um das Leben und Erleben, nie um Bücherwissen. So sorgte Gott auch diesmal dafür, dass „Pfingsten der Armen" nicht zum Fest der Ehre und des Ruhmes für mich wurde. Gerade als wir mit dem Aufstellen unserer Zelte fertig waren, erfuhr Mady die niederschmetternde Nachricht, dass ihr Vater gestorben war. In ihrem Zustand war sie nicht fähig, allein die tausend Kilometer in die Schweiz zurückzufahren; so übernahm Priska diese Aufgabe. Als sie weg waren, fühlte ich mich merkwürdig allein. Pechschwarze Wolken zogen auf.

Und dann fing es plötzlich an, wie aus Eimern zu gießen. Die Wiese war binnen kurzem zum Schlammbad geworden. Ab sofort blieb ich vollkommen isoliert von den anderen, und die paar Sätze, die ich mit Daniel Ange gesprochen hatte, sollten bis zu meiner Abreise die einzigen bleiben!

Vom Rückweg abgeschnitten, weil ich mit Mady im Auto gekommen war, wartete ich nun sehnlichst auf meinen Auftritt und hoffte dadurch viele Bekanntschaften zu machen. Verschmiert vom Schlamm, mit feuchten Kleidern und frierend stapfte ich im Gelände umher, und jedes Mal, wenn ich versuchte, Kontakt mit anderen Christen aufzunehmen, wandten sie sich ab von mir, als hätte ich die Pest. Nicht ein einziges Gespräch brachte ich während vier Tagen zustande. Ich war so einsam und vergessen, dass sich Bitterkeit in mir breit machen wollte. Zu allem Übel schienen die Organisatoren mich völlig vergessen zu haben. Niemand kam und fragte nach mir. Wie gerne hätte ich mich aus dieser Isolation befreit, aber wo Gott mich eingebunden hatte, kam ich aus eigener Anstrengung nicht heraus. Selbst zum Essen kam ich zu spät und musste in Folge dessen hungern. Ich fand einen Rest Milch im nassen Zelt, und als ich sie trank, spürte ich etwas Weiches, Halbfestes auf meiner Zunge und biss darauf herum, bis ein verdächtiger Geschmack im Mund entstand. Soeben hatte ich drei große glitschige Nacktschnecken zerkaut, die in der Milch ertrunken und aufgequollen waren. Iiiieegiiit ... spuckte ich alles aus. Aber es passte ins Bild: Pfingsten der Armen. Ich war gekommen, um zu wissen – jetzt erfuhr ich, was es hieß, allein, arm und verachtet zu sein. Wie einst Jesus.

Als ich Seine Pfingst-Lektion erkannte, konnte ich Ihn von ganzem Herzen loben. Gott wollte keinen Theologen aus mir machen. Nein, Er führte mich an Seiner Hand hinein ins Leben, in die Wüste und manchmal ins Leiden. Er war immer auf der Seite all der Ausgestoßenen und Einsamen. Er fragte nicht nach den Gründen ihrer Lage, sondern Er liebte sie einfach. Erst im letzten Moment, kurz vor der Abfahrt, zeigte mir mein Herr den Zweck Seiner Lektion und gab mich frei aus dem unentrinnbaren „Bann". Dann konnte auch ich die Arme gen Himmel erheben mit den Fünftausend – zum großen Abschieds-Halleluja. Zehntausend Arme in wiegender Verehrung

Gottes, wie ein Weizenfeld im Wind, Wogen der Liebe ... Hippies, Nonnen, Punks, Mönche, Akademiker, Ladies, Behinderte, Hässliche, Kranke ...: Jesus, Dein Volk – und in diesem Moment war ich der Glücklichste, weil ich dazugehören durfte.

Daniel Ange

Kapitel 27

Gott wird „sichtbar"

Wenn es mir allzu schwer wurde, so fand ich immer wieder überraschende Zeichen Seiner Gegenwart. Ich möchte sie kleine Wunder nennen, denn sie waren zu unerklärlich, um sie mit dem Verstand zu erfassen, wie die unwahrscheinliche Begegnung mit Graeme zeigt.

Graeme kam aus Neuseeland und war kurz nach mir in das Kloster (Wat) „Bung Wai" eingetreten. Er hatte von Anfang an Mühe mit den anderen Mönchen, und ich wurde im Laufe der Zeit sein Guru und Vertrauter. Hatte er Fragen und Sorgen, erschien er bei mir. Ich schien in seinem Leben so bedeutend zu sein, dass er mich, als ich bereits in der Schweiz lebte, von Neuseeland her besuchen kam. Als er wieder abgereist war, flog ich nach Südamerika, und offensichtlich hatte er meine Adresse verloren, denn er meldete sich nie mehr. Mir war beim Raubüberfall in Kolumbien mein Adressbuch abhanden gekommen, und somit konnte auch ich mich nicht mehr mit ihm in Verbindung setzen.

Ich befand mich auf einer Weltreise, und wir kamen eben auf den Fidschi-Inseln an. Graue Wolken und Regen zwangen uns, auf der Hauptinsel zu warten, da bei solchem Wetter kein Boot fahren wollte. Aber lassen wir mein Tagebuch vom August 1996 im Originaltext sprechen:

Fr., 2.8. 96. – Lautoka / Insel Waya (Fidji)
Den lang ersehnten Sonnenuntergang wollen wir am Meer genießen, und so gehen wir eine Weile am Strand auf und ab. Außer einem jungen bärtigen Mann, der unter einem der Schilfschirme zu meditieren scheint, sind wir ganz allein. Hier draußen ist absolut nichts los. So gehen wir an die Hotelbar direkt am Strand und Pool und trinken dort ein kleines „Fiji Bitter"; außer dem Bärtigen

ist weit und breit niemand. Da kommt uns die Idee, in diesem Hotel ein Zimmer zu mieten: es liegt wesentlich hübscher als unser jetziges, welches ca. 100 Meter vom Strand entfernt ist. Hier könnten wir uns vorstellen, einige Tage zu bleiben. Als wir mit unserem Bier fertig sind, erkundigen wir uns nach dem Preis und bitten den Besitzer, uns ein Zimmer zu zeigen. Tatsächlich sind die Zimmer viel geräumiger, haben Küche, Geschirr und Badezimmer und sind unseren jetzigen Zimmern in jeder Hinsicht überlegen. Und billiger noch dazu!
Als wir mit dem Hotelier die Treppe hinuntersteigen, rennt ein Hotelgast hinter dem Besitzer her – es ist wieder der bärtige junge Mann –, um ihm mitzuteilen, er habe Probleme mit dem Ventilator in seinem Zimmer. Das geht mich ja eigentlich nichts an und ich höre kaum zu; aber als der Chef ihm antwortet: „Alles o.k. Ich werde mich darum kümmern" und der Bärtige ihm eine Antwort als Bestätigung gibt, wirble ich herum. Ich weiß mit hundertprozentiger Sicherheit und schreie laut in die Nacht: „Graeme!"
Wir werfen uns in die Arme, ich reiße ihn hoch und wirble ihn durch die Luft. Die Wiedersehensfreude ist unbeschreiblich … 16 Jahre ist es her … Und wie oft – wie oft hatte ich an ihn gedacht! Immer, wenn ich Neuseeländer traf auf meinen Reisen, so oft, in Australien vor zwei Jahren schon, immer hatte ich mir gewünscht, ihn wieder zu treffen, um zu wissen, was wohl aus ihm geworden war. Immerhin waren wir wie Brüder damals im Kloster, auf der Suche nach Gott, nach dem Sinn des Lebens.
Unglaublich! Da treffen wir uns in der Dunkelheit, in dieser Zehntel-Sekunde, buchstäblich am anderen Ende der Welt, und zwar nur wenige Augenblicke vor seiner Abfahrt nach Neuseeland. Wer will hier noch an „Zufall" glauben!? Ich setze mich mit Graeme hinaus an den Strand, unter die Schilfschirme, um die letzten 16 Jahre Revue passieren zu lassen. Ich brenne auf seine Neuigkeiten. Was Graeme mir über seine Suche nach dem Licht erzählt, lässt mich sofort verstehen, warum wir „zusammengeführt" wurden. Er hat sich selbst den Namen

„Shining" (Leuchten) gegeben und irrt seit dem Austritt aus dem Kloster immer noch umher, um dieses „Leuchten" zu suchen. Er sieht nicht glücklich aus und gibt unumwunden zu, dass er sogar immer unfähiger wurde zu arbeiten. Er hat in Neuseeland 35 Hektar Land gekauft und ist nicht fähig, es anzubauen. Maximal eine einzige Stunde pro Tag kann er noch arbeiten auf seiner Kiwi-Pflanzung, wie er mir erzählt.

Die letzten drei (von sieben) Wochen verbrachte er auf einer Insel hier in Fiji und wohnte bei einem alten gläubigen Mann, der ihm – sehr zu seinem Verdruss – immer wieder von Jesus erzählt hatte; besonders intensiv die letzten zwei Tage vor seiner Abreise. Als ich ihm jetzt wieder von Jesus erzähle und was ER in meinem Leben alles verändert hat seit meinem Austritt aus dem Kloster, muss Graeme laut loslachen … Er ist tief getroffen.

So sprechen wir mehr als drei Stunden miteinander, und da er sehr früh aufstehen muss, beenden wir dann unser Gespräch. Ich gebe ihm noch etwas Geld (er ist pleite) für seine Rückreise. Danach fühle ich mich (wie oft, wenn es um spirituelle Kämpfe geht) ausgelaugt und matt …

Außerdem verstehe ich jetzt, warum das Wetter zunächst so miserabel sein musste: sonst wären wir vor dem Treffen mit Graeme nach Waya gefahren. Der Mensch denkt und Gott lenkt, Klaus plant – Gott bahnt. Gute Reise!

Eine ganze Reihe von ähnlichen Begegnungen könnte ich noch erzählen, aber ich möchte dieses Kapitel mit der vorerst letzten dieser Art beenden. Auch hier war es wieder eine Frage von Sekunden. Gottes Zeitplan ist einfach perfekt.

Beat L. aus Zizers bei Chur war begeistert von einer Sendung über mich im Fernsehen. Er schlug mir per Brief eine Veranstaltung im Kanton Graubünden vor. Da ich öfters in diese Gegend komme, machte ich Beat das Angebot, ihn persönlich zu besuchen, wenn ich das nächste Mal in der Nähe wäre, um alles Nötige zu besprechen. Neun Monate später hatte ich einen Vortrag in der Ostschweiz und vorher noch genug Zeit, die Stadt Chur zu besichtigen. Als ich die Autobahn-Ausfahrt Chur genommen hatte, wunderte ich mich, dass es noch 13 Kilometer bis in die Stadt waren! Was sich die Bauherren dabei wohl gedacht hatten? „Nein", meinte Nikica, die neben mir saß, „du hast die Ausfahrt Davos genommen." So etwas war mir noch nie passiert.

Dorf um Dorf durchfuhren wir, und ich erinnerte mich: „Hier in der Nähe gibt es ein Dorf, aus dem ich vor Monaten schon eine Einladung für einen Vortrag bekommen habe. Schade, dass ich die Adresse nicht bei mir habe. Ich hatte der Person versprochen, mich zu melden, wenn ich hier sei. Zu dumm, dass ich nicht einmal mehr weiß, wie die Person und der Ort heißen. Jetzt hätte ich Zeit dafür."

Einige Kilometer weiter las ich ein Ortsschild: Zizers.

„Ich glaube, das könnte es gewesen sein. Wirklich schade, dass ich den Namen vergessen habe. Aber so ähnlich mag es geheißen haben."

Ich überlegte, fand aber keinerlei Hinweis in meiner Erinnerung. Gleich an der Ortseinfahrt las ich ein Schild „Stiftung Gott hilft". Ob es wohl …? Nein, so etwas hatte mit Sicherheit nicht auf dem Briefkopf gestanden. Schwupp, war ich vorbei. Dennoch befahl mir mein Herz: Kehr um! Ich nahm die nächste Wendemöglichkeit und fuhr zurück zum Schild. „Gott hilft" war eine ganze Anzahl von Heimen, Häusern und Verwaltungen. Ich studierte vom Autofenster aus einen Lageplan neben dem Parkplatz. Dabei behinderte ich einen Wagen, der soeben wegfahren wollte. Der Fahrer schien zu merken, dass ich unschlüssig war und etwas suchte. Er stieg aus.

„Suchen Sie etwas?"

„Ja, eigentlich schon."

Wenn ich bloß gewusst hätte, wie es ihm erklären. So fuhr ich aufs Geratewohl fort: „Ich suche eigentlich jemanden. Aber ich weiß weder wo, noch wie die Person heißt. Das ist nicht viel Information, um mir weiterhelfen zu können, nicht wahr?"

Der junge Mann schwieg und sah mich einen Moment genau an.

Er muss mich für verrückt halten, dachte ich; ich bin es ja auch.

Doch dann sagte er: „Klaus Kenneth?"

Ich war vom Donner gerührt.

„Sie suchen mich!" Es war Beat L. Und an der Straße hatte es ja gestanden: Gott hilft! Konnte ich einen besseren Führer durch die Stadt Chur finden?

Vielleicht ist es besser, wenn ich an dieser Stelle die noch wesentlich längere Liste mit all den wunder-baren Begebenheiten abbreche; schwache Menschen könnten dadurch in Unglauben und Zweifel fallen, und ich hätte das Gegenteil erreicht von dem, was ich wollte. Wann werden wir lernen, weniger auf unseren Verstand zu hören und mehr auf unser Herz? Dann wird Gott überall und auf erstaunliche Weise sichtbar und wir bekommen die Zeichen, auf die wir mit unserem Verstand so vergeblich hoffen. Es ist das Wagnis, den Weg vom Kopf ins Herz zu gehen.

KAPITEL 28

Die umgekehrte Pyramide

Nach diesem reichen Rundgang durch Sein Haus – wo Er mir einen gewissen Einblick in Sein Reich gewährte – wollte ich nur eins: immer in Seiner Nähe bleiben. Tatsächlich fühlte ich mich wie aus dem Paradies vertrieben, wenn mein altes Ego mich wieder einmal eingeholt hatte. Das war leidvoll, und der Schmerz des Getrenntseins von Gott trieb mich schnellstens zurück in Seine Arme. Ohne IHN gab es buchstäblich kein Leben.

Bei meiner Bekehrung war es, als ob ich eine Rolltreppe oder ein Förderband betrat – es transportiert mich stetig vorwärts, während der „alte Mensch", mein Ego, auf diesem Transportband manchmal in die entgegengesetzte Richtung läuft. Offenbar nicht schnell genug, um rückwärts voranzukommen; denn wenn ich innehielt, transportierte mich jede Stille, jeder Besuch einer Messe, eines Gottesdienstes, einer Liturgie, jedes Anhalten, um zu beten, und jede Bibellektüre in Seine Arme zurück.

Statt wie früher nach meiner Bekehrung getragen zu werden, musste ich jetzt – besser gesagt, durfte ich jetzt – diejenigen tragen, die selbst nicht mehr gehen konnten. Das bedeutete ganzen Einsatz mit Leib und Seele. Es waren nicht die Auftritte und Vorträge, welche mich die meiste Kraft kosteten – wenngleich ich bei 95 Prozent meiner Einsätze für Jesus gemeine Attacken Satans über mich ergehen lassen musste; das ging von Blockaden, Krankheiten, Ablenkungsmanövern und Fehlleitungen bis hin zu geistiger Bombardierung und heftigsten physischen Schmerzen und sogar Sachschaden. Nein, es waren die Gespräche hinterher, die ohne weiteres bis nach ein Uhr morgens dauern konnten, welche mich oft die letzte Kraft kosteten; bis zu einem Punkt, wo ich sagen würde: Ich habe einen Teil meines Herzblutes gegeben; so wie Jesus auch Sein Blut für uns vergossen hat.

Karriere machen in der spirituellen Welt, das hieß nicht, aufsteigen, Rang und Würde zu erhalten, Ansehen zu genießen. Nein, das hieß, absteigen und die anderen auf die Schultern nehmen. Mit dem anderen sein Leid teilen kann nicht theoretisch geschehen. Es bedeutet Leid auf sich nehmen, was nur möglich ist, wenn Jesus uns selbst trägt. Das war nicht die Pyramide vom Laien zur Stufe der feministisch motivierten Frau Pastor, zum Pfarrer, zum Bischof, Kardinal und Papst, dem die Welt zu Füßen liegt; jeder scheint auf den Schultern der tieferen Schicht zu ruhen. Im Reich Gottes ist die Pyramide umgekehrt: *„... wer groß sein will, der soll euer Diener sein und wer bei euch der Erste sein will, soll eurer Sklave sein"* (Matthäus 20,26). Jede Stufe auf dieser Karriereleiter bedeutet die Bereitschaft und Fähigkeit, der Menschen Leid zu tragen, die zu er-tragen, die sich selbst nicht mehr tragen können. Um Priester zu sein und Beichte abnehmen zu können, ist ein gewaltiges Pensum von Gnade und Kraft nötig; da genügt es nicht, ein paar Semester Theologie studiert zu haben. Ich traf einst einen Theologiestudenten, der nach neun Semestern das Studium aufgegeben hatte; unter anderem mit der Begründung: „Als ich diese naiven Seminaristen sah und die Pfarrer, die keinerlei Lebenserfahrung haben, die man mit ihren paar Semestern Schulwissen auf die Leute losgelassen hat, bekam ich Angst um die Welt. Denen würde ich nicht mal meine Katze in die Seelsorge geben." *„Wenn ihr nicht werdet wie die Kinder ..."* ist keine Einladung, ein „baby-face" zu werden, sondern eine Aufforderung, sich mit kindlichem Vertrauen vom Vater dahin führen zu lassen, wo wir IHM am besten dienen können.

Ich fing an, Straftäter im Gefängnis zu besuchen und ihnen mein Zeugnis zu geben; ich hatte Begegnungen mit Mördern; mir waren auch Tausende von Kilometern nicht zu weit, um einer einzigen Seele Hoffnung durch Jesus zu bringen; ich riskierte in der damaligen DDR und Sowjetunion Verfolgung, um den Menschen eine „Frohere Botschaft" zu bringen, als es ihr menschenverachtender sogenannter Sozialismus war; ich investier(t)e große finanzielle Beträge, damit Seelen aus dem Griff Satans befreit werden, nicht weil ich mir damit etwas verdienen will, sondern einfach weil mein Herz auf die jeweilige Situation reagiert. Wenn es Satan nicht gelingt, mich durch Krankheit oder andere Schikanen vom Einsatz abzuhalten, so versucht er mich dadurch auszutricksen, dass er mich derart mit „Arbeit für Jesus" überlastet, dass Stress und völlige Erschöpfung einen wirksamen Einsatz zunichte machen, weil ich mich nicht mehr wirklich um die Menschen kümmern kann.

In vielen Dingen hatte ich nicht genug Erfahrung, und es wurde hohe Zeit, eine Heimat zu finden, eine Gemeinde, wo ich Rat und Beistand bekommen konnte. Es vertiefte meinen Glauben nur wenig, ab und zu Begegnungen mit Christen zu haben. Die Begegnungen und Gespräche mit reifen Christen wie Mutter Teresa, Thomas Roberts, Daniel Ange, Kim Collins, John Stott, Ulrich Schaffer, Nicky Cruz, John Griffith, Edouard Glottin, Dave Parson, Olivier Clément und vielen anderen Leitern aus ganz Europa, mit denen ich bei diversen Anlässen zusammenkam und mit denen ich sehr fruchtbare Momente erfahren durfte, genügten nicht für eine anhaltende spirituelle Entwicklung. Ich brauchte nicht dann und wann einzelne gute Lektionen, sondern es verlangte mich nach einer Gemeinschaft, die mir jederzeit offen stand. Ich wollte eine Gemeinde, in der ich eine geistige Heimat finden konnte, einen geistigen Führer oder Vater, der mir meine brennenden Fragen beantworten konnte, wenn mein Herz danach verlangte. Und Fragen hatte ich genug! Ich spürte, dass ich von gewissen Gemeinden zum „Star", zu einer Art „Edelzeuge" hochstilisiert wurde. Das schmeichelte höchstens meinem Ego, für meine Entwicklung aber wurde es eher zum Hemmnis. *„Wer also zu stehen meint, der gebe acht, dass er nicht fällt"* (1 Kor 10,8). Kaum war ich von einer Sünde geheilt, stand die nächste vor der Tür: War die Gier besiegt, zierte ich mich mit Selbstlob; hatte ich Almosen gegeben, brachte mich mein Stolz zu Fall; hatte ich einigermaßen gelernt zu beten, verurteilte ich andere, die noch nicht meinen „Status" erreicht hatten; und sobald ich spürte, wie der Heilige Geist mich leitete, erhob ich mich zum „Lehrer der Welt" und erreichte dadurch, dass ich den Heiligen Geist schleunigst von mir trieb. Bei den kurzen Begegnungen, die wir hatten, kam es keinem der Gemeindeleiter in den Sinn, mir zum „Hinabsteigen" zu raten, weil ich in ihren Augen so stark Gottes Gnade empfangen hatte, dass in mir alles „fertig" schien. Zumindest empfanden sie es nicht als ihre Aufgabe, mich etwas lehren zu wollen, da ich in ihren Augen der Lehrer war.

Mit Staunen bemerkte ich, wie sich viele der ungefähr 25 verschiedenen Denominationen, bei denen ich überall Freunde hatte, darum bemühten, mich als eine Art „Aushängeschild" für sich zu gewinnen. Tatsächlich fühlte ich mich auch überall wohl, wenngleich ich öfters den Eindruck hatte, pro Gemeinde immer nur einen Mosaikstein der Lehre Christi zu sehen. Jede neue Gemeinschaft schien sich auf eine eigene Interpretation der Bibel zu gründen. Für die einen war die Taufe das Wichtigste, für die anderen die Verbreitung des Evangeliums, für die dritten war die Wiederkunft Christi im Mittelpunkt ihrer Aktivitäten, und wieder andere schienen allein dem Vatikan zu dienen. Für die Katholiken war ich „katholisch" getauft und gehörte zu ihnen, für die Landeskirche war ich durch sie „Christ" geworden; kurz: alle wollten mich, doch wo gehörte ich hin? Zu vieles kam mir aus dem Kopf der Leute, zu wenig aus dem Herzen. Bis ich ihnen eines Tages riet: Warum betet ihr nicht dafür, dass Gott mich dahin führt, wo ER mich haben will – nicht, wo *ihr* mich gerne hättet?

Diese Gebete wurden erhört. Wie hätte es auch anders sein können, nachdem ich mein Leben ganz Jesus übergeben hatte, als dass ER mir Türen öffnet, um mich zu Sich zu führen. Eines Tages traf ich einen Menschen, oder soll ich sagen: einen Heiligen, ähnlich Mutter Teresa, der mich zutiefst beeindruckte – nicht durch kluge Theologie noch durch seinen sehr hohen Status und Rang, sondern durch seinen Humor, seine unvergleichliche Wärme, seine völlige Transparenz und am meisten durch seine umwerfende Liebe für mich, verbunden mit seinem Respekt vor meiner Persönlichkeit. So einen Menschen hatte ich mein ganzes Leben lang gesucht. Solche Menschen, hatte ich gedacht, gäbe es nur im Kino oder in Büchern, aber nicht in Wirklichkeit. Für mich war dieser Mann die Perfektion, das höchste Vorstellbare – ein Modell. Er war wie der letzte Apostel aus einer 2000-jährigen Tradition, welche in dieser Zeit nicht ein Jota verändert hatte an der Lehre Christi. Seine Freiheit, die Einfachheit, die Demut, der spürbare innere Frieden und die Mystik des Lebens, die ihn umgaben, ließen die Tore meines Herzens in der Sekunde der Begegnung weit auffliegen.

Ich wusste: Er war es, den ich immer gesucht hatte. Ich war am Ziel. Jedes Mosaik, das ich vorher sehen durfte, alle verschiedenen Kirchen und Gemeinden, die ich erfahren hatte, waren in diesem Menschen vereint. Das Modell der Einen Kirche, wie Jesus sie gegründet hatte, ohne Spaltungen, ohne Skandale, ohne Eifersüchteleien, ohne Proselytentum: eben die Kirche Christi. Mein Herz machte einen Freudensprung, und die Tränen, die ich vergoss, weil ich in meinem Herzen wieder so tief berührt war, flossen noch reichlicher als einst bei Mutter Teresa. Gott hatte mich zu meinem geistlichen Vater geführt.

Doch dann kam die Überraschung: Alle hatten mich gewollt – er wollte mich nicht! Er hatte meine Lebensgeschichte gelesen und meinte: „Jesus ist mit dir, Klaus. Das genügt. Warum willst du dir ein bestimmtes Merkmal ‚ankleben'? Warum willst du in unsere Kirche eintreten? Fahre wieder nach Hause und gehe deinen Weg mit Jesus weiter."

Das warf mich erst einmal um. So eine Haltung war mir neu und forderte mich heraus, mehr über die Gründe der Ablehnung zu erfahren. Zunächst einmal kehrte ich nach Hause zurück – doch innerlich war ich berührt von einem unaussprechlichen Geheimnis, welches sich – so hoffte ich – bald einmal offenbaren würde. Ich nahm weiter an Versammlungen, Bibelgruppen, Messen, Gottesdiensten oder Liturgien teil, las die Bibel und inspirierende Bücher und sprach immer häufiger in warmherzigen Gemeinden über meinen Weg zu Jesus. Doch es rumorte in meinem Herzen. Ich spürte genau, dass durch Gottes Wirken etwas im Werden war. Also kehrte ich im Jahr darauf erneut zu dem zurück, der mir allein durch die Lektüre seiner Bücher schon zum „Vater" geworden war. Ich wollte wissen, warum er mich nicht ...

Diese zweite Begegnung verlief aber nicht viel anders: „Klaus, wahrer Glaube heißt Jesus nachfolgen, und das bedeutet ‚sich selbst verleugnen', ja ‚sich selbst hassen'. Es ist keine leicht verdauliche Nahrung, die wir dir anzubieten haben. Früher oder später wird dein ‚alter Mensch' mit aller Macht in dir auftauchen und du wirst es bereuen, oder noch mehr, ich werde es bereuen, dass ich dir zu diesem schweren Weg geraten habe. Höre auf mich und folge nur deinem Herzen und Jesus – wie du es bislang gemacht hast. Das soll dir genug sein. Kehre zu dir nach Hause zurück."

Also auch diesmal nicht!

Wer war beharrlicher? Er oder ich? Er war 1896 geboren und hatte ein Leben lang um den Glauben gerungen: 22 Jahre mit seinem eigenen geistigen Vater, der seinerseits wiederum so unvorstellbar gigantisch um seinen Glauben gerungen hatte, dass ihm am Anfang seines Lebens als Mönch Jesus erschien und ihm einen Satz sagte, der für unsere gesamte heutige Generation gelten könnte:

„*Halte deinen Geist in der Hölle und verzweifle nicht!*"

Sieben weitere Jahre hatte er als Einsiedler in der „Wüste" gelebt. Ich konnte vertrauensvoll davon ausgehen, dass er seine Worte wohl gewählt hatte, als er mir abriet, mir das „Etikett" einer Gemeinde ankleben zu wollen. Doch ich spürte in seiner Nähe immer dieses Unbeschreibliche, diese Mystik und Liebe, die sich hinter seinem Humor versteckte. Wenn er lachte – und das tat er so oft, wenn wir zusammen waren –, bebte sein ganzer Körper und er schien von einer Wolke getragen. Nein, er war auch diesmal nicht bereit, mich in dieser Konfession aufzunehmen, und schickte mich weg.

Zu diesem zweiten Abschied gab er mir etwas mit auf den Weg, von dem er überzeugt war, dass es mich bereichern würde: „Der Mensch, der mit dem Potential geboren wurde, sich bis zum „ich bin" zu entwickeln, hat durch die Macht des Gebetes die Möglichkeit, dieses Potential zu aktivieren und somit dem Ebenbild Gottes zu entsprechen, in welchem er einst geschaffen wurde. Ich empfehle dir, Klaus, das ‚Jesus-Gebet' zu praktizieren. Es geht so:

‚Herr Jesus Christus, Sohn Gottes, hab' Erbarmen mit mir (Sünder).'

Bete nun regelmäßig dieses Jesus-Gebet, und du wirst bemerken, wie Seine Gegenwart dich verändern wird."

Damit entließ er mich. Auf dem Heimweg überlegte ich, wie oft mir die Kraft des Gebetes bei anderen offenkundig geworden war. Bei mir selber schien es sich jedoch eher um „Geschenke" zu handeln statt um Gebete, die den Glauben sichtbar machten und halfen, mein Vertrauen in Gott zu festigen.

Nicht aber im biblischen Sinn, wo es hieß: „*Glücklich diejenigen, die nicht sehen und dennoch glauben.*" Wie sollte ich das nun verstehen? Lag hierin der Schlüssel zu seinem Widerstand, und könnte sie möglicherweise Ausdruck seiner Liebe für mich sein? Dass er mich mehr liebte als alle Menschen, die ich je getroffen hatte, spürte ich und sah als Zeichen seiner Heiligkeit: Liebe für alle Menschen. Ich konnte mich des Verdachts nicht erwehren, dass seine Zuwendung ein Zeichen Gottes war, weil ich zeitlebens so arm an Liebe gewesen war. Was aber wollte er mir verbergen oder gar ersparen? Ich fand keine Antwort und begann mich zu beobachten: Ich lebte seit meiner Bekehrung völlig ohne Angst – und zwar in allen Bereichen. Selbst aus den schrecklichsten Alpträumen wachte ich lachend auf, weil ich sogar im Schlaf wusste, dass ich in Jesus den Tod überwunden habe. Diese Gewissheit war unumstößlich. Ich erlebte Jesus als Heiland am eigenen Leib während einer unerwarteten Begegnung: durch eine kurze Berührung und das Gebet von Anthony Bloom wurde mir ein sehr heftiger Schmerz aus dem Rücken entfernt. Ich hatte seit Jahren inneren Frieden gefunden; nicht eine Sekunde war er mehr abhanden gekommen. Ich hatte vergeben gelernt, so wie mir vergeben worden ist. Was war es, das mir fehlte? Ich hielt mich an die Gebote. Ich teilte mit den anderen. Ich betete. Ich fühlte mich frei. Wovor nur warnte mich Vater S.? Ich musste es herausfinden.

Vater Sophrony (1896–1993)

Kapitel 29

Vom Kopf ins Herz

Durch das „Jesus-Gebet" hatte sich im Laufe der Zeit eine ganze Menge verändert. Aus der „Milch der Jugend" wurde durch regelmäßige Anstrengung und Disziplin „feste Nahrung". Alle Probleme der Umwelt, der Politik, der Arbeit usw. bekamen einen anderen Stellenwert. Es war etwas anderes, sich über Sensationsberichte der Massenmedien aufzuregen, oder für die Opfer dieser täglich mit teilnahmslosem Ton verkündeten Katastrophen zu beten. Gott half immer, wenn es einen Rhythmuswechsel gab: Je härter die Anforderungen, die an mich gestellt wurden, desto fester war SEIN Beistand, und ich durfte als „Sieger" hervorgehen. Welche Anforderungen waren es? Ich fing an, mich im Lichte Gottes zu sehen, und was ich da sah, war alles andere als rosig: ich war immer noch ein Sünder, und es gab Momente, wo ich mich schämen musste, zu behaupten, Christ zu sein. Ich fühlte mich frei, aber war ich tatsächlich frei? Was ist Freiheit? War ich frei von Leidenschaften? Nein. Der Kampf gegen „alte Gewohnheiten" wie Zorn, zuviel an Essen und Fernsehen, Rache, Temporausch, Faulheit in gewissen Arbeiten, Übertreibungen und vieles mehr erstreckte sich über oft lange und quälende Jahre. Ich war nicht mehr so naiv, zu glauben, man könne sie ohne über-menschliche Hilfe bezwingen. Diese Laster waren kaum auszuwurzeln, weil sie ein Leben lang „Hausrecht" bei mir gehabt hatten. Jedes einzelne Mal, wenn ich ihnen nachgegeben hatte, war es wie einzelne Fäden, die zusammen einen dicken Strick gebildet hatten, den ich nicht mehr durchreißen konnte. Da saß ein anderer auf dem Thron als der Geist Gottes. Ging es überhaupt darum, gegen diese Laster zu kämpfen? Ging es nicht vielmehr darum, sie zu meistern, um nicht ihr Sklave zu sein? Entweder sie meisterten mich – oder ich sie. Dazwischen gab es nichts. Ich verstand immer besser den Anspruch Jesu in der Bibel: *„Wer sich nicht* *selbst Gewalt antut, kann mir nicht nachfolgen."* Aber sollte ich deshalb aufhören, öffentlich Zeugnis abzulegen für das, was Christus in meinem Leben getan hatte?

Satan – oder war es der Heilige Geist, der mich überführte? – klagte mich mit aller Härte an und zeigte mir, wie miserabel ich war; zu Recht. Ich bedurfte der Weisheit des Heiligen Geistes, der uns ja auch unsere Sünden zeigt, um nicht in die Falle Satans zu gehen: will heißen, zwar „meinen Geist in der Hölle zu halten, aber *nicht zu verzagen!*", weil die Liebe Gottes größer ist. Satan hatte damals schon Judas angeklagt für seinen Verrat an Jesus. Judas hörte auf ihn und erhängte sich. Kurz darauf hatte er auch Petrus angeklagt – gleich für drei Verrate an Jesus (Mk 14,29–30). Doch Petrus hörte nicht auf ihn, sondern auf sein Herz: er ging hin und weinte bitterlich. Das Jesus-Gebet bewirkte auch in mir Tränen der Reue und dadurch den Sieg der Sündenvergebung. Die Barmherzigkeit Gottes ließ mich immer kleiner werden und lenkte mich auf den Weg der Demut. Je mehr ich mich durch „die Brille" Gottes sah, statt im Urteil der Menschen, je näher ich IHM kam, desto schlechter kam ich mir vor: *„Herr, vergib uns, wie auch wir den anderen vergeben ..."* Das war der Weg zur Reue, zur Beichte, zum Fasten, zur Askese und damit zur Freude. Der Blick richtete sich auf die Ewigkeit, und ich urteilte nicht mehr, wer schlecht oder gut oder näher bei Gott ist, sondern meine einzige Frage war: Wie weit bin ich noch von IHM entfernt? Das trieb mich in Seine Arme und zur Teilnahme an den Sakramenten.

Welch ein Unterschied zu den asiatischen Lehren des Karma und der Reinkarnation! Jetzt fing ich an, den Unterschied zu erleben zwischen dem Satz: *„In meinem Namen wirst du immer stärker sein"* und kalter Meditationstechnik, welche unsere Leidenschaften höchstens geschickt verdeckt. „Durch das Jesus-Gebet offenbart sich der Heilige Name Jesu", hatte Vater S. mir beim letzten Mal zum Abschied gesagt. Dies war also der Schlüssel zum Herzen: das Herzensgebet. Und es hatte nichts mit einem Mantra gemein. Ich spürte stärker denn je den Drang, mehr darüber zu erfahren, und kehrte – nun schon im dritten Jahr – wieder zu ihm zurück.

Meine Erwartung wurde nicht enttäuscht. Nicht nur unsere Gespräche waren wie eine Offenbarung, sondern auch die

Schriften, die ich in der Bibliothek über das Jesus-Gebet fand. Die Bücher der Kirchenväter waren so reichlich und beeindruckend, dass ich den Eindruck hatte, bis an mein Lebensende mit spirituellem Stoff versorgt worden zu sein. Die Inspiration, mein erstes Musikalbum „From Head to Heart" (Vom Kopf ins Herz) zu nennen, kam offenbar aus der gleichen Quelle wie das Herzensgebet: es war eine Einladung, den schmalen Weg zu wählen, zu versuchen durch die enge Öffnung des „Nadelöhrs" hindurchzukommen, den Kampf aufzunehmen gegen die Leidenschaften, Niederlagen hinzunehmen, sich selbst anzuklagen, um von Christus gerechtfertigt zu werden, eben *„seinen Geist in der Hölle zu halten und nicht zu verzagen"*.

Und noch einmal stieß ich auf die alte Frage, die mir die Christen immer stellten: „Warum passiert bei mir nichts, wenn ich bete?" Die Antwort lag offenbar im Jesus-Gebet. Vater S., der mir wie ein Freund war, gewährte mir bei diesem Besuch Einblick in ein „offenes Geheimnis". Im Folgenden greife ich sowohl auf unsere Gespräche zurück als auch auf das, was Father S. in seinem Buch „Sein ist mein Leben" niedergeschrieben hat, weil es ergänzt, was ich aus unseren Gesprächen teilweise vergessen habe. Über die Kraft des Jesus-Gebetes befragt, erklärte er Folgendes:

„Es genügt nicht, das Gebet einfach mit der Stimme auszusprechen: Es ist wesentlich, Den zu *lieben*, Den wir anrufen. Das kann nicht durch automatische Wiederholung des Gebetes geschehen oder allein durch Gedanken. Wenn wir uns nicht mit aller Kraft bemühen, Seine Gebote zu halten, rufen wir Seinen Namen vergeblich an. Gott warnt uns mit aller Deutlichkeit davor, Seinen Namen gedankenlos auszusprechen (Ex 20,7). Den Namen Jesu auszusprechen erfordert sowohl das Bewusstsein der Gegenwart des Lebendigen Gottes als auch wirkliches Wissen über Ihn. Wenn die Welt Gott schuldig spricht für all die Not, Kriege und Ungerechtigkeit in der Welt – Warum lässt Gott das zu! –, passiert genau das Gegenteil: Der Mensch kreuzigt Jesus von neuem, anstatt sich mit seinen eigenen Leidenschaften selbst zu kreuzigen und durch Seine Vergebung frei zu werden von selbstverantworteter Schuld. Das ist das Drama unserer Zeit. Die ganze Menschheit klagt Gott an für alles Übel, während der Christ sich auf den Weg macht, Gott kennen zu lernen, um herauszufinden, ob die Schuld in Gott liegt oder im Herzen des Menschen selbst.

Der kurze Zeitabschnitt des Jetzt, den wir ‚den unseren' nennen können, ist uns gegeben, um den Rückweg ins Paradies zu suchen, aus dem wir durch die Sünde Adams vertrieben wurden. Johannes der Täufer sagt uns, wie wir das tun müssen (Mt 4,17): ‚*Kehrt um*, denn das Himmelreich ist nahe.' Umkehr ist nur möglich durch Erkennen der eigenen Schwäche. Und das Erkennen ist nur möglich, wenn wir den Namen Jesu im Heiligen Geist anrufen. Das ist die Nabelschnur, die uns mit Gott verbindet und durch die wir göttliche Kraft erfahren, ohne die wir nichts unternehmen können. Ich wiederhole mit allem Nachdruck: Das ist nicht durch irgendeine Meditationstechnik möglich. Theoretische Theologie, fehlende Erfahrung und rein intellektuelles Bewusstsein über den Namen Jesu hat das Leben vieler Christen völlig entleert. Es genügt nicht, sich mental oder psychologisch an Jesus ‚zu erinnern'. Solches Gebet wird buchstäblich zur Zeitverschwendung – umso mehr noch, wenn unsere Gebete um irgendwelche materiellen Dinge ‚unerhört' bleiben."

Der Weg aus der Sackgasse dieser Welt ist das Gebet, und eine Form des Gebetes ist das Jesus-Gebet – aber nur dann, wenn wir es im Glauben und im Erkennen der eigenen Sünde und Bitten um Vergebung sprechen. Nicht Yoga oder körperliche Übung können uns befreien, wie manche Lehrer uns weismachen wollen (1 Tim 4,8), sondern Gnade und unser Glaube, verbunden mit Ausdauer und Geduld. Diese Qualitäten scheinen in unserer schnelllebigen Zeit abhanden gekommen zu sein. Man möchte alles und sofort haben. „Esoterische Angebote versprechen schnelle Erfolge. Vor solchem Irrglauben möchte ich mit allem Nachdruck warnen." „*Hütet euch vor falschen Propheten; sie kommen zu euch wie harmlose Schafe, in Wirklichkeit aber sind sie reißende Wölfe*" (Mt 7,15).

Um noch einmal auf meine Erfahrungen im Hinduismus und Buddhismus zurückzukommen: Sie hatten mir erlaubt, Jenseitserfahrungen zu machen, zeigten mir einen Weg, durch Meditation in einen Bereich jenseits meiner Vernunft zu gelangen, den Verstand zum Schweigen zu bringen, in eine gewisse Mystik einzutauchen und Raum und Zeit zu verlassen. Ich hatte zeitweise geglaubt, einen gewissen Frieden gefunden zu haben gegenüber den sich immer verändernden Phänomenen der Welt und hatte sogar den Eindruck, den Zustand der Ewigkeit zu verspürt zu haben – aber der Gott der Wahrheit, der Lebendige Gott war in all diesen Erfahrungen nicht! „Es ist nichts anderes als verschleierte Eigenliebe, in der sich der Mensch selbst als Schöpfung bewundert. Er erschafft seine eigene Selbstvergöttlichung, statt Gott zu sehen. Das war die gleiche Tragik, die schon zum Sündenfall Adams geführt hatte. Irgend etwas wurde von jemand raffiniert verwechselt: durch die Form der ‚un'persönlichen Meditation ist der Mensch nicht mehr in der Lage, den ‚persönlichen' Gott kennen zu lernen; statt dessen verfällt er der Idee, er selbst sei Gott. Einmal verblendet von der faszinierenden Schönheit der oben erwähnten Erfahrungen, macht sich der Mensch auf den Weg der Selbstzerstörung, indem er glaubt, in den Zustand zurückkehren zu können, den er vor seinem Leben innehatte." Dieser aber ist in den asiatischen Religionen unpersönlich, und der Mensch vernichtet sich, wird zum Nicht-Sein. Gott aber ruft den Menschen gerade vom Nichtsein ins Sein in das „Ich bin".

Somit muss unser Gebet immer persönlich sein, von Angesicht zu Angesicht. Gott schuf uns, damit wir teilhaben an Seinem Göttlichen Sein, ohne jedoch unsere persönliche Identität zu zerstören. Das ist Unsterblichkeit, die nur durch unseren Sieg über die Welt zu erlangen ist. In Jesus haben wir die Welt zu besiegen – von Gott getrennt sind wir Besiegte und dem Tod verfallen. Daher ist es äußerste Dummheit, aus welchen Gründen auch immer, den falschen Lehre(r)n auf den Leim zu gehen und diese gegen unser Vertrauen in die Kirche Christi einzutauschen. „Nächstenliebe wird dadurch unmerklich zur Selbstliebe und führt zur Trennung nicht nur in sich selbst, sondern auch zur Spaltung mit unserer Umwelt, ja der gesamten Menschheit, die ja in Gott eins ist. Der fürchterlichste Feind der Nächstenliebe ist unser Stolz, dem eine ungeheure Macht innewohnt." Unser Bemühen muss es sein, den Stolz zu bekämpfen, denn Machtgier bedeutet den Tod für die Seele. Wenn wir Macht und Stolz in uns gewähren lassen, wird unser Gebet und alles Beten zur Entweihung Seines heiligen Namens. Das Heilmittel aber gegen Stolz und Macht ist Demut, wie Jesus sie uns gezeigt hat.

Wenn wir uns mit ganzem Herzen bemühen, das Wort und die Anwesenheit Gottes zum Inhalt all unserer Lebensbereiche werden zu lassen, werden wir frei von Sünden, Leidenschaften und negativen Bindungen. Wahres christliches Gebet besteht im dauernden Anrufen des Namens Jesu: „Herr Jesus Christus, Sohn Gottes, hab Erbarmen mit mir Sünder und mit Deiner Welt." Dieses Herzensgebet ist auch dann noch wirksam, wenn wir auf dem Sterbebett liegen und die Hirnfunktionen nicht mehr voll arbeiten, denn mit unserem Ruf „Jesus Christus" bekleiden wir unsere Seele für die Reise in das unvergängliche Jetzt. Ohne Demut ist echtes Gebet nicht möglich. Demut aber zeigt uns unser wahres Selbst: nämlich unser Getrenntsein von Gott. Dieses Getrenntsein ist die Hölle. Ich darf nochmals wiederholen: Klagen wir uns freiwillig an, wird Gott uns durch Seine Gnade rechtfertigen. Rechtfertigen und entschuldigen wir uns, oder schlimmer noch: schieben wir die Schuld auf andere, wird Gott uns verurteilen (Mt 23,12). Das ist die Mystik des Lebens: Die Gnade des Gebets ist der Erwerb der Ewigkeit, ist der Schlüssel für das Leben nach dem Tod. Der Weg vom Kopf ins Herz.

Sinn und Zweck dieses Buches ist es, zu bezeugen, dass Vergebung und Veränderungen jederzeit und überall möglich sind, wenn die Liebe des Vaters, des Sohnes und des Heiligen Geistes unser Herz berührt. Die unbeschreibliche Liebe Gottes schwebt wie vor der Erschaffung der Welt über uns. Wer sein Herz öffnet, bei dem wird sie einkehren. Hier und jetzt.

Herr Jesus Christus, Sohn Gottes, hab Erbarmen mit mir Sünder.

Lebenslauf

1945	Geboren auf der Flucht vor den Russen in der Tschechoslowakei; erste Todeserfahrungen
1957	Unterwegs mit dem Fahrrad durch ganz Deutschland; Bandenchef und Bandentätigkeit; Probleme mit der Polizei
1962–1965	Weitere Reisen; „College" in Rom; Südfrankreich; Nizza; Paris; in Wien im Nachtclub als Schlagzeuger gespielt; „The Shouters" (erfolgreiche süddeutsche Beatband); viele internationale Radrennen
1966	Spanien; Marokko; kurz im Gefängnis
1967	Abitur; Universität in Tübingen; Studentenrevolten; Marxist-Leninist; Türkei; Persien; Drogen (bis 1973); Discjockey im Nachtclub; Ursula (spätere Frau) kennen gelernt
1968–1969	Türkei; Persien; Griechenland; Universität Hamburg, Nachtleben in Hamburg (Reeperbahn); Camargue; Interesse an Psychologie und Philosophie; Jugoslawien; Bulgarien; Besuch in Freiburg (Schweiz)
1970	Schweden; Norwegen; Nordkap; Finnland; Lappland; Spanien; Portugal; Marokko und Wüste Sahara
1971	Mit Auto nach Indien gefahren über Persien, Afghanistan, Pakistan. Krieg zwischen Indien/Pakistan (Auto beschossen). In Nepal: Faszination für Dämonen; Rückweg über Irak und Syrien. Krieg zwischen Irak und Iran; hinter Bagdad in der Wüste und im Minengebiet verfahren: wie durch ein Wunder gerettet. Trennung von Ursula. Aufenthalt in London

1972	Extremes Nachtleben und illegale Arbeit im Bordell (Reeperbahn); häufig vor Gericht angeklagt und auch schuldig gesprochen; von Pornographie, Drogen, Alkoholkonsum zerfressen; moral- und hemmungsloses Verhalten; Gehirnerschütterung in Hafenkneipe, Hass auf alles; Selbstmordversuch klappt nicht; Isolation, Leere; Einführung in TM-Sekte durch Maharishi Mahesh (bis 1976), damit Okkultismus und Interesse an Zauberei; nach Mexiko; Revolutionslager in den Bergen Mexikos; 40 000 km durch USA (George McGovern fällt mir in die Arme); Yoga; meine Macht über Menschen wächst zusehends
1973	England; Schottland; Ost-Deutschland; Camargue; Mallorca (Spanien); Ende des Drogenkonsums; Isolation und Einsamkeit, Höhenflüge und Ekstasen wechseln sich ab
1974	Arbeit in Paris Orly; Camargue und der „verdammte Wohnwagen"; Weinernte in Südfrankreich bis Weihnachten
1975	Italien; Umzug nach Kalkutta/Indien, Sitar-Lernen (Balram Pathak), weg von der TM und Hinwendung zum wahren Hinduismus
1976	Zurück von Indien: Befreiung Cristinas in Freiburg/Schweiz, Mord-Drohung durch Kriminellen; Schweiz; Süd-Italien; Spanien; Hamburg
1977	Thailand; Malaysia; Camargue; Kampf mit Geistern
1978	Rückkehr nach Indien; Sikkim; Bhutan; Süd-Indien; zahlreiche Gurus; abenteuerliche Dschungel-Tour auf Elefanten; Treffen mit Mutter Teresa in Kalkutta; Tibet; Bangla Desh; ich werde immer mehr zu einem Medium
1978	Trance und Ekstase-Zustände; Göttin Kali; desillusioniert vom Hinduismus. Erster Besuch in Israel/Jerusalem (Ereignis in der Grabeskirche mit Pilgern); Besuch der Sinai-Halbinsel
1979	Buddhismus; Bangkok; Pattaya; Königshaus; Eintritt ins Kloster im Grenzgebiet Laos-Kambodscha; Spanien; Moskau; Warschau

1980	Freiburg/Schweiz: Lehrer in Gruyères (in einer Privatschule); häufige Angriffe von Dämonen; Zerstörung aller Beziehungen; in immer größerer Isolation; Flucht in den Alkohol; Tanz-Ekstasen; erste Briefe über Jesus aus Indien von Ursula
1981	Alle Beziehungen zerbrochen; wieder Alkohol-Exzesse; Italien, Spanien, Kanarische Inseln, ich bin wie eine Furie; Flucht in südamerikanische Spiritualität: Reise nach Peru, Ekuador, Kolumbien, Venezuela, Brasilien, Paraguay, Bolivien; Raubüberfall (vermutlich von Drogenmafia) in den Bergen um Bogota; Rückkehr in die Schweiz. Erste Besuche bei den „baby-faces"-Christen: schrecklich! Nach dreitägigen schweren inneren Kämpfen und Exorzismus: Bekehrung zum Christentum. Jesus spricht zweimal zu mir
1982	Etwa 25 Wunder geschehen in meinem Leben in den nächsten paar Jahren; Gnade wirkt; Heilungen in mir; unerklärliche, positive Dinge passieren. Erneutes Studium: Sprachen und Sport an der Uni Freiburg (Sekundarlehrer-Diplom: 1987)
1983	Treffen mit Father Sophrony in Lausanne und Kennenlernen der Orthodoxie = Weg in die Demut; Sophrony wird geistiger Vater
1981–1991	Zahlreiche Konzerte und Zeugnis-Abende in ganz Europa; Musik-Album: „From Head to Heart"; erste CD: „Tales of Changes"; „Abstieg" in den wahren Glauben; Kampf gegen Leidenschaften und das alte Ego
1986	Orthodoxe Taufe in Genf (Chambésy)
1987	Lehrerstelle an einer öffentlichen Sekundarschule in Freiburg/Schweiz
1994	Entdeckung, wer ich bin und warum ich lebe; Integration des Glaubens ins Alltagsleben zu Hause, in der Schule, in meiner Umgebung.
1999	Hochzeit an Heiligabend – mit Nikica, dem Geschenk Gottes

2000	Vorträge und Zeugnisse in ganz Europa, Radio, TV, Massenmedien
2001	CD „Best of – From Head to Heart"; Buch „Zwei Millionen Kilometer auf der Suche"; Hilfswerke in Kenia, Montenegro und Serbien